Contra-história da filosofia

VI

AS RADICALIDADES EXISTENCIAIS

MICHEL ONFRAY

Contra-história da filosofia

VI

AS RADICALIDADES EXISTENCIAIS

Tradução
Everson Machado

wmf **martinsfontes**

SÃO PAULO 2017

Esta obra foi publicada originalmente em francês com o título
LES RADICALITÉS EXISTENTIELLES
por Editions Grasset & Fasquelle, 2009
Copyright © Michel Onfray
Copyright © 2017, Editora WMF Martins Fontes Ltda.,
São Paulo, para a presente edição.

1ª edição 2017

Tradução
Everson Machado
Revisão da tradução
Andréa Stahel M. da Silva
Acompanhamento editorial
Luzia Aparecida dos Santos
Revisões gráficas
Marisa Rosa Teixeira
Maria Regina Ribeiro Machado
Edição de arte
Katia Harumi Terasaka
Produção gráfica
Geraldo Alves
Paginação
Moacir Katsumi Matsusaki

Dados Internacionais de Catalogação na Publicação (CIP)
(Câmara Brasileira do Livro, SP, Brasil)

Onfray, Michel, 1959-
 As radicalidades existenciais / Michel Onfray ; tradução Everson Machado. – São Paulo : Editora WMF Martins Fontes, 2017. – (Série contra-história da filosofia ; v. 6)

 Título original: Les radicalités existentialles
 Bibliografia.
 ISBN 978-85-7827-913-4

 1. Filosofia – História 2. Schopenhauer, Arthur, 1788-1860 3. Stirner, Max, 1806-1856 4. Thoreau, Henry David, 1817-1862 I. Título. II. Série.

17-01888   CDD-109

Índices para catálogo sistemático:
1. Filosofia : História   109

Todos os direitos desta edição reservados à
Editora WMF Martins Fontes Ltda.
Rua Prof. Laerte Ramos de Carvalho, 133 01325-030 São Paulo SP Brasil
Tel. (11) 3293-8150 Fax (11) 3101-1042
e-mail: info@wmfmartinsfontes.com.br http://www.wmfmartinsfontes.com.br

SUMÁRIO

SEXTA PARTE
AS RADICALIDADES EXISTENCIAIS

Introdução: O século das radicalidades existenciais 13
1) Os dois séculos XIX. **2)** Mudar a si mesmo, mudar a ordem do mundo. **3)** Egotismo, individualismo, dandismo. **4)** Do egotismo filosófico. **5)** Um século XIX egotista. **6)** Viver diante de um espelho. **7)** Filósofos dândis. **8)** Um filósofo maldito. **9)** "O homem é aquilo que ele come." **10)** O homem criou Deus à sua imagem. **11)** Trabalhar para desmistificar. **12)** Darwin, uma segunda máquina de guerra. **13)** A "luta ardente pela existência". **14)** A invenção de um homem pós-cristão.

I. Henry David Thoreau e "a felicidade perfeita".. 41
1) O filho da água. **2)** Thoreau, filósofo proustiano... **3)** Fundir, fundir-se. **4)** Pais filantropos, filho misantropo. **5)** Cabular a aula. **6)** Professor demissionário. **7)** O amor pelas novilhas. **8)** Emerson e Thoreau. **9)** O oriente transatlântico... **10)** Walden, um personagem conceitual... **11)** Um exercício espiritual. **12)** Sra. Emerson e Thoreau. **13)** A prisão, segundo personagem conceitual. **14)** Teórico e prático da misantropia. **15)** Os efeitos do sucesso. **16)** Inventar o temperamento libertário. **17)** Os combates por John Brown. **18)** "Um mundo de cada vez." **19)** Transcendência, transcendental,

transcendentalismo. **20)** *O que é um transcendentalista?* **21)** *Thoreau, transcendentalista?* **22)** *O carrinho de mão de Emerson.* **23)** *O desejo de uma comunidade filosófica.* **24)** *A loucura transcendentalista.* **25)** *O índio contra Plotino.* **26)** *A sabedoria dos selvagens.* **27)** *A solitária do diácono.* **28)** *Conselhos dados aos torturadores.* **29)** *O ícone do lenhador.* **30)** *A escultura do bastão.* **31)** *Contra o método.* **32)** *O conhecimento sensual.* **33)** *Elogio do obscuro.* **34)** *Ecologia tecnófila, ecologia tecnófoba.* **35)** *Constituir uma enciclopédia da natureza.* **36)** *O filósofo naturalista.* **37)** *A vida filosófica.* **38)** *Contra a vida mesquinha.* **39)** *Uma medicina "eupéptica".* **40)** *O método hedonista.* **41)** *Júbilos do incendiário.* **42)** *Uma máquina de produzir gozo.* **43)** *As técnicas de si.* **44)** *Não seguir, não guiar.* **45)** *Filho da antiguidade.* **46)** *Os exercícios espirituais.* **47)** *Construir as fundações no final.* **48)** *A vida sem penitência.* **49)** *A ascese existencial.* **50)** *Abstêmio e vegetariano.* **51)** *Trabalhar apenas no dia do Senhor.* **52)** *O* otium *moderno.* **53)** *Estar onde seu corpo está.* **54)** *Homero contra os jornais.* **55)** *Castidade, pobreza, desobediência.* **56)** *Onã, o eco sexual.* **57)** *A vida libertária.* **58)** *Dar o braço a um olmo.* **59)** *O homem ferido.* **60)** *A conversão do último Thoreau.* **61)** *Um pensamento político maior.* **62)** *A radicalidade militante.* **63)** *Thoreau, anarquista?* **64)** *Uma derradeira alegoria.*

II. SCHOPENHAUER E "A VIDA FELIZ" 169

1) *A corte dos Milagres.* **2)** *Arthur, o cosmopolita.* **3)** *Enforcados, surdos e mudos.* **4)** *Galerianos e geleiras.* **5)** *A promessa penosa.* **6)** *A fortuna de um suicídio.* **7)** *Um dândi glacial.* **8)** *Epicuro, o Kant da razão prática.* **9)** *Filosofar com uma pistola.* **10)** *Uma filosofia de dentista.* **11)** *Da mãe ao gosto pelo nada.* **12)** *A grande obra.* **13)** *Uma vida filosófica?* **14)** *As "três vagabundas".* **15)** *A mecânica do sábio.* **16)** *Os caprichos de um hipocondríaco.* **17)** *Matador de insurgentes por procuração.* **18)** *Filósofo de sucesso.* **19)** *Ontologia sombria, ética luminosa.* **20)** *O otimismo de um pessimista.* **21)** *O pensamento único.* **22)** *O mundo é representação.* **23)** *Teoria dos motivos.* **24)** *Caráter e temperamento.* **25)** *O desejo está em toda parte.* **26)** *O sofrimento, palavra-chave de tudo.* **27)** *O pior dos mundos possíveis.* **28)** *Um pensamento existencial.* **29)** *Os funcionários da filosofia.* **30)** *Queda de um cavalo na rua.* **31)** *Morte às "hegeliarias"!* **32)** *Contra a "colossal mistificação".* **33)** *O espírito de corpo filosófico.* **34)** *Pensar por si mesmo.* **35)** *Um catecismo misógino.* **36)** *Feias e tolas.* **37)** *Promíscuos e monogâmicas.* **38)** *Um fogo de artifício sombrio.* **39)** *Não amar ao próximo.* **40)** *Sobre a morte voluntária.* **41)** *Morrer em vida.* **42)** *Contra os contra, mas não a favor.* **43)** *O otimismo de um pessimista.* **44)** *O artifício metafísico.* **45)** *A vida como uma obra.* **46)** *Da felicidade negativa.* **47)** *Aprender a morrer.* **48)** *A consolação do sublime.* **49)** *Uma ética da piedade.* **50)** *Filosofia do* poodle. **51)** *A negação do querer-viver.* **52)** *Eu numenal, Eu empírico.* **53)** *Uma felicidade empírica.* **54)** *Uma antiga amante.* **55)** *Da arte de ser feliz.* **56)** *O epicurismo schopenhaueriano.* **57)** *O hedonismo dos filisteus.* **58)** *O eudemonismo filosófico.* **59)** *Receitas eudemonistas.* **60)** *Uma aritmética dos prazeres.* **61)** *Renunciar ao ter...* **62)** *... e ao parecer.*

III. STIRNER E "OS QUE TÊM FOME DA VIDA VERDADEIRA" 281

1) *Um romance solipsista.* 2) *O círculo dos jovens hegelianos.* 3) *O filósofo de um único livro.* 4) *Livro único de um homem único.* 5) *O romance de um fracassado.* 6) *Uma máquina de guerra anti-hegeliana.* 7) *O anti-Princípios da filosofia do direito.* 8) *Cortar as asas da coruja.* 9) *A maquinaria hegeliana.* 10) *Stirner, o antídoto a Hegel.* 11) *O proprietário e o filósofo.* 12) *A força é o direito.* 13) *A propriedade não é um roubo.* 14) *A associação de egoístas.* 15) *Pobres canalhas...* 16) *Um La Boétie alemão.* 17) *Um rebelde na padaria.* 18) *O heroísmo da mentira.* 19) *Justificação do crime.* 20) *Uma ontologia sombria.* 21) *Presença de uma palavra ausente.* 22) *Gozar é gozar de si.* 23) *Em que somos ainda piedosos.* 24) *Um pós-cristianismo descristianizado.* 25) *O único, a mulher.* 26) *Incesto, poligamia, adultério.* 27) *A arbitrariedade do bel-prazer.* 28) *O trabalho liberta.* 29) *Criar liberdade para si.* 30) *"Eu faço o que Eu quero."* 31) *A revolta contra a revolução.*

Conclusão: Rumo a Nietzsche 335

1) *Da cristalização.* 2) *Os ramos originais.* 3) *O rizoma transcendentalista.* 4) *A amizade, os grandes homens.* 5) *Filósofos e funcionários da filosofia.* 6) *Uma segunda cristalização.* 7) *A sideração pelo Pai.* 8) *Radículas, raízes, rizomas.*

Bibliografia 351
Cronologia 357
Índice remissivo 363

"Até agora, todos esses extraordinários pioneiros da humanidade que são chamados de filósofos, e raramente se sentiram amigos da sabedoria, mas antes loucos desagradáveis e enigmas perigosos, atribuíram-se aquela tarefa dura, indesejada, inelutável, mas grandiosa, de ser a má consciência de sua época."

NIETZSCHE, *Além do bem e do mal*, §212

SEXTA PARTE

As radicalidades existenciais

INTRODUÇÃO
O século das radicalidades existenciais

1

Os dois séculos XIX. O século da Revolução Industrial foi também, como já vimos*, aquele das soluções coletivas e do *eudemonismo social*. Diante da brutalidade do mundo capitalista na sua fórmula liberal, uma linha de força trabalha esse momento da História e propõe ações comunitárias para o problema da miséria. Assim, o fundo e a forma deram origem a propostas socialistas, comunistas e anarquistas. As palavras e as coisas avançam juntas. Os significantes aparecem, e, com eles, os significados se tornam mais precisos.

Depois do Termidor, que consagra o triunfo da burguesia e marca o fim da atualidade revolucionária, Bentham teoriza a utopia liberal. Ele enuncia que

---

* Cf. *Contra-história da filosofia*, vol. 5: *Eudemonismo social*, São Paulo, WMF Martins Fontes, 2013. (N. do T.)

o livre mercado regula o real, mas especifica que os dejetos e os fracassados dessa regulação vão diretamente para um pan-óptico, máquina disciplinar cujo objetivo é endireitar as vítimas do sistema a fim de reintroduzi-las na produção de riquezas da nação. Para um liberal, o liberalismo promete o paraíso na Terra, com a condição de não intervir no mercado; para uma pessoa poupada de semelhante crença, essa modalidade do capitalismo não mantém essas promessas utópicas porque produz inevitavelmente a pauperização.

Em face dessa utopia, que não fica atrás da utopia marxista, um punhado de pensadores rebela-se e propõe soluções *políticas* para erradicar a miséria. O austero protestante William Godwin planeja o paraíso na Terra, num futuro distante, e seu projeto irênico termina por deleitar os anarquistas que transfiguram esse discípulo de Lutero em guru. O generoso John Stuart Mill se apresenta como liberal, mas recusa a utopia de Bentham e estimula a criação de instâncias corretivas para essa máquina perigosa que vai semeando a miséria, a pobreza, a delinquência, o alcoolismo, a prostituição e a doença por onde passa. Mill inaugura assim um socialismo liberal rico em potencialidades. O patrão de esquerda Robert Owen constrói um vilarejo ideal em torno de sua fábrica, para ali realizar o projeto utilitarista da maior felicidade possível para a maioria. Alguns de seus discípulos, mas também aqueles de Cabet ou de Saint-Simon, cruzam o Atlântico e constroem comunidades utópicas. O excêntrico Charles Fourier propõe o Falanstério para propagar pacificamente a revolução da Atração apaixonada. O ogro Bakunin imagina os Estados Unidos Anarquistas da Europa.

INTRODUÇÃO

Todos acreditam em soluções que envolvem conceitos que se tornaram o socialismo, o comunismo e o anarquismo. Outra linha de força atravessa o século com alguns filósofos que estão tão insatisfeitos com os rumos do mundo quanto esses eudemonistas sociais. Eles também propõem soluções, mas individuais. Essas soluções definem, a despeito de sua heterogeneidade, um continente que chamarei de *radicalidades existenciais*. "Radicalidades", pois as soluções propostas atacam as coisas pela raiz e propõem nada menos que a reorganização do mundo a partir de grandes pilares: a Natureza, para Thoreau; o Nada, para Schopenhauer; o Eu, para Stirner. "Existenciais", pela intenção pragmática de uma vida filosófica.

2

Mudar a si mesmo, mudar a ordem do mundo. Descartes formulou os termos dessa alternativa velha como o mundo. Como se sabe, o filósofo apresenta as regras úteis para alcançar uma certeza genealógica. Em seu *Discours de la méthode* [*Discurso do método*], o prudente René Descartes, cujo lema era "*larvatus prodeo*" ("subo [ao palco] mascarado"), lança-se na grande aventura da dúvida metódica. O libertino que atormenta o filósofo desponta sob o projeto da "moral por provisão", também chamada de "moral provisória", com a qual se dirige às autoridades políticas e religiosas assegurando-lhes sua boa-fé, em todos os sentidos da palavra.

É verdade que Descartes lança sua máquina de guerra metodológica, que pode causar muitos estragos, mas ele diz, alto e bom som, primeira regra, que obedecerá às leis e aos costumes de seu país. Que os cristãos e os monarquistas não fiquem, portanto, preocupados. Em seguida, ele afirma, segunda regra, que será firme e resoluto, mantendo a rota filosófica fixada: está fora de questão duvidar de seu projeto no meio do caminho. Terceira regra, "procurar sempre antes vencer a mim mesmo do que à fortuna, e antes modificar meus desejos do que a ordem do mundo". Quarta e última regra: examinar a ocupação mais conveniente que lhe permita "viver do modo mais feliz que puder" e, uma vez encontrada, entregar-se a ela. Nesse caso, filosofar e procurar a verdade.

Conservo, da terceira regra desse projeto existencial e político, a oposição, formulada clara e distintamente, que atormenta a totalidade da filosofia desde sua origem ocidental. Essa alternativa opõe dois projetos: *mudar a si mesmo* ou *mudar a ordem do mundo*. Em outras palavras, dar prioridade à ética, principalmente à construção de si, à escultura de si, e colocar o político em segundo plano; ou o inverso, primado do político, preocupação com o interesse geral e o bem público, mas, ao mesmo tempo, a ética torna-se secundária. Resumindo brevemente: de um lado, o Sócrates do "conhece-te a ti mesmo" e, de outro, o Platão de *A república*. Ou ainda, de um lado, o *eudemonismo social*; de outro, as *radicalidades existenciais*.

3

Egotismo, individualismo, dandismo. Como a primeira linha de força do século XIX supunha uma reflexão sobre o *liberalismo*, o *socialismo*, o *comunismo* e o *anarquismo*, palavras e ideias que datam dessa época,

INTRODUÇÃO

a segunda linha de força supõe o exame de novos conceitos, portanto novas tendências, que atravessam essa época e que se entrelaçam e entrechocam-se, a saber, *individualismo, egotismo, egoísmo* e *dandismo*, variações sobre o tema da radicalidade existencial.

Esse século também é, portanto, o século do *individualismo*. De resto, o termo nasce em 1825 e designa uma visão de mundo segundo a qual o indivíduo representa, se não o soberano bem, ao menos o valor supremo. Nesse caso, existe um individualismo socialista, comunista ou anarquista: para que ele ocorra, basta que a proposição de coletividade ou de comunidade não se faça contra o indivíduo, mas com ele, por ele e para ele. A coletividade torna-se então o mecanismo produtor de belas individualidades, plenas, felizes ou, para dizê-lo de outra forma, menos infelizes. O indivíduo em questão procede da raiz etimológica latina *individuum*, que descende do grego *átomos*, que significa "indivisível", "impossível de ser decomposto". O indivíduo representa assim a menor realidade encontrável, abaixo da qual é impossível ir. Quando um grupo ou uma comunidade são desconstruídos, deparamos com este núcleo irredutível do ser: um indivisível.

O termo *egoísmo* é igualmente interessante porque funciona em binômio com *egotismo*, que data de 1823. Diderot deu-nos a conhecer o sentido moralizador e depreciador de egoísmo no verbete que lhe consagra na *Encyclopédie* [*Enciclopédia*]. Sua crítica procede da condenação dos jansenistas de Port-Royal, que fustigaram o uso do "eu" e todo discurso feito em primeira pessoa. Os devotos de Jansênio atacavam assim a vaidade e o desejo fútil de glória. Não se terá aqui a presunção de observar que Pascal, mestre de todos eles, não utiliza menos de cento e cinquenta e seis vezes "eu" e dezessete vezes "*moi*" [eu, mim], apenas no manuscrito dos *Pensées* [*Pensamentos*]...

O egoísmo supõe a construção do mundo ao redor de si mesmo, a partir de si mesmo, no mais das vezes em detrimento dos outros. O chiste segundo o qual chamamos de egoísta aquele que não pensa em nós o bastante merece ser levado em consideração para avaliar corretamente a quantidade de egoísmo em cada um. A acepção depreciativa dos jansenistas é retomada em 1789 pelo abade Sieyès que fustiga esse mesmo pequeno defeito, mas dessa vez em nome da cidadania: o autor de *Qu'est-ce que le tiers état?* [*O que é o terceiro estado?*] chama de egoísta quem não se entrega o bastante à Nação...

Evitar-se-á assim confundir egoísmo com individualismo: o egoísta acredita que apenas ele existe; já o individualista, que existem apenas indivíduos. Um reduz tudo a si mesmo; o outro sabe que toda realidade social é apenas uma combinação de indivíduos, que toda comunidade resume-se a uma soma de subjetividades irredutíveis. O primeiro decorre de um julgamento moral; o segundo, de uma apreciação sociológica e ontológica.

4

Do egotismo filosófico. A meio caminho do egoísmo depreciado pelos senhores de Port-Royal e pelos cidadãos da Constituinte, encontra-se o conceito de *egotismo*, interessante por várias razões. A palavra está intimamente associada à pessoa, ao trabalho, ao estilo, ao caráter e ao temperamento de Stendhal. Como *spleen* e *dandismo*, ela vem da Inglaterra por

INTRODUÇÃO

meio de um jornal de 1726. O autor de um livro inspirado pelos Ideólogos, *De l'amour* [*Do amor*], confere-lhe respeitabilidade a partir de 1823 com seus *Souvenirs d'égotisme* [Memórias de egotismo].
Henri Beyle entedia-se em sua função de cônsul da França em Civitavecchia. Dispõe de tempo suficiente para se dedicar a um exercício de escrita desse tipo, mas não o bastante para um grande empreendimento romanesco. *La Chartreuse de Parme* [*A cartuxa de Parma*], *Le Rouge et le Noir* [*O vermelho e o negro*], *Lucien Leuwen* não existem ainda... Ele abre, então, um caderno no qual consigna notas, reflexões, análises destinadas a aprofundar o autoconhecimento, sem complacência, sem fanfarrice, sem amor descomedido de si, sem vaidade nem orgulho, com a implacável determinação de conhecer-se melhor a fim de planejar um futuro menos sujeito ao signo do fracasso ou do fiasco. Trabalho socrático, portanto, do gênero "exame de consciência" (a expressão se encontra sob sua pena), praticado pelos filósofos antigos antes que o cristianismo o confiscasse e o desviasse em seu dispositivo de culpabilização.

Stendhal redige febrilmente duzentas e setenta folhas em quatorze dias (lembremos que ele escreveu as quinhentas páginas de *A cartuxa de Parma* em sete semanas). Desde a abertura do texto, ele exprime o desejo de não publicá-lo antes de sua morte, para não ferir as pessoas com as quais conversa aqui e ali – ainda que reconheça que um grande número dos protagonistas de seus *Souvenirs* desapareceu... Em 1892, o texto é publicado em uma versão resumida.

A palavra *egotismo* entra nos dicionários, mas sob uma rubrica depreciativa. Nas definições, encontramos a prevenção jansenista, que é também a condenação católica tradicional, à qual se acrescenta o desprezo dos virtuosos da Revolução Francesa. Larousse e Littré avalizam o juízo de valor. É preciso esperar o *Dictionnaire de l'Académie française* [Dicionário da Academia Francesa] e sua edição de 1932 para que a palavra signifique, sem "moralina"*: "hábito do espírito ou doutrina que remete tudo à preocupação com o eu".

Não falta uma tradição egotista na história da filosofia, e seria possível assinalar, de passagem, que ela produziu obras-primas do gênero: as *Confissões* de santo Agostinho, os *Essais* [*Ensaios*] de Montaigne, as *Confessions* [*Confissões*] de Rousseau, o *Ecce Homo* de Nietzsche, *Les Mots* [*As palavras*] de Sartre... Não esqueçamos que o *Discurso do método*, originalmente subintitulado *Histoire des mes pensées* [História de meus pensamentos], é um livro escrito em primeira pessoa e que o filósofo poitevino, uma vez que se tornou universal, não teme falar-nos dele, de seus sonhos, de seu gosto pelo leito matinal, de suas angústias existenciais e de seus pensamentos mais pessoais. Existe, portanto, uma tradição filosófica egotista que se aproxima o máximo possível da verdade do universal ao empregar a via do particular.

5

Um século XIX egotista. O século XIX filosófico fala muito na primeira pessoa. O diário oferece uma excelente oportunidade de trabalho sobre si mesmo, o que abre autênticas carreiras filosóficas: quatorze

---

* Expressão utilizada por Nietzsche para designar a moral cristã. (N. do T.)

INTRODUÇÃO

volumes para Thoreau, dez para Emerson, onze para Kierkegaard; Maine de Biran, teórico do eu, tinge mais de mil páginas nas quais a meteorologia mistura-se às considerações políticas, filosóficas ou anedóticas; Schopenhauer redige no início de sua vida um *Diário de viagem* por ocasião de seu périplo europeu e aconselha o exercício de escrita cotidiana para si com finalidades filosóficas. Antes dele, Hegel havia procedido da mesma maneira com *Diário de uma viagem nos Alpes berneses.*

A literatura não fica atrás. Amiel (1821-1881) encheu com o que publicar quarenta volumes de seu diário em apenas quarenta anos de escrita. Giacomo Leopardi (1798-1837) transita entre filosofia e poesia, sabedoria prática e literatura, depois redige um *Zibaldone** do tempo de sua curta vida – trinta e nove anos. Essa obra maior tem hoje a forma de um volume maciço de mais de duas mil e quinhentas páginas em papel-bíblia. Pode-se ainda acrescentar o imenso projeto de *Mémoires d'outre-tombe* [Memórias de além-túmulo], de Chateaubriand, publicado em 1850; ou *Souvenirs* [*Lembranças de 1848*] (1850-1851), de Tocqueville (1805-1859), com centenas de outras páginas autobiográficas, principalmente relatos de viagens. Sem esquecer, logicamente, *Souvenirs d'égotisme* de Stendhal.

Se esse século é certamente de Marx, é também o século do "eu", da autobiografia, da escrita em primeira pessoa, das tentativas de apreender o mundo com precisão por meio de uma vida cotidiana escrutada

---

* Palavra italiana que designa uma miscelânea de memórias, reflexões e anotações, ou ainda um escrito, discurso que contém uma série desordenada de pensamentos. (N. do T.)

em seus mínimos detalhes. Individualismo, egoísmo, egotismo... mas também *dandismo*, uma proposição ética e estética que ilustra maravilhosamente a linha de força egotista do século XIX. Esse século é, portanto, igualmente aquele de Brummell, príncipe dos dândis, mas também, e sobretudo, o século de Baudelaire, autor de um breve texto intitulado "Le Dandy" [O dândi], incluído em *Le peintre de la vie moderne* [*O pintor da vida moderna*], que teoriza o dandismo como uma variação sobre o tema individualista.

6

Viver diante de um espelho. Adorno, Kojève e Sartre colocam o dândi em um teatro que não é o seu porque negligenciam o convite para viver o tempo todo diante de um espelho. Os disparates de Brummell, que mobiliza três alfaiates de peles para seus pares de luvas cor de creme (um para as unhas, outro para os dedos e um para o resto...) e envia à lavanderia não menos que vinte gravatas por não ter encontrado o nó do dia definitivo durante o ritual da toalete, classificam o dandismo como uma espécie de extravagância exibida enquanto propõe, no entanto, uma verdadeira ascese interior. Deixemos de lado as palavras espirituosas e ferinas do dândi britânico, suas bufonarias tão esnobes, suas maldades enraizadas em um terreno fértil que deixa transpirar o ressentimento do plebeu que dá lições aos mamíferos de sangue azul, e fiquemos mais tempo com o Baudelaire que teoriza uma forma a-histórica de ser e de fazer.

Pois Baudelaire não se concentra apenas no personagem de Brummell. Ele traça uma linha que parte

INTRODUÇÃO

da Antiguidade, com Alcibíades, César e Catilina, e vai até seu tempo. Histórias de todo o sempre, geografia de todo o sempre uma vez que Chateaubriand afirma ter encontrado dandismo nas florestas e à beira dos lagos do Novo Mundo... A opção de um dandismo que escapa ao momento dândi concentrado na figura do cônsul da Inglaterra em Caen tem um significado maior e melhor; vai além e mais longe, e sobretudo mais profundamente, que seu tempo histórico. Permite pensar o século seguinte ao da Revolução Francesa, mas também todos os séculos anteriores e posteriores.

O dândi, segundo Baudelaire, acontece entre uma época que já deixou de existir e outra que ainda não existe. Para Brummell, a coisa parece clara, ele surge após o colapso do feudalismo na noite de 4 de agosto de 1789 e antes do mundo inédito da sociedade industrial que se caracteriza pela velocidade, pelo progresso, pelo vapor, pela técnica, pela democracia, pelo dinheiro, pelo trabalho... Todos ídolos recusados pelo dândi, escorado nos valores aristocráticos da lentidão, do lazer, do *otium* [ócio], da distinção, da tensão. Não é por acaso que Baudelaire diz que deve sua educação ao contrarrevolucionário De Maistre...

O ideal dândi? Um tipo de superestoicismo. Uma reescrita da aventura espartana. Todo o mundo conhece a história da criança lacedemônia jogada na natureza, assim como seus cúmplices da mesma idade, a fim de realizar o rito iniciático de passagem à vida adulta, e que deve sobreviver custe o que custar. Quando esconde sob suas vestes uma raposa que ele tem a intenção de comer, o garoto depara com um adulto e deixa que lhe devorem o fígado em vez de confessar seu furto. Celebração da impassibilidade! O dândi sente, sofre, suporta o jugo de suas emoções, é claro, mas não deixa nada transparecer.

Essa referência à Antiguidade torna-se mais nítida com o empréstimo do *otium* aos romanos; em outras palavras, do lazer que é também um desprezo pelos valores burgueses, entre os quais, é claro, o dinheiro. O dândi é um cavaleiro do ser; recusa qualquer preocupação com o ter. Quando o homem novo procura o ouro, o revoltado brummelliano quer o tempo, o domínio do tempo, o império sobre seu tempo. Numa nova configuração social capitalista em que o tempo equivale a dinheiro, o dândi desperdiça esse tesouro precioso que acumulou: a plena, livre e inteira disposição de si mesmo.

Acumular somas consideráveis? Por que fazer isso? Um crédito perpétuo seria suficiente a quem quer levantar-se e deitar-se quando bem lhe apraz, viver segundo seus caprichos, não ter contas a prestar a ninguém e construir sua vida como uma obra de arte ou uma obra-prima única. Em um pequeno texto célebre intitulado *A obra de arte na época de sua reprodutibilidade técnica*, Walter Benjamin elabora uma teoria da modernidade definida pela possibilidade de reproduzir um grande número de exemplares de uma mesma obra que, assim multiplicada ao infinito, sofre uma diminuição da aura que sua unicidade irredutível conferia-lhe. O dândi propõe construir-se como uma subjetividade irreplicável, numa época de homens unidimensionais. Quando todos são semelhantes, o dândi ostenta sua dessemelhança reivindicada como uma conquista.

INTRODUÇÃO

Filósofos dândis. Em virtude dessa definição, pode-se concluir pela existência de uma constelação de filósofos dândis ou de filósofos cuja postura existencial não é estrangeira àquela de Baudelaire ou de Barbey d'Aurevilly, ao qual devemos *Du dandysme et de George Brummell* [*O dandismo e George Brummell*] (1845). Esses intransigentes, essas forças, essas subjetividades radiantes vivem sem cessar diante de um espelho, não para se admirarem, se comprazerem, ou por afetação narcisista e gosto desenfreado de seu ego, mas porque esse acessório possibilita uma nova ética: diante da superfície refletora, o dândi coloca-se como juiz e parte, criador e criatura, árbitro de seu bom gosto.

Ao contrário de uma interpretação que se tornou banal, o dândi não é vítima de uma artimanha da razão que o torna prisioneiro do julgamento ou do olhar de outrem. Brummell não é escravo de seu público; ele é escravo de si mesmo – aquilo que mostra seu espelho. Na hipótese de um mundo repentinamente sem *homo sapiens*, a não ser por um único exemplar de um dândi, o sobrevivente continuaria a estenografar sua própria existência, elegante e impassível sobre os escombros. Apesar da ausência de público, ele desempenharia conscienciosamente seu papel diante de uma sala vazia.

O dândi arroga-se o direito de ser o único a julgar sua atuação. Para além das instâncias éticas e estéticas legitimadoras, ele decide aquilo que, para ele, é o Bem e o Mal, o Justo e o Injusto, o Belo e o Feio, o Bom e o Mau. De fato, Brummell e seus descendentes vivem em um mundo sem Deus – ao menos no qual essa ficção não tem a menor importância... – porque é inteiramente imanente. O século XIX fornece, em vista disso, um campo de jogo ontológico inédito: anuncia duas novidades que enterram as referências judaico-cristãs e abrem para perspectivas de um mundo novo, o nosso, cujos contornos ainda são vagos.

Para tanto, foram necessárias duas máquinas de guerra filosóficas, conduzidas por dois pensadores, com duas obras, e no meio delas dois livros produzidos por esse século ao qual cabe a tarefa de fechar pelo menos um milênio: de um lado, Ludwig Feuerbach (1804-1872), *Das Wesen des Christentums* [*A essência do cristianismo*] (1841), um livro que marca *a fundação de um ateísmo filosófico*; de outro, Charles Darwin (1809-1882), *A origem das espécies* (1859), mais especificamente *A descendência do homem* (1871), uma obra que determina a *genealogia do homem pós-cristão*. A morte de Deus e o nascimento do Homem, eis dois momentos importantes para iniciar o percurso filosófico das radicalidades existenciais.

8

Um filósofo maldito. Ludwig Feuerbach sofre de uma velha captação marxista que persiste até a interpretação de Louis Althusser. Condenado a ser o pensador que prepara Marx e o marxismo, sua obra desaparece pela exígua reputação de antecâmara da grande obra do guru de Lênin... Ora, Feuerbach vai além de seu hegelianismo de juventude, ainda que seu pós-hegelianismo frequentemente apresente traços do pensamento de seu antigo mestre! Seu vocabulário terá sempre o odor do anfiteatro berlinense,

INTRODUÇÃO

é verdade, mas, para além desse perfume irritante, esse pensamento lento termina por encarnar posições materialistas, sensualistas, ateias e hedonistas.

Feuerbach entra na filosofia pela teologia – como frequentemente acontece com os alunos de Hegel. Habilitado graças a um trabalho de inspiração hegeliana que envia a seu mestre (que não responderá...), o jovem filósofo ensina sua disciplina na Universidade. Desde os *Pensamentos sobre a imortalidade* (1830), publicado sem o nome do autor, Feuerbach recusa toda possibilidade de imortalidade pessoal para não atribuí-la senão à Razão. A obra causa escândalo. Em 1833, a Universidade exclui aquele que considera ser o autor do famoso livro.

O filósofo rejeitado pela instituição constrói sua carreira fora dela. Fazendo da necessidade virtude, ele se liberta do Estado como anteriormente se libertara de Deus e da religião cristã. Um casamento com a herdeira de um castelo no qual passa a funcionar uma fábrica de porcelana transforma o filósofo em *gentleman-farmer* que vive da horta, do pomar, das rendas dos bosques circundantes e dos lucros da manufatura. A vida no campo age sobre seu espírito como escola de sabedoria e filosofia: ele se distancia do Conceito, árido, austero, mutilante; aproxima-se da Natureza e depois se dedica às ciências naturais.

Feuerbach integra-se ao campo dos hegelianos de esquerda. Frequenta Max Stirner, autor de *Der Einzige und sein Eigenthum* [*O único e a sua propriedade**], assim como Karl Marx. Lá encontra também Bruno Bauer, o primeiro a afirmar a inexistência histórica de Jesus em seus trabalhos sobre os Evangelhos sinóp-

---
* Martins Editora, 2009.

ticos. Na revista desses jovens hegelianos, Feuerbach publica sua *Contribuição à crítica da filosofia hegeliana* (1839). Em 1841, assina *A essência do cristianismo*, uma obra-prima ateia na qual anuncia que o segredo da teologia é a antropologia, que se resume na frase seguinte: o homem criou Deus à sua imagem. Stirner ataca violentamente Feuerbach. O homem ferido responde em *A essência do cristianismo em relação ao único e sua propriedade*. Ele abandona sua posição humanista, que defendia um tipo de religião imanente na qual a filosofia teria o papel desempenhado pela teologia nas religiões transcendentes. Depois, radicaliza sua posição naturalista e materialista. De Henri Arvon a Alexis Philonenko, os historiadores oficiais da filosofia veem aí o início do fim de um filósofo, pois a derradeira filosofia desse pensador – por exemplo, aquela de *O eudemonismo* – propõe uma teoria da felicidade sensualista! Um escândalo para os idealistas que escrevem a história dominante.

9

"O homem é aquilo que ele come." Sua má reputação procede em parte de uma frase tirada do contexto. Feuerbach escreve, de fato, em *Ciências naturais e revolução* (1850): "O homem é aquilo que ele come." Essa fórmula inscreve-se em uma lógica monista mais geral que coloca em perspectiva o cérebro que pensa e o resto do corpo que comanda o pensamento, em um processo que os filósofos contemporâneos não rejeitariam, com a condição de que eles tivessem lido os trabalhos dos neurobiólogos. Feuerbach prevê a verdade materialista que res-

ponde à questão espinosista "o que pode o corpo?", mas não é bom estar um ou dois séculos filosóficos adiantado! A redução de todo o seu trabalho materialista a essa frase, que se tornou cantilena filosófica e caricatural, anunciou o fim de um filósofo cujo pensamento aventurara-se para além das brumas teológicas, idealistas e espiritualistas judaico-cristãs e hegelianas.

Seu último livro, *Teogonia* (1857), não obtém nenhum sucesso. As dificuldades materiais acumulam-se. A manufatura que lhe permitiu viver vinte anos como filósofo livre, usufruindo sem entraves de seu tempo, de seu pensamento e de sua pena, entra em falência. Ele recebe algumas cartas de leitores modestos, o que o alegra, pois desejava trabalhar para uma educação popular. Quando ele morre em 1872, com sessenta e oito anos, milhares de trabalhadores, principalmente membros do partido social-democrata, ao qual pertencia, seguem o cortejo fúnebre.

Quase cinquenta anos depois de sua morte, em 1931, um monumento foi erguido em sua memória. Sobre os três blocos de basalto lia-se: "Faz o Bem pelo amor do Homem" e "O Homem criou Deus à sua imagem". Dois anos mais tarde, quando ascendem ao poder na Alemanha, os nazistas destroem o monumento. Os blocos de pedra foram encontrados sob os destroços após os bombardeios aliados. Algumas pessoas de boa vontade hedonistas, ateias e materialistas tentaram pôr em pé novamente a obra comemorativa. Mas um conluio impediu a coisa – reprovavam-se ainda e sempre ao filósofo as palavras blasfemas gravadas na pedra...

10

O homem criou Deus à sua imagem. O pensamento de Feuerbach não é o elo que falta entre Hegel e Marx. Ele é uma filosofia livre, à margem das doutrinas oficiais e das modas do tempo que se dedicavam ao hegelianismo. Alguns textos de Feuerbach contribuem para a demolição do idealismo do Mestre de Iena. Assim, a *Contribuição à crítica da filosofia de Hegel* (1839), depois as *Teses provisórias para a reforma da filosofia* (1842) e os *Princípios da filosofia do futuro* (1843). Mas a obra-prima inquestionável é *A essência do cristianismo* (1841), uma máquina de guerra radical lançada contra quase dois milênios de judeo-cristianismo.

A obra é imponente; não tenta evitar a abstração e o jogo retórico que contribuíram tanto para dar credibilidade ao projeto de prestidigitação hegeliano. Mas a tese é simples, e as quinhentas páginas do livro servem para ilustrá-la: o homem fez Deus à sua imagem. Tese que se encontrará realmente condensada na melhor das formulações sobre o monumento comemorativo do filósofo. Sabe-se que a religião ensina o contrário (Deus fez o homem à sua imagem), mas Feuerbach inverte o mecanismo e vê na inexistência de religião entre os animais a prova de sua criação pelos homens.

Assim, o filósofo explica por que e como são construídas essas ficções. Desse modo, o ateísmo sai de sua pré-história, porque, na maior parte do tempo, aqueles que negavam a existência de Deus contentavam-se em invectivar e praguejar, sem, contudo, mostrar em detalhes o mecanismo da ilusão. Com *A essência do cristianismo*, o problema já não é dizer "Deus não existe", mas: "Deus existe, é verdade, mas como uma ficção, uma construção dos homens" e, em seguida, mostrar as provas disso. Desde o prefácio, Feuerbach apresenta seu método: uma "hidroterapia pneumática", em outras palavras, um tratamento pelo "uso da água fria da razão natural" aplicada às questões teológicas. Devemos esclarecer, de passagem, que a teologia é definida como uma "patologia psíquica"... De fato, o livro age como uma ducha de água fria na mitologia cristã, considerada "contos de ninar da História"... Clima terrível!

Feuerbach parte de uma ideia simples, mas temível, de Espinosa: se o círculo pudesse fazer uma ideia de Deus, ele o imaginaria circular... Deduzamos que, quando o homem fabrica para si um Deus, ele o produz à sua semelhança, mas após uma operação singular de inversão. Os homens adoram em Deus aquilo que lhes falta. Pois "Deus é o espelho do homem". Ou ainda: "aquilo cuja ausência o homem constata [...], aquilo é Deus". O além? O negativo invertido desse mundo aqui. A religião? A relação que o homem tem com sua essência invertida. O que o homem deseja, Deus é. A verdade de toda teologia encontra-se, portanto, na antropologia.

11

Trabalhar para desmistificar. Forte então, pelo conhecimento desse processo arquitetônico, a hidroterapêutica pneumática desmonta o mecanismo da divindade e reduz seu pretenso mistério a uma simples operação de psicologia. Feuerbach fala de "desmistificação" para nomear esse trabalho. Em virtude do princípio de que "quanto menos os homens são, mais Deus é", vejamos quanto o alimento dos deuses é a impotência dos homens. Aquilo que o homem não sabe nem pode fazer, Deus sabe e pode fazer absolutamente, totalmente.

Assim, os homens vivem limitados no *tempo*: nascem, vivem, crescem, atingem seu ápice, enfraquecem, envelhecem e morrem; Deus, por sua vez, ignora o tempo que existe antes dele, depois dele e independentemente dele. Ele é sem nascimento, insensível aos efeitos da entropia, inacessível à morte. Os homens vêm do nada, para o qual se dirigem com um breve parêntese no ser, o tempo de sua curta existência, uma ridícula estadia sobre a Terra. Deus evita essa servidão: ele é o antídoto a todo nada. Os homens são mortais? Deus será, portanto, imortal e, assim, eterno.

Do mesmo modo, o *homo sapiens* se encontra limitado no *espaço*: se ele está aqui, não está em outro lugar, pois nenhum de nós tem o dom da ubiquidade; Deus, por sua vez, não está em nenhum lugar em particular porque está em toda parte. Aqui e alhures simultaneamente. Ele ignora tanto as restrições espaciais quanto as restrições temporais porque, a seu modo, ele é o tempo e o espaço de uma só vez... Os homens são incapazes de estar presentes em toda parte? Deus será, portanto, onipresente.

Seguindo o princípio da adoração daquilo que nos falta, da hipóstase de nosso desejo tornado divindade, continuamos a apreender os mecanismos para "forjar" os deuses e, depois, o Deus: os homens são limitados no seu saber, não sabem tudo sobre tudo? Deus será *onisciente*. Os homens não podem tudo, refreados por alguns limites? Deus será *onipotente*. Cada impotência humana proporciona a opor-

INTRODUÇÃO

tunidade de criar um poder divino diante do qual nos ajoelhamos em seguida a fim de pedir a essa ficção, pela invocação e pela prece, a graça, o dom ou o favor daquilo que nos falta.

Após Deus ter sido desconstruído em *A essência do cristianismo*, é necessário desmontar os detalhes, atacando os menores mecanismos que compõem a máquina cristã. Feuerbach analisa, então, sempre com a água fria da Razão, as ficções dessa mitologia que vive suas últimas horas. Daí os ataques concentrados sobre o Deus criador, o Verbo, a Trindade, a Providência, a Prece, a Fé, o Milagre, Cristo, o Céu, a Ressurreição, a Revelação, o Nascimento sobrenatural, a Alma imaterial e imortal, a Comunhão e o Misticismo – com o qual "a patologia é erigida em teologia"...

Depois desse trabalho de desconstrução, desmitologização, desmistificação e destruição das ficções cristãs, Feuerbach anuncia um projeto novo; após o trabalho do negativo, a positividade. A morte de Deus torna possível o nascimento do homem. Para isso, e esse é todo um novo empreendimento, o filósofo ensina um corpo novo no qual a esquizofrenia do dualismo cristão desapareceu: o corpo e a alma já não funcionam como substâncias opostas, mas como variações de um mesmo tema: a corporeidade pós-cristã. O último pensamento de Feuerbach é materialista, sensualista, hedonista: ele deseja uma filosofia capaz de "extrair do homem o tesouro que está soterrado nele". Daí *O eudemonismo*, um texto que basta para a historiografia dominante privar de dignidade filosófica esse homem que foi e permanece sendo um filósofo maldito, e, no entanto, deu ao século XIX sua coloração ateia; afinal, o século XIX foi um século feuerbachiano.

12

Darwin, uma segunda máquina de guerra. Foi preciso a esse século uma segunda máquina de guerra para tornar possível a linha de força das radicalidades existenciais. Feuerbach matou Deus, devolveu o homem a si mesmo e depois o convidou a se reencontrar para além da alienação com a qual desperdiça sua substância nas hipóstases de um Deus reduzido ao estado de ficção esfarrapada. Darwin acrescenta à morte de Deus o nascimento de um homem pós-cristão, do qual ele esboça o retrato: um homem que já não é o ser bíblico, mutilado, detentor de uma alma que, parcela divina nele, salva sua carne pecaminosa, mas um mamífero evoluído.

Com Charles Darwin, a hipótese da maior parte dos filósofos dessa *Contra-história da filosofia*, que recusam a diferença de natureza entre homens e animais em nome de uma diferença de grau, encontra-se fundada cientificamente. Com *A origem das espécies* (1859), os mitos cristãos de um primeiro homem genealógico e do mortal coroando a criação de um Deus todo-poderoso desabam num estrondo filosófico como poucos na história das ideias. O momento descristianizador da Revolução Francesa abalou um pouco o edifício cristão, fissurou-o, mas o pensamento de Darwin age como um imenso martelo que abate a velha construção metafísica.

13

A "luta ardente pela existência". Charles Darwin foi destinado por sua família aos estudos de medicina, mas o sangue lhe repugna, os gritos dos doentes o paralisam e ele foge durante a operação de uma criança. Tendo entrado na faculdade de medicina aos dezesseis anos, abandona-a logo em seguida. As ciências naturais interessam-no, a química também. Ele faz parte de uma sociedade local, empalha animais e está destinado ao pastorado anglicano. Mas os cursos de teologia o entediam, ao passo que a botânica ou os animais interessam-no enormemente.

O pastor aprendiz coleciona insetos, lê Humboldt e aspira tornar-se explorador científico. Longe dos estudos e das análises da Bíblia, ei-lo embarcado a bordo do Beagle para efetuar levantamentos topográficos na costa da América do Sul. Darwin tem vinte e dois anos e atravessa o planeta. Direção: as ilhas de Cabo Verde; em seguida, toda a costa leste e depois oeste da América do Sul; as ilhas Galápagos; a Nova Zelândia; a Austrália; o oceano Índico; o Cabo da Boa Esperança; e retorno à Europa. Tendo partido vagamente teólogo, mas realmente amante das ciências naturais, Charles Darwin retorna cinquenta e sete meses depois com intuições geniais.

Darwin fica sabendo que Alfred Russel Wallace chegou às mesmas conclusões que ele. Os dois homens trocam seus trabalhos, depois publicam. *A origem das espécies* aparece em 1859. Ele sabe que a Igreja espreita-o, pois ela torna a vida impossível a todos os pesquisadores, intelectuais e eruditos que trabalham em busca da verdade e desembocam em certezas que contradizem a Bíblia, principalmente o Gênese. Ora, Darwin dispõe de dinamite o bastante para pulverizar de uma vez por todas o texto fundador da mitologia cristã.

Seu livro mais importante enuncia uma tese simples contida no título: *A Origem das espécies por meio da seleção natural ou a preservação das raças favorecidas na luta pela vida*. Em outras palavras: as espécies provêm de um trabalho da natureza, semelhante a uma triagem dos elementos mais adaptados, mais capazes de garantir sua vida e sua sobrevivência no âmbito de uma "luta ardente pela existência". Portanto, elas não resultam da criação de um Deus veterotestamentário.

A obra trata das espécies, raramente do homem, ou então de modo acessório. Nela encontram-se considerações sobre a cauda das girafas, o hábito de os avestruzes reunirem os ovos, os instintos escravagistas das formigas, os enxertos do marmeleiro, tufos de pelo no peito de perus, a resistência dos moluscos à água salgada, os intestinos das libélulas, o produto do cruzamento entre lobos e cães, a fecundação das orquídeas pelos insetos, os pássaros que não voam, os combates de salmões, a cegueira das toupeiras, o instinto volteador dos pombos, a aclimatação do feijão, mas nada sobre o homem.

É com *A origem do homem e a seleção sexual* (1871) que o assunto é abordado diretamente. Nesse livro, Darwin escreve: "O homem descende de uma forma menos perfeitamente organizada que ele." E ainda: "O homem não é produto de um ato separado da criação." Mas também: o homem "descende, assim como outros mamíferos, de um ancestral comum". Portanto: o homem não foi criado por Deus; jamais houve um casal primitivo do tipo Adão e Eva; o homem não é o ápice da criação divina, a realização de seu trabalho em uma semana; a narrativa do Gênese é na verdade "um conto de ninar", como escrevia Feuerbach!

14

A invenção de um homem pós-cristão. Não há criacionismo, portanto, mas promulgação do evolucionismo. Não há homem procedente de uma vontade divina, mas verdade de um ser resultante de um processo natural de evolução. Não há elucubrações teológicas, mas apresentação de provas científicas. Não há homem dotado de uma alma imaterial, diferente dos animais, tidos como seres que pertenciam a um outro mundo, mas a afirmação de um homem animal, um ser humano parte de um todo constituído de mamíferos, e não um fragmento separado desfrutando de uma extraterritorialidade ontológica. Não há paraíso genealógico nem pecado original, mas brutalidade cega de um universo de luta pela sobrevivência das espécies e dos indivíduos mais bem adaptados. Não há Deus transcendente, mas evidência da imanência de uma vitalidade triunfante a qualquer preço. Fim de um velho mundo, advento de uma nova era...

Darwin inventa o homem pós-cristão. A leitura de suas obras é indispensável para evitar mal-entendidos associados à palavra "darwinismo". O cientista não disse aquilo que frequentemente lhe fizeram dizer, e a remissão explícita a seu *corpus* mostra um filósofo que testemunha em favor dos "instintos sociais" entre os animais, portanto entre os seres humanos, e, longe da imagem modelar de um defensor da lei da selva, estabelece que o amor e a simpatia, esses dois instintos naturais, desempenharam um papel relevante na construção da inteligência contemporânea. De fato, os animais deleitam-se na companhia de seus semelhantes, advertem-se do perigo, combatem-no juntos, defendem-se ao se associarem, pois se ajudam mutuamente – aquilo que mostra soberbamente Kropotkin em *Mutualismo: um fator de evolução*, enquanto a vulgata opõe com tanta frequência o cientista inglês ao príncipe russo.

Darwin mostra, além disso, que existe um senso moral inato e natural no homem e que esse fato de grande relevância permite distingui-lo dos outros mamíferos. Pois o homem é o único dos animais que julga seus próprios atos e os condena, censura-os ou celebra-os, festeja-os ou pune-os em função de sua utilidade para a vida e a sobrevivência do grupo. A moral age, portanto, como um auxiliar da vida e da sobrevivência da espécie, e não como o código herdado da palavra divina. A ética torna-se uma questão radicalmente imanente.

Na *Origem do homem*, como bom filósofo e eudemonista, Darwin escreve: "O princípio da maior felicidade serve indiretamente de modelo bastante seguro de certo ou errado." A moral é ensinada, transmitida. Assim, as tendências instintivas à simpatia natural poderiam tornar-se posteriormente caracteres adquiridos e, à força de prática, hábito e transmissão de valores pelo grupo, que ensinaria aos jovens aquilo que seria preciso recomeçar a fazer ou se abster de fazer para o bem da comunidade.

Aquilo que a natureza ensina (a existência de um instinto de amor e de simpatia entre os humanos cuja finalidade é o aperfeiçoamento da espécie) pode desembocar em um voluntarismo cultural que aumentaria a arte de indexar o bem ao bom, o qual se identificaria, por sua vez, com aquilo que aumenta a potência de ser do ser, isto é, a potência da espécie. Portanto, o mal coincide com aquilo que entrava

INTRODUÇÃO

ou impede a potência de ser do ser. Do aumento dessa potência de existir surgiria a felicidade – uma preocupação real de Darwin...

O cristianismo desconstruído pelo ateísmo de Feuerbach anuncia, pois, a morte de Deus. A isso é preciso acrescentar a mitologia cristã desconstruída por Darwin, depois o nascimento de um indivíduo pós-cristão situado em seu meio natural e imanente: a natureza. Essas duas genealogias, que surgem no coração do século XIX, constituem nossa modernidade: morte do Deus cristão, nascimento do homem pós-cristão, vertigem ontológica de um homem sozinho em um universo que funciona para além do bem e do mal.

Diante desse desafio de civilização gigantesco, três radicalidades existenciais propõem novas possibilidades de existência: Thoreau e seu panteísmo místico e pagão da Natureza; Schopenhauer e sua metafísica sombria acompanhada de uma ética eudemonista luminosa; Stirner e sua ontologia selvagem transpassada pela claridade reluzente de sua Unicidade. Três formas de encarnar o dandismo. Em outras palavras, a resistência à apatia de uma época de ferro e de aço, de dinheiro e de fumaça, de velocidade e de superficialidade.

I

HENRY DAVID THOREAU
e "a felicidade perfeita"

1

O filho da água. Henry David Thoreau nasce em 12 de julho de 1817, na casa de sua avó, em Concord, no estado de Massachusetts, Estados Unidos. Na época, há dois mil habitantes naquela cidadezinha. Nos arredores, há colinas, lagos, lagoas, rios, bosques e tudo aquilo que permite o passeio, a caminhada, a herborização, o passeio de barco, os banhos que Thoreau pratica e sobre os quais teoriza... Essa configuração permite à criança viver em equilíbrio com a natureza, o que se tornará o conceito mestre de seu pensamento.

No fundo do jardim corre um riacho que se lança no rio Luminarck, o qual, por sua vez, alimenta os lagos do entorno. A realidade hidrológica do lugar produz na criança uma poética da água destinada a se tornar um pensamento da hidrologia e, depois, uma filosofia e uma sabedoria da hidrologia. A infância flui na atitude existencial de Thoreau, que fará de sua vida uma obra de arte ao vivê-la como uma criança: livre, sem amarras, construindo cabanas, subindo no alto das árvores, olhando as paisagens entre suas pernas, pescando, andando de barco, colhendo flores, passeando, obedecendo a seus caprichos, vivendo em seu mundo, observando o mundo dos adultos com suspeita, receio, desconfiança, se não desprezo.

Seus pais mudam-se muito. Durante uma viagem entre Boston e Concord, onde eles acabam de se instalar, Thoreau atravessa os bosques e campos que o levam à lagoa de Walden. Na obra epônima, ele revela que tinha então quatro anos – na verdade, os biógrafos afirmam que ele tinha cinco... – e que essa lembrança constitui o primeiro estrato de sua memória. Ele fala da "paisagem fabulosa de (seus) sonhos de criança". O filósofo ama a infância por sua ingenuidade, sua verdade, sua pureza, seu caráter indene de toda perversão da civilização porque a cultura se constrói, na maioria das vezes, negando e desprezando a natureza. Ao longo de sua vida, Thoreau opõe Natureza a Cultura. Ele acredita que a primeira cura da segunda e que quem se entrega a esta afasta-se daquela. Apenas a natureza reencontrada, preservada, compreendida e conhecida pode servir de cultura digna desse nome.

Da água perdida do riacho do jardim da avó à água reencontrada da lagoa de Walden, passando pela água lúdica do passeio de barco no rio, ou ainda a água viva que estrutura as redes subterrâneas, secretas e misteriosas; a malha geológica corresponde, em Thoreau, a uma malha intelectual. A forma de um espaço hidrológico gera a forma de um mundo mental no qual o filósofo passeia para encontrar o sentido do tempo perdido e gozar do tempo reencontrado.

2

Thoreau, filósofo proustiano... Não surpreende que entre os dedicados e entusiasmados leitores de Thoreau esteja Marcel Proust, cuja obra-prima, *À la recherche du temps perdu* [*Em busca do tempo perdido*], procede da mesma conduta mental e produz um mesmo interesse pela presença no mundo, uma mesma fenomenologia descritiva da realidade do real, um desejo semelhante de apreender o movimento do tempo pela escrita de uma obra maior. *Em busca do tempo perdido*, para Proust; os quatorze volumes do *Journal* [Diário], para Thoreau, do qual todos os outros livros procedem.

Por outro lado, é possível se surpreender com o silêncio de Gaston Bachelard a respeito do pensamento de Thoreau, do qual é tão próximo. Em seu ensaio de poética generalizada dos elementos, o nome do filósofo americano quase não aparece. Em nenhum lugar, por exemplo, em *L'Eau et les Rêves* [*A água e os sonhos*], cujo subtítulo é *Essai sur l'imagination de la matière* [*Ensaio sobre a imaginação da matéria*], nem sequer uma vaga menção. Um pouco mais em *La Terre et les Rêveries du repos, Essai sur les images de l'intimité* [*A terra e os devaneios do repouso: ensaio sobre as imagens da intimidade*], no qual Thoreau serve de ilustração, aparentemente, para a explanação sobre a Casa, no capítulo intitulado "A casa natal e a casa onírica".

No entanto, Gaston Bachelard é um filósofo índio, na acepção de Thoreau. Quando examina uma mesma realidade, a água, por exemplo, para fazê-la resplandecer ao qualificá-la (água clara, primaveril ou corrente, água amorosa, profunda ou dormente, água pesada, composta, materna, água feminina, doce ou violenta...) a fim de tentar esgotar seu sentido, mesmo sabendo que sua poesia não se deixará encerrar em uma análise. Os índios dispõem de uma multiplicidade de palavras para expressar uma mesma coisa (a água ou a neve, por exemplo); Bachelard propõe uma filosofia próxima desse modo natural de proceder.

Papel da infância e da água, da lembrança e da memória, busca do tempo perdido e gozo do tempo reencontrado, júbilo das atividades, dos aromas e das emoções de criança acompanhadas de uma estigmatização dos jogos adultos com suas máquinas motorizadas, seu dinheiro todo-poderoso, suas vestes ridículas, seus lamentáveis teatros mundanos, sua escravidão voluntária, sua vida mesquinha e sem sonhos, seu "calmo desespero", ao qual ele não cessará de opor uma "vida sublime" – em outras palavras, uma vida filosófica. Eis o mundo no qual Thoreau evolui durante os quarenta e quatro anos de sua curta existência.

3

Fundir, fundir-se. Thoreau, filho da água, muda, modifica-se, passa uma vida celebrando sua liberdade na solidão; depois, uma outra, combatendo pela liberdade dos outros, sobretudo dos escravos. Ora destaca-se fabricando e vendendo lápis, ora como camponês recluso numa cabana de madeira na floresta. Ora evolui na esfera do transcendentalismo, ora zomba de Emerson, o papa da seita filosófica. Aqui ele convida à não violência da desobediência civil, ali justifica o recurso às armas – ver seu *A Plea for Captain John Brown* [*Defesa de John Brown*]. Ele muda, é verdade, mas permanece: a mudança diz respeito apenas à pele das coisas, ele muda como a superfície da lagoa que ama, de acordo com as estações. Azul, verde, preta, prata, dourada ou roxa, conforme o período do ano ou a hora do dia. É, porém, um único e mesmo lago, uma entidade viva. E Thoreau não coloca nada acima da vida, nem mesmo a liberdade, pois, para ele, a liberdade e a vida nomeiam uma única e mesma coisa.

Quando se interroga sobre a natureza do homem, ele não se preocupa com definições filosófico-filosofantes, prefere as imagens... Assim, o homem é "uma massa de argila que se funde", e ele desfia a metáfora líquida: a ponta dos dedos? Uma gota solidificada. A orelha pende, assim como os lábios. O nariz? Uma estalactite congelada. O queixo? Uma grande gota para onde converge tudo aquilo que escorre do rosto e sobre o rosto. As bochechas mostram que a testa escorre, que as maçãs do rosto separam os caminhos das gotas. Thoreau não é parmenidiano como Emerson e os transcendentalistas que creem na existência de um mundo das ideias puras, desconectadas da realidade sensível. Em contrapartida, ele é heraclitiano, pois sabe que ninguém se banha duas vezes no mesmo rio, decerto, mas que se trata, mesmo assim, do mesmo rio.

Em torno do caixão de Thoreau, Emerson pronunciará um elogio fúnebre – mais fúnebre que elogio, pelo menos a julgar pelas observações, completamente fora de lugar naquele dia, dadas as circunstâncias, sobre o caráter impossível do defunto! Emerson realiza seu dever apresentando alguns aforismos retirados de manuscritos inéditos do filósofo. Entre eles: "Peço que me fundam. Tudo o que se pode pedir aos metais é que sejam brandos para o fogo que os funde." Mais uma vez, como sempre, o desejo de liquefazer-se para melhor se misturar à natureza, o desejo de confundir-se com ela.

Num mundo onde tudo passa, flui, transforma-se, nada se perde, tudo se modifica; num universo onde a mesma energia atravessa o sílex e a coruja, o corpo de um filósofo e o campo de trigo, a água de um lago e a carne de um peixe, existe apenas um ponto fixo: o Movimento. O trabalho do pensador? Habitar plenamente cada instante constitutivo desse movimento. Mergulhar todos os dias na água do rio heraclitiano – ou do lago de Walden... – sabendo-o Mesmo e Outro. O dever do sábio consiste em usar até o limite o epicentro de cada momento. A vida filosófica propõe-se criar e colecionar momentos sublimes. Fundir e fundir-se para enfim ser. Thoreau quer vaporizar-se na natureza para atingir o gozo de uma consciência que sabe que o filósofo e o mundo, assim como o lago e a luz, são uma única e mesma substância vibrante de Vida.

4

Pais filantropos, filho misantropo. A família paterna de Thoreau vem das ilhas anglo-normandas. Não de Guernesey, como afirma erroneamente Emerson em seu elogio fúnebre, mas de Jersey – no caso, Santo Helério, sua capital –, que seu antepassado deixa, em 1773, em direção à América em um navio corsário. O filho do comerciante de vinho de Jersey torna-se tanoeiro em Boston. Esposa a filha de um gentil-homem escocês e de uma *quaker*. Em sua obra, Thoreau nunca fala de seus antepassados. Uma vez, de passagem, reivindica sua ascendência normanda ao escrever em seu *Journal*: "Eu, descendente desses normandos que adoravam Thor, passo meus dias sem adorar nem Thor nem Cristo." Pois seu único Deus é a natureza, que ele não adora de joelhos, como devoto, mas como místico desejando a fusão.

Seu pai trabalha feito um condenado no comércio, mas não chega a ser exatamente bem-sucedido. Posteriormente, em 1824, ele abre uma fábrica de lápis. Quando aperfeiçoa a fabricação desses objetos, que se tornaram referência muito além dos limites de Concord, Thoreau para, preocupado em não cair na rotina, desejoso de inventar novamente sua vida sem repeti-la. Sua família envia-o às melhores escolas, em que ele vai extremamente bem. Excelente em grego e em latim, adquire um acentuado gosto pela tradução de autores antigos, uma paixão que jamais o abandonará.

À mesa dos Thoreau, pratica-se uma verdadeira hospitalidade. Efeito da convicção religiosa? É possível. Mas também efeito de uma generosidade política, no sentido amplo e nobre do termo. Sua casa torna-se um ponto de encontro, de acolhimento e de discussão; uma espécie de quartel-general para os militantes abolicionistas. Escravos fugitivos encontram ali um porto de paz e tranquilidade. A cozinha nunca fica vazia. O filósofo passará sua vida a fustigar a hospitalidade e a declarar aspirar ao menor número de visitas e de visitantes possível. Os pais abrem a casa deles, Thoreau fecha a sua, que construiu do menor tamanho possível... Pais filantropos, filho misantropo.

5

Cabular a aula. Thoreau e seu irmão, John, cabulam aula frequentemente e vão para o campo aproveitar a natureza. Observação de flores e de animais, passeio de barco, natação, puro prazer de existir, longe das pessoas, longe do mundo, longe dos professores, longe dos pais. Em casa, falatório e discussões; no campo, silêncio e murmúrio da natureza. Já nessa época de sua existência, a natureza lhe parece um remédio à civilização; o campo, uma terapia para o mal das cidades; a solidão, uma panaceia para curar a dor das mundanidades de Concord.

Quando termina seus quatro anos em Harvard, profere um discurso de conclusão de curso no qual já se encontra toda sua temática futura: ódio ao espírito comercial, crítica do dinheiro todo-poderoso, celebração de um modo de vida de resistência a essas divindades modernas. Em 1837, com apenas vinte anos, inicia a primeira página do primeiro caderno de seu *Journal*, que terminará com sua morte, vinte anos mais tarde, com quatorze volumes. Thoreau acumula material que alimenta seus livros autônomos; toma notas e consigna brevemente suas observações feitas na natureza, mas também seus estados de espírito ou suas reflexões.

Nesse mesmo ano, o filósofo cujo prenome registrado fora *David Henry* torna-se *Henry David* sem razão aparente. Nova ordem, voluntarista, procedente unicamente de seu desejo, para afirmar sua personalidade e sua autonomia, sua independência em relação a seus genitores? Ele era um nome recebido; torna-se um nome escolhido: efeito de sua vontade integral, de seu desejo de controlar tudo, de tudo conter e reter? Provavelmente. Thoreau não suporta nenhuma coerção, pode-se imaginar que um nome de batismo incomode-o porque não procede de si mesmo e não lhe convenha senão quando invertido por sua própria vontade...

6

Professor demissionário. Nesse mesmo ano, torna-se professor na escola pública de Concord. É uma época de castigos corporais; a pedagogia disciplinar obriga... Thoreau recusa-se a praticá-los, evidentemente. Um membro do conselho da administração da escola intima-o a acatar o regulamento e aplicá-lo. A crer em um de seus biógrafos – G. Landré-Augier, que prefacia *Walden* –, ele designa seis alunos ao acaso, castiga-os e apresenta sua demissão na mesma hora...

No ano seguinte, com seu irmão, abre uma escola para praticar uma pedagogia libertária: passeios de sensibilização na natureza, herborização no campo, abolição dos castigos corporais e também, revolução notável, associação das crianças ao processo disciplinar. Pressente-se já o futuro autor de *Civil Desobedience* [*A desobediência civil*] que afirma, nove anos mais tarde, em 1849, que uma autoridade só é legítima se aqueles sobre os quais ela se exerce consentem-no...

Em 1839, John e Henry David partem juntos para uma semana nos rios Concord e Merrimack. Navegam entre o riacho da infância no jardim da casa da avó e o lago, futuro personagem conceitual do filósofo. Durante a expedição pela hidrologia real e imaginária dos irmãos Thoreau, o filósofo enche seu diário. Essas notas servirão mais tarde para a redação de *A Week on the Concord and Merrimack Rivers* [Uma semana nos rios Concord e Merrimack] (1849), publicado às expensas do autor após a morte do irmão.

Em *Walden*, Thoreau conta como, quatro anos mais tarde, o impressor devolve-lhe os livros não vendidos, ou seja, setecentos e seis exemplares: vinte e cinco foram dados, duzentos e vinte cinco vendidos... Com o humor *pince-sans-rire* que lhe é característico, Thoreau esclarece que, após a chegada dos pacotes, havia quase novecentos volumes em sua biblioteca, dos quais mais de setecentos escritos por ele mesmo...

7

O amor pelas novilhas. Se Thoreau distingue-se radicalmente da corporação filosófica, em contrapartida há uma área na qual se revela emblemático: a das mulheres. Pois tudo leva a crer que ele provavelmente teve sentimentos por uma ou outra, mas não há nada que permita concluir que passou do platonismo à sensualidade. Não houve aparentemente nenhuma ocasião de chegar aos prazeres do corpo que não fossem aqueles proporcionados pelo cerco à marmota sob o luar.

Ele, que fez sem parar a apologia da liberdade, a celebração da autonomia, que elevou ao máximo a religião da independência, compreendeu bem rápido e bem cedo – podemos apostar – que uma mulher e filhos impedem de dormir sozinho em uma cabana, de passear de barco nos rios, de vestir-se e viver como caçador, de cheirar a rato-almiscarado, de inventar a vida e de improvisar sua existência para gozar do espetáculo da Natureza, que foi provavelmente sua única e exclusiva amante.

Pode-se igualmente imaginar que esse pudico, que fazia o elogio da castidade e da continência para melhor realizar sua relação sensual com a natureza, teve no sigilo de seus treze metros quadrados de cabana de madeira relações sexuais consigo mesmo, o que lhe permitia reduzir suas afetações ao mínimo e não temer as consequências de uma imprudente intemperança! Uma estranha passagem de seu *Journal* demora-se no prazer de ouvir seu próprio eco, pois o retorno de si vale mais que o gozo do outro. O onanismo é a metáfora do eco em matéria de sexualidade!

Detenhamo-nos, no entanto, nos traços das mulheres na vida de Thoreau. Nada sobre a mãe, ausente na obra. Pouco sobre as irmãs. Muito sobre o irmão, John, com o qual teve inúmeras experiências de cumplicidade de gozo sensual partilhado na natureza. A semana no rio, por exemplo. Também nada sobre as outras figuras femininas que atravessam sua existência. Não há problemas nem emoções causados por criaturas humanas...

Em compensação, milhares de páginas sobre a marmota, a coruja, as percas, os grilos, as formigas, e uma página antológica sobre a emoção suscitada por uma novilha de odor tão suave ("Ô nata de todas as leiterias que foram e serão!", *Journal*, setembro de 1850), tão sensual, tão delicada, tão bela ("face da inocência"...), tão perturbadora quando aceita do filósofo uma maçã como presente e depois se vai ("Bela novilha, adeus! Ainda que me tenha esquecido, queira o céu que não se esqueça de si mesma"), mas nada sobre a pele que arrepia por causa de uma mulher... Nada de anormal para um Thoreau amar as novilhas – como diria um lacaniano!

Thoreau notou uma mulher – Lucy Jackson Brown – pela qual sente alguma atração. Excelente no terreno platônico, escreve um poema acompanhado de um buquê de violetas, símbolo da esperança, e atira tudo junto pela janela. O gesto foi bastante romântico, mas sem consequências. Houve ainda trocas de cartas, discussões eruditas, talvez também um ou dois passeios no bosque, mas sabemos que Thoreau não é do tipo que herboriza marcando passo, de braços dados com uma mulher que se atrasa por causa dos babados de suas saias... Além do mais, testemunhas relatam que ele andava como se estivesse sempre atrasado para um compromisso, deixando vários passos para trás todos os infelizes que saíam em sua companhia.

Em 1839, John se apaixona por Ellen Sewall – Henry também... O irmão dessa jovem frequentou a escola fundada pelos dois irmãos. Ele faz uma proposta de casamento. O pai da pretendente recusa, pois não vê com bons olhos essa família de transcendentalistas que flerta com o extremismo na política, uma vez que afirmam camaradagem com os abolicionistas. Os irmãos navegam pelo rio a bordo do *Musketaquid*, o barco à vela que eles mesmos construíram. Voltam, mas ela foi embora, depois retorna e relata a notícia paterna. John recusado, Henry, por sua vez, faz o pedido... Sem obter mais sucesso que seu irmão, evidentemente. E, em seguida, muito provavelmente, houve também a senhora Emerson...

8

Emerson e Thoreau. A dama das violetas, a famosa senhorita Brown, notou que muitas páginas do diário de Thoreau apresentam um íntimo parentesco com o pensamento de Emerson, o pai do transcendentalismo, que também vive em Concord. Em 1837, ela arranja um encontro entre o filósofo renomado e o jovem; o primeiro tem trinta e quatro anos, o segundo, vinte. Emerson publicou *Nature* [A natureza], o manifesto dessa nova filosofia americana, e acabou de fazer uma conferência destinada a se tornar famosa: *The American Scholar* [O intelectual americano]. Ele faz sucesso; Thoreau não publicou nada.

Nessa época, Emerson organiza reuniões em sua casa, que se torna *o* lar do transcendentalismo americano. Poetas, pastores livres de sua relação com suas Igrejas, intelectuais, feministas, abolicionistas, pessoas de cultura, todos se encontram e comentam leituras, lustram suas ideias, funcionam como os salões europeus do século XVIII. Para se confederarem, eles dotam-se de uma revista, *The Dial**, da qual Emerson é o redator-chefe junto com a feminista Margaret Fuller. Em 1840, Thoreau publica na revista seu primeiro texto, um poema intitulado "Sympathy" [Simpatia]. Depois, um ensaio, *Augus Persius Flaccus*. Ele fornecerá regularmente textos à revista até seu fim, quatro anos mais tarde, e ajudará Emerson na tarefa de dirigi-la.

Por causa dos problemas de saúde de John, os dois irmãos fecham a escola. Thoreau vai morar na casa

---

* Do latim medieval *diālis*, *daily*, diariamente, do latim *diēs*, dia. O nome da revista, *The Dial*, remete a seu significado original da palavra, relógio solar, que depois se tornou *sundial*. (N. do T.)

de Emerson, onde é alimentado e abrigado em troca de pequenos trabalhos de bricolagem, jardinagem, enfim, de manutenção da pequena propriedade. Thoreau também brinca com Waldo, o filho do filósofo. Cuida dele, leva-o para passear nos campos do entorno, conta-lhe histórias, faz para ele um apito, um barco, uma flauta. Em 12 de janeiro de 1842, John morre de tétano. No dia 27 do mesmo mês, Emerson, viúvo e casado novamente, perde seu filho de seis anos em razão de uma escarlatina. Nos dois anos seguintes, Emerson será duas vezes pai...

A fim de que mude de ares, Emerson propõe a Thoreau que se torne o preceptor de seu sobrinho em Nova York. O veterano estimula o jovem a aproveitar sua estadia para travar relações com pessoas úteis no mundo das letras. Encoraja-o a contatar jornalistas com o objetivo de colocar em algum jornal um texto capaz de lhe construir uma reputação no mundo das letras, na perspectiva de um dia viver de sua pena...

Thoreau não é muito bom nesse tipo de exercício mundano. Não convence muita gente, mas publica mesmo assim alguns artigos em revistas. Escreve a Emerson e o mantém informado de sua vida nova-iorquina: sente saudade de Concord, que é para ele, se não o centro do mundo, ao menos *o* mundo. A experiência dura oito meses, penosos para o filósofo que tem saudade do campo, da herborização e dos passeios na natureza. Ele experimenta a Cidade e, mais tarde, proferirá palavras violentas contra o urbano, que ele opõe ao rural como o Mal ao Bem. Nova York contra Concord, a Civilização contra a Natureza, a ilusão contra a verdade, a falsidade contra o autêntico, a religião do progresso tecnológico contra a sabedoria da vida filosófica natural, o banqueiro, o comerciante, o jornalista contra o índio, o lenhador, o camponês...

Ei-lo rapidamente de volta a Concord. No momento, como Emerson e alguns outros, ele dá conferências na cidade. Mais tarde, em seu *Journal* (outubro de 1858), será severo ao relembrar a vacuidade das conferências e dos conferencistas, assim como de seu público... Fala de "fantoches", no palco como na plateia, o que jamais o impedirá de pregar sobre palanques até o fim de sua existência. Em 1860, dois anos antes de sua morte, profere um de seus discursos mais conhecidos, *Wild Apples* [Maçãs selvagens]...

Nessa mesma época, ele começa a leitura do *Bhagavad-Gita*, que se tornará uma de suas principais fontes. Durante esse período, desenvolve um procedimento que lhe permite aumentar a qualidade dos lápis fabricados pela empresa familiar; enfim, ajuda o pai a construir uma casa nova. Será que, sob essa dupla influência (a construção de uma casa de família que o conduz a mostrar sua autonomia com uma habitação própria e ao mesmo tempo um estímulo ao despojamento hinduísta), ele planeja a experiência existencial de Walden? É possível...

9

O oriente transatlântico... Em 1845, Thoreau envolve-se em um modesto projeto que, no entanto, mais tarde lhe valerá um lugar na história mundial da filosofia. Deixemos de lado a influência dessa aspiração de possuir um lugar só seu após ter dado uma mão na casa de seus pais... E guardemos a hipótese, entre tantas outras, evidentemente, de uma fonte oriental para esse desejo de levar uma vida ascética e filosófica numa cabana perto da lagoa de Walden.

Thoreau descobre muito cedo a literatura antiga fora da Europa. Por não viver no Velho Continente, é mais fácil para ele escapar ao antigo preconceito dos filósofos, para quem a Grécia inventa a filosofia no século VII antes de Cristo, em um país que, como que por acaso, pertence à zona geográfica específica de sua era mental... Quando Thoreau celebra a filosofia antiga, não comete o erro de reduzi-la ao mundo greco-romano: tem o cuidado de colocar em pé de igualdade "o mais antigo filósofo egípcio ou hindu" e Homero, ou Anacreonte ou um filósofo dito pré-socrático. Thoreau, um americano que sabe que a sabedoria ignora as fronteiras, que não é o apanágio de um continente, mas é própria de indivíduos geniais, independentemente do local de sua meditação...

No momento em que, na Europa, Arthur Schopenhauer descobre a riqueza do pensamento budista indiano, Thoreau evolui no mesmo desejo de um novo continente mental. Em 1841, tem acesso aos textos de literatura védica da biblioteca de Emerson. O *Código de Manu* constitui seu primeiro contato com esse tipo de literatura, que lerá com atenção e traduzirá do francês ou do alemão. Para a *Dial*, a revista transcendentalista, Thoreau faz, em 1843, uma seleção de textos do *Código de Manu*. No ano seguinte, depois de ter esgotado o estoque de Emerson, solicita à biblioteca de Harvard obras traduzidas do sânscrito para o francês e as traduz para o inglês.

Em 1855, portanto após Walden, quando seu amigo Thomas Cholmondeley deseja lhe agradar, ele lhe oferece quarenta e quatro livros orientais de primeira ordem bem como um grande número de volumes críticos sobre o tema. Thoreau fez uma pequena biblioteca com suas próprias mãos para abrigar esses "tesouros", de acordo com a carta de agradecimento a seu amigo. A outros correspondentes, comenta essa nova biblioteca como um momento muito importante, que chega a comparar ao nascimento de uma criança... Essa coleção privada de livros orientais é, na época, uma das mais belas, se não a mais bela, dos Estados Unidos.

Thoreau não cita fontes filosóficas europeias para sua experiência existencial. Em *Walden*, cita, de passagem, Sócrates (elogio do "conhece-te a ti mesmo"); pode-se ver também no *Journal* o nome de Diógenes (celebração da simplificação da vida, do modelo tomado da natureza, da renúncia ao luxo, ao conforto, à sociedade dos homens, à vida filosófica, do filósofo no barril); ou, ainda, o de Montaigne (excelência do modo da escrita do autor dos *Ensaios*); mas nunca os autores canônicos do *corpus* ocidental. Em compensação, a referência oriental entremeia regularmente o texto, no qual o brâmane passa por modelo de sabedoria e de vida filosófica.

10

Walden, um personagem conceitual... Em 1845, Thoreau começa a construção de sua cabana perto da lagoa de Walden, em um lote colocado à sua disposição por Emerson – mais uma vez ele. Walden é, portanto, um lugar real que se pode encontrar em um mapa, mas, ao mesmo tempo, é um lugar mágico, misterioso, proustiano, pois carregado de memória afetiva de infância. A lagoa de Walden recolhe as águas do riacho da avó, as águas do rio percorrido com o irmão falecido estão em contato profundo com ele, e o espírito do garotinho de cinco anos de idade flutua na superfície espelhada dessa extensão de água que ele imagina sem fundo...

Lago claro, verde e sombrio, ele parece não ter nem entrada de água nem saída visível, a não ser a chuva e a evaporação. Colinas com bosques o cercam. A cor muda: azul com o céu de verão e tempo claro; ardósia escura em caso de tempestade; verde-claro quando a margem nele se reflete, verde-escuro no meio, na massa de água, verde vivo quando visto das elevações circundantes; amarelo por causa da areia da margem; azul-claro das sedas ondeantes alhures ou das lâminas das espadas; azul garrafa no pôr do sol.

Thoreau se diz "em bons termos" com a maior parte dos lagos dos arredores, mas confere a palma da pureza a Walden, no qual, água lustral magnífica – dez graus em média –, banha-se todos os dias, qualquer que seja a estação do ano. Apenas o gelo o detém, mas mesmo nesse caso não renuncia ao contato com a matéria de água sólida e se deita sobre ela... Talvez, ele diz, o lago já existisse naquela manhã de primavera em que Adão e Eva foram expulsos do paraíso. Haveria então lugar mais puro e água mais adequada para limpar todas as impurezas? Aos sete anos, em 1824, Thoreau ajudava (seus pais, provavelmente, mas ele não especifica no texto...) a ferver uma panela de sopa de peixe sobre um dos bancos de areia desde então cobertos. O filósofo disserta sobre a elevação e a baixa dos níveis da água; sua descrição faz crer que o lago respira e que as variações procedem de uma vida mágica...

O que significa Walden? Escuta-se o nome de Waldo na música dessa palavra. O famoso Waldo morto –

o pequeno valdense –, mas também o segundo nome de Ralph Waldo Emerson, decididamente presente por toda parte... Esse nome se encontra na família desde quando uma antepassada, Rebecca, adotou-o para honrar Pierre Valdo, ou de Vaux, fundador dos valdenses, sectários provençais do século XII, que se notabilizavam, diz-se, pela austeridade e pureza de seus costumes.

Thoreau apresenta uma etimologia à medida de seu desejo. Ele, que ama os índios tanto quanto os brâmanes, para não falar dos lenhadores e dos camponeses, relata uma tradição oral segundo a qual um acampamento índio, instalado sobre uma colina que dominava o lago, desapareceu sem deixar traços durante um terremoto, exceto por uma sobrevivente, que se chamava Walden e deu nome ao lago. As pedras do alto da colina rolaram pelo despenhadeiro para terminar no vale, onde formaram a margem hoje visível a qualquer um.

Tudo bem quanto à lenda indígena. Mas, ao mesmo tempo, Thoreau acha que essa bela história não contradiz uma outra contada por um antigo colono, que diz que um feiticeiro certo dia apareceu com sua vara de aveleira e, encontrando um fiozinho de vapor saindo da grama, pôs-se a cavar um poço no local, onde antes não havia nenhum lago... O inconveniente dessa versão é que, ao contrário da precedente, não explica a presença das pedras na beira do lago! A menos que as geleiras...

11

Um exercício espiritual. Thoreau construiu sozinho uma pequena cabana de madeira de três metros por quatro e meio; mobiliou-a com utensílios fabricados por ele mesmo; instala uma chaminé e, em seguida, faz uma horta em volta da casa. Ele vive nesses treze metros quadrados dois anos e dois meses, ou seja, de 4 de julho de 1845, dia da declaração de independência dos Estados Unidos, a 6 de setembro de 1847, data na qual brutalmente põe fim à sua experiência.

Esses vinte e seis meses de ascese existencial e de frugalidade natural não serão vinte e seis meses longe do mundo, vividos como um eremita maníaco e radical. Antes de tudo, Thoreau vai a Concord ao menos uma vez a cada dois dias. Ele se esquece de contar em *Walden* que por vezes voltava com mantimentos dados pela família... Assiste às reuniões transcendentalistas na casa de Emerson e retorna à noite, a pé, na escuridão do bosque que tanto ama, para sua cabana. Por vezes, portanto, com cestas de comida preparada pela mamãe...

Além disso, não fica sozinho, pois recebe um monte de gente em sua cabana: lenhadores, viajantes, passantes, curiosos, amigos, filósofos, caminhantes, naturalistas; também acolhe o comitê dos abolicionistas de Concord, apesar de afirmar ter apenas três cadeiras... Thoreau não visa à reclusão longe do mundo, como os atletas do deserto, mas a experiência de uma vida filosófica, a conformação de sua existência a seu pensamento, de sua teoria e sua prática. À maneira antiga, une intimamente o discurso aos atos, as palavras às coisas, a doutrina à vida.

Os biógrafos zombam desse homem que se propõe quase fazer fogo com pederneira ao passo que tem um isqueiro no bolso. Outros recuperaram no local uma quantidade inacreditável de pregos tortos por causa de sua inabilidade com o martelo, enquanto

Thoreau fala de sua destreza com a ferramenta... Com que finalidade? Esse tipo de investigação policial que vai atrás do detalhe não invalida de modo algum a experiência existencial e o exercício espiritual à maneira antiga do filósofo que vive seu pensamento e pensa sua vida...

Ignoram-se os motivos que levam Thoreau a pôr um fim a essa experiência, sem nenhuma explicação a não ser uma frase lacônica: "Assim terminou o primeiro ano que passei no bosque. O segundo foi semelhante ao primeiro. Abandonei definitivamente Walden em 6 de setembro de 1847." Provavelmente para não ter de escrever: o terceiro ano foi uma cópia do segundo, que já era uma cópia do primeiro. Ou o quarto ano, e assim por diante. A rotina não combina com o sublime; ora, Thoreau propunha-se "uma vida sublime" (*Journal*, julho de 1851).

12

Sra. Emerson e Thoreau. Thoreau, portanto, interrompe repentinamente sua experiência, e seus biógrafos perguntam-se por qual motivo. Um deles, menos prosaico que o desejo de não cair na rotina, é que Emerson planeja partir para uma viagem de conferências na Inglaterra, o que significa que a casa será novamente abandonada pelo marido, que deixa a mulher e os dois filhos. Coloquemos em perspectiva as duas datas: Thoreau deixa Walden em 6 de setembro de 1847; Emerson embarca para a Inglaterra em 5 de outubro de 1847...

Durante os dez meses de viagem, Thoreau e Emerson trocam cartas nas quais o primeiro dá notícias do dia a dia da casa ao segundo. Thoreau vive, de fato, no domicílio do filósofo, com sua mulher e seus filhos, dos quais cuida. O homem solitário do bosque e a esposa longe de seu marido conversam com cumplicidade e trocam confidências sobre seus estados de espírito.

Quando Emerson fizer o elogio fúnebre – por vezes severo, mas provavelmente justo – de seu amigo morto, insistirá em sua rudeza e em sua falta de diplomacia dissimulada por uma vontade explícita de dizer a verdade custe o que custar. Em uma carta a Emerson, Thoreau salienta que tudo transcorre bem na casa em sua ausência, que ele cuida bem de seus filhos e que o garoto lhe perguntou se ele gostaria de ser seu pai... Como acréscimo à indelicadeza, Thoreau estipula que, se Emerson por acaso não voltasse, ele seria rapidamente substituído! Emerson retorna, evidentemente, em julho de 1848. Thoreau volta a viver com seus pais, como fará durante toda a sua existência.

13

A prisão, segundo personagem conceitual. Na história das ideias, Thoreau é conhecido por dois momentos de sua biografia que se tornaram emblemáticos de seu pensamento: *a vida no bosque* e *a estada na prisão*. Esses dois momentos foram breves: vinte e seis meses em Walden, com visitas pelo menos a cada dois dias aos amigos e pais em Concord; e uma noite na cela. Os dois acontecimentos, porém, cristalizam prioritariamente o pensamento do filósofo em duas linhas de força claras. Walden, ou o elogio da vida selvagem; a prisão, ou a desobediência civil.

HENRY DAVID THOREAU

Se a reputação de Thoreau define bem a soma de mal-entendidos acumulados a seu respeito, ela é construída sobre essas duas experiências existenciais integradas na prática de uma vida filosófica. O filósofo vive seu pensamento e pensa sua vida: a prisão mostra-o cidadão contra os poderes, o indivíduo que se levanta contra tudo aquilo que ameaça sua autonomia ou põe em perigo sua liberdade; mas também coerente com sua vida selvagem sem entraves, como *inventor do comportamento libertário*.

A cena se passa em 1846, durante a experimentação da vida à beira do lago. Thoreau vai a um sapateiro buscar um sapato. No caminho, a polícia interpela-o e o conduz à prisão. O que, de bom grado e, provavelmente, com alguma satisfação, ele deixa que façam. Porque há anos procura o enfrentamento ao não pagar impostos, pelo menos a taxa que corresponde à manutenção da situação escravagista e ao financiamento da guerra contra o México, pois, por outro lado, quita corretamente a taxa sobre as estradas afirmando que pretende ser um bom cidadão e um bom vizinho...

Ele conhece o carcereiro, que propõe pagar por ele a taxa em questão. Thoreau recusa categoricamente: *quer* esse aprisionamento, teorizado em *A desobediência civil*, publicado em revista no ano seguinte (1849). A multa é paga por um desconhecido – ou uma, talvez sua tia –, e ele é solto na manhã seguinte. Simplesmente, naturalmente, Thoreau vai buscar seu sapato e volta a colher mirtilo. O breve texto escrito nessa ocasião entra pela porta da frente na história da filosofia política, da mesma maneira que o *Discours de la servitude volontaire* [*Discurso sobre a servidão voluntária*], de La Boétie, o qual ele lembra sob muitos aspectos.

14

Teórico e prático da misantropia. Uma vez terminada a experiência de Walden e passada essa noite mítica na prisão, Thoreau caminha no bosque, herboriza. Atravessa Concord com uma velha caixa de música na mão, onde guarda as plantas colhidas em seu passeio. Às vezes, enquanto olha para o chão e segue seu caminho a passos largos, as pessoas passam por ele, mas Thoreau não tira o chapéu, pois traz sob ele outras ervas que, caso contrário, cairiam. Vez por outra, leva um microscópio. À noite, consigna suas impressões em seu diário, cadernos para os quais construiu um pequeno móvel *ad hoc*.

Thoreau vive de pequenos trabalhos. Pinta uma casa aqui, cuida de um jardim acolá; é ainda o período em que vive de agrimensura. Ele tem trinta e um anos, vive com os pais e muda de casa, em Concord, junto com eles. Ajuda o pai na fábrica de lápis. Ainda sem nenhuma mulher. Poucos amigos. Sua personalidade áspera torna difícil uma relação mais íntima. Thoreau reivindica a solidão, que ama acima de tudo, e teoriza uma crítica da filantropia – como Emerson – que beira a misantropia, que ele pratica assiduamente.

Por exemplo, com Margaret Fuller. Ela pertence ao grupo transcendentalista de Concord. Assiste às reuniões e às conferências, e ajuda Emerson na confecção de sua revista. Essa loira de olhos azuis acinzentados foi uma criança dotada. Sob a autoridade de um pai puritano, que a colocara para aprender latim aos seis anos, ela lia Shakespeare quando as meninas da mesma idade ainda brincavam com bonecas. Devorava todos os livros que caíam em suas

mãos, entre os quais Helvétius; amava Rousseau e
Novalis, Fichte e Jacobi; escrevia cartas imaginárias
a Beethoven. Imbuída no mais alto grau da religião
da arte, ela arrepiava-se com a música, colecionava
arrebatamentos, emoções e prostrações. Escrevia poemas, praticava a crítica de arte, encantava em conferências às quais acorriam jovens extasiadas.

Emerson a conheceu em 1835, ela tinha vinte e
cinco anos e ele, trinta e dois. Uma terceira pessoa
repassara sua tradução do *Torquato Tasso*, de Goethe,
ao filósofo, que a convidara a passar quinze dias em
sua casa. Ela fica imediatamente fascinada. Eles se
veem regularmente, escrevem-se, saem para passear
no bosque. Ela lhe ensina alemão e o inicia nas belas
-artes; ele apresenta-lhe os mestres ingleses.

Margaret Fuller transborda de vitalidade; torna-se empreendedora. O diário de Emerson contém,
codificadas, prováveis alusões a esse período. Ele
descobre a tentação, o desejo, a inveja; ele é casado,
puritano, crente, pai de duas crianças que sua esposa, Ellen, lhe dera após a morte do pequeno Waldo.
Ele escreve sobre o amor demoníaco e o amor celeste, redige uma ode à beleza ["Beauty"], ou um poema de ação de graças no qual agradece a Deus tê-lo
impedido de cometer o irreparável... A despeito da
celebração, em sua obra, de um Deus dos filósofos
que não tem muito a ver com o Deus da moral moralizante, para Emerson o transcendentalismo não é
decididamente um ateísmo!

Margaret Fuller parece uma mulher complexa.
Ela acredita estar sob o jugo de um demônio. Emerson vê claramente seu lado sombrio, que o petrifica –
ao mesmo tempo que o fascina? Ela acredita em dias
fastos e nefastos, numerologia e presságios. Ainda

criança, teve uma crise de histeria porque todas as meninas de seu pensionato maquiaram-se, tal como ela o fazia, para zombar dela. Quando voltou a seu quarto, teve convulsões e, depois, se jogou de cabeça contra os trasfogueiros da lareira, o que resultou em um ferimento no rosto que causava a impressão de um perpétuo ricto...

Em 1846, ela parte para a Europa. Em Paris, visita Sand, Chopin, Lamennais. Publica em uma revista um artigo sobre a literatura americana. Na Câmara dos Deputados, consulta os manuscritos de Rousseau, que considera um mestre. Na Itália, em 1847, conhece o marquês Ossolini, que lhe dá um filho. Casa-se com ele e retorna aos Estados Unidos em 1850. O navio naufraga por causa de um erro de navegação. Ela permanece na embarcação e morre com os seus.

Thoreau irá à costa recuperar aquilo que puder da mulher que foi, no mínimo, a musa de Emerson, a companheira feminista dos transcendentalistas do círculo de Concord, a diretora de sua revista, aquela que publicou os primeiros textos de Thoreau, portanto uma conhecida próxima, se não uma amiga. Na praia, ele encontra um botão do traje do marquês, dizem os biógrafos. Mas quem pode provar que aquele botão vem do traje de um indivíduo que ninguém nunca viu na Nova Inglaterra? Retenhamos dessa história que, nessa circunstância particular, o filósofo mostra uma total impassibilidade. A filantropia fustigada em seus textos também não sobrecarrega sua existência. Ao menos aparentemente...

15

Os efeitos do sucesso. A experiência de Walden foi consignada dia a dia em seu *Journal*. Thoreau serve-se desses fragmentos para dar conferências, sempre em seu perímetro afetivo: Concord. Constrói *Walden* e termina por enviar a seu editor uma versão que se sustenta, a sétima. Estamos em 1854. O livro é publicado com tiragem de dois mil exemplares. Artigos elogiosos lhe valem um reconhecimento que suaviza os ângulos do áspero personagem. Thoreau tem trinta e sete anos, ei-lo enfim um pouco mais seguro de si mesmo, *portanto* um pouco menos misantropo.

Ao mesmo tempo, distancia-se de Emerson. O diário contém, nesse período, observações cáusticas sobre o filósofo. Mesmo que, por vezes, o leitor esteja reduzido a conjecturas, pois o nome próprio não aparece explicitamente, lê-se nas entrelinhas a história de sua aventura quando Thoreau fala da perda de um amigo. O filósofo crê que, quanto mais se penetra na intimidade da natureza, mais se distancia dos homens, porque menos se tem necessidade deles. Em maio de 1853, confia a seu *Journal* que perde seu tempo, se não sua personalidade, tentando comunicar-se com Emerson. Thoreau recrimina-o por assumir, sem razão aceitável, a posição de contraditor, por desenvolver pontos sobre os quais não há divergência real, professando aquilo que ele já sabia, perdendo seu tempo ao tentar fazer dele um homem diferente daquele que realmente é.

Fevereiro de 1857, após o sucesso de *Walden*: "Mais uma amizade que termina." Toda ruptura tem suas razões, às vezes ignoradas, mas nem por isso deixam de existir. Ele admite sentir dores físicas, mas não busca responsabilidades específicas: um efeito do destino ou da fatalidade, nada além disso... Em outras passagens dedicadas à amizade, o misantropo escrevia: "se meu amigo diz a si mesmo: 'jamais voltarei a vê-lo', traduzo *jamais* por *sempre*". Prova de que, em matéria de amizade, na falta de poder vivê-la, Thoreau sabia dizê-la.

Eis, portanto, o jovem emancipado do veterano, que desempenhou um papel constante em sua existência por anos a fio: a introdução no círculo transcendentalista; o trabalho de preceptor em Nova York; a ajuda para entrar no mundo das letras; as primeiras publicações; os empregos de factótum em seu lar em troca de casa e comida; o preceptorado de seu próprio filho; o empréstimo do terreno de Walden; a confiança manifestada em sua proposta de morar em sua casa durante sua viagem à Europa... Emerson pôde, efetivamente, exercer sem freios sua lucidez sobre a aspereza de seu amigo nessa aventura, na qual se procura o que Thoreau teria dado em troca dessas constantes provas de generosidade.

16

Inventar o temperamento libertário. Thoreau passa o essencial de sua existência construindo para si uma vida autônoma. Mais do que qualquer outra pessoa, ele toma ao pé da letra o convite feito por Nietzsche em *Assim falou Zaratustra*: "criar liberdade para si". Até a idade de trinta e seis anos (restam-lhe oito anos de vida), ele fez de tudo para preservar sua liberdade: nada de trabalho fixo; redução de seu consumo cotidiano ao essencial; eliminação do supérfluo em tudo; ascese existencial; nada de mulher, filhos, família ou amigos invasivos; nenhum compromisso que o obrigasse, qualquer que fosse o tempo do contrato – um dia, cem, menos ainda pela vida inteira. Por outro lado, sua família recebia os abolicionistas e ele próprio ajudou escravos fugitivos a atravessar a fronteira em direção ao Canadá, inclusive durante o período em que ele fanfarronava teoricamente, fustigando a filantropia... Foi para a cadeia por ter se recusado a pagar seus impostos a fim de protestar contra a política escravagista e belicista de seu país.

Em *Slavery in Massachusetts* [Escravidão em Massachusetts] (1854), Thoreau afirma ter vivido uma experiência que modificou radicalmente sua relação com o mundo – portanto, consigo mesmo e com os outros. Trata-se do caso Anthony Burns, um escravo fugitivo detido em Boston que militantes antiescravagistas tentaram libertar tomando de assalto o tribunal. A operação de forças fracassou e nela um servidor federal perdeu a vida. Anthony Burns retornou à sua situação de escravo. De repente, o misantropo que vela zelosamente por sua liberdade descobre que o Estado restringe-lha ao obrigá-lo a denunciar os escravos fugitivos que viesse a encontrar e intimá-lo a aceitar a injustiça da escravidão. O filósofo vê-se assim obrigado a defender a causa política maior da abolição da escravidão a fim de recuperar sua serenidade e gozar plenamente de sua liberdade.

A crer em suas confidências, esse *fait divers* em torno de Anthony Burns desacredita sua atitude anterior: sua vida filosófica prévia parece-lhe subitamente "desprovida de interesse" e privada de "valor". Em algumas frases claras e diretas, a confissão do pensador é radical. Walden? A herborização? A caminhada? Os passeios? A meditação pela empatia com a natureza? A enciclopédia dos pássaros, das plantas, das árvores, do lago? A construção de si pela ascese? A reforma espiritual? Eis que, de um só golpe, tudo desmorona, privado de razão de ser.

As coisas não mudaram de uma hora para outra. O mundo não se tornou, de repente, mais iníquo e mais cínico. A escravidão existia na época da vida nos bosques de Walden. Quando Thoreau tem tempo para derrubar as razões dos filantropos para desacreditá-los, escravos *já* são vendidos, explorados e maltratados... À mesa de seus pais, mais de trinta anos antes, as coisas já existiam dessa maneira.

Portanto, é Thoreau quem muda; e é melhor assim. Mais humano, menos selvagem, recusando o maniqueísmo com o qual opõe o amor pela natureza à paixão pelos homens ao afirmar que aquilo que se dá a um não se pode oferecer ao outro, Thoreau mostra que é possível amar a natureza com um ardor intacto, mas, ao mesmo tempo, complementando, conceder aos humanos um interesse, uma energia que não impede a paixão pela tempestade e pelo arco-íris, pelo lago e pela marmota, pelo passeio de barco e pela herborização. É importante notar que essa revolução copérnicana coincide com o início da tuberculose que vai consumi-lo lentamente e levá-lo, oito anos mais tarde, à morte...

17

Os combates por John Brown. O capitão John Brown, um branco que luta de armas em punho para abolir a escravidão, acompanhado de uma dúzia de combatentes determinados, faz uma conferência em Concord em 1857. Thoreau e Emerson estão na sala. O primeiro ajuda regularmente escravos a irem para o Canadá; o segundo também se distingue na defesa da causa abolicionista. Os transcendentalistas ativam-se ao lado deles.

John Brown apodera-se, um pouco mais tarde, de um arsenal na Virgínia. É capturado, posto na prisão e corre o risco de ser condenado à morte. Em 30 de outubro de 1859, Thoreau pronuncia um vibrante elogio da causa e do homem sob o título: *Defesa de John Brown*. Ele apela à Justiça e à Verdade. Essas duas instâncias juntam-se à Liberdade em um novo equilíbrio em que o filósofo ganha em grandeza pela superação de si mesmo e de sua preocupação egotista de assegurar sua salvação no mundo aqui de baixo, sem se preocupar com a miséria do mundo. Thoreau humaniza-se, sua filosofia eleva-se, seu personagem alcança assim uma verdadeira dimensão universal.

Quando John Brown é enforcado, ele lê sua *Defesa* em praça pública, depois redige *Remarks After the Hanging of John Brown* [Comentários sobre o enforcamento de John Brown], ao qual acrescentará, no ano seguinte, *The Last Days of John Brown* [Os últimos dias de John Brown]. No mesmo ano, 1860, seu estado de saúde degrada-se. Ao longo dos meses, apesar de algumas tentativas de ir para o campo e lá buscar refazer suas forças, Thoreau constata um nítido declínio de seu estado. Trabalha então na organização de seus manuscritos e prepara edições de textos futuros. A Guerra de Secessão devasta o país.

18

"Um mundo de cada vez." De agora em diante, ele aguarda a morte com serenidade. Ele, que quis fazer de sua vida uma obra de arte, sabe mais do que nenhum outro que a saída conta muito no sucesso da aventura. Recusa os calmantes e os anestésicos para poder viver plenamente os momentos de seu fim. Em toda sua existência, defendeu a criação de momentos densos e recusou os pavores alimentados sobre o além. Não acredita no inferno nem no paraíso ou na danação. Seu Deus, a Natureza, o espera, pois ele vai reencontrar a terra e finalmente nela se fundir, esvair como a argila destinada a tornar-se húmus.

Seu desejo filosófico consistia em magnificar a presença no mundo, exacerbar o contato com a matéria desse mundo: sorver, aspirar, provar, tocar, olhar, escutar, ouvir, respirar, sentir, contemplar, observar, espreitar, espiar. Ele afirmava: "ame sua vida" e fazia disso um imperativo total. E ei-lo moribundo. Na hora da morte, pensa mais do que nunca a mesma coisa. Assim, quer ver a morte chegar, cheirá-la, contemplá-la aproximando-se, senti-la, tocá-la, observar seu jeito, respirar ainda os perfumes da vida e gozar aquilo que lhe resta. Morrer ainda não é estar morto; é até mesmo precisamente ainda estar vivo, por pouco tempo, daí a preciosidade desses momentos.

A tia está em sua cabeceira. A mesma que, provavelmente, pagou a multa para libertá-lo da cadeia. Ela pergunta-lhe se não é hora de fazer as pazes com Deus. Fleumático e irônico, Thoreau responde: "nós jamais brigamos, que eu saiba...". De fato... Outro o interroga sobre o que ele pensa do além. Espirituoso, o moribundo retorque: "um mundo de cada vez!" E morre em 6 de maio de 1862.

Quanto a este mundo aqui, ele fez mais do que qualquer outro para incorporar sua magia, seu mistério, sua verdade, sua razão. Para decifrar seus códigos e oferecê-los na qualidade de poeta aos leitores do planeta. Para gozá-lo, também, plenamente, totalmente, como ogro. E quanto ao outro? No cemitério de Concord, em uma elevação cheia de árvores, Thoreau repousa na terra, sob uma simples pedra, não distante de Emerson e sua família, reunida em um mausoléu delimitado por correntes. O filósofo solitário jaz assim o mais próximo possível da sra. Emerson, enfim confundidos numa mesma eternidade.

19

Transcendência, transcendental, transcendentalismo. O grupo de Concord reunido em torno de Emerson aparece na história da filosofia sob a rubrica "transcendentalista". A historiografia dominante, quando não o ignora pura e simplesmente, associa Thoreau a essa corrente. Thoreau é um filósofo transcendentalista? E, antes de tudo, o que quer dizer essa palavra? Ela remete explicitamente ao "transcendental" kantiano, que não se deve confundir com a "transcendência" clássica, uma vez que cada um desses conceitos significa uma coisa à parte, ainda que as três palavras procedam do vocabulário idealista vivido como filosofia de combate contra o materialismo que progride no século XIX, período da Revolução Industrial e da onipotência das ciências, da tecnologia, das máquinas, das descobertas...

A *transcendência* é a filha dileta da filosofia, que se livra de mais de uma enrascada com esse conceito cômodo. Littré dá como primeiro sentido: "aquilo que sobe, que se eleva acima do resto" – de *trans*, além, e *scandere*, subir. Para utilizar esse conceito deliberadamente, é preciso inscrever-se em uma configuração filosófica particular: o idealismo, o dualismo e uma leitura vertical do mundo. Um alto, um baixo. Um mundo sensível, perceptível pelos sentidos, e um mundo inteligível, concebível pelo entendimento. Um registro terrestre, outro celeste. A matéria do mundo e o céu das ideias.

Desse modo, transcendente é tudo aquilo que se eleva em direção a esse éter invisível, quando muito concebível apenas pela intelecção. Na filosofia idealista, Deus, as ideias puras (Verdade, Justiça, Bondade, Beleza...) são transcendentes. Littré acrescenta: denominam-se "quantidades transcendentes aquelas cuja geração teórica implica o infinito e cujo valor teórico não se pode obter senão por aproximação". Todo filósofo digno desse nome não mantém relação senão com esse universo e compõe eternamente nessa aproximação...

Para um materialista que reduz o real, o mundo e tudo aquilo que surge nele a uma pura e simples causalidade mecânica, material e imanente, não existe verdadeira transcendência, a não ser por metáfora ou metonímia. Ela dá nome a algo que transporta, é verdade, mas não para outro mundo: uma emoção estética, uma sensação empática ou uma percepção do sublime podem levar um materialista a usar o termo, mas sem pressupor a existência de um além-mundo* cheio de ideias puras que dispõem de vida própria. Existe, pois, para um materialista uma transcendência imanente.

O *transcendental* dispõe de uma vida antes de Kant, mas o filósofo alemão lhe confere sua acepção clássica. Na filosofia medieval, e entre os escolásticos em particular, o transcendental nomeia alguns atributos que ultrapassam as dez categorias de Aristóteles e convêm a todos os seres – o Um, o Verdadeiro, o Bem. Santo Tomás de Aquino, por exemplo, disserta sobre os transcendentais ao longo da *Suma teológica*.

Portanto, Kant dá a esse termo seu sentido moderno. Littré define-o assim: "que se apoia ou tem a pretensão de se apoiar sobre dados superiores às impressões sensíveis e à observação". Em outras palavras: o transcendental opõe-se ao empírico, já que o primeiro supõe um conhecimento *a priori*, e o segundo, um conhecimento *a posteriori*. Em *Crítica da razão pura*, Kant escreve: "Chamo de transcendental todo conhecimento que se ocupa em geral não tanto dos objetos quanto do nosso modo de conhecer os objetos na medida em que este deve ser possível *a priori*." Em outras palavras, dissociável do empírico e de toda experimentação possível. Todavia, com o transcendental não se trata de uma relação de nosso conhecimento com as coisas, mas da faculdade de conhecer.

Enfim, o *transcendentalismo*, se qualifica especificamente a filosofia de Emerson e dos seus, também significa de modo mais amplo: "todos os sistemas

---

* *Arrière-monde*: expressão utilizada por Nietzsche para designar doutrinas – tais como o platonismo e o cristianismo – que remetem a outro mundo para além do mundo sensível. Outras traduções são: trasmundo, ultramundo. (N. do T.)

cujo ponto de partida não é a observação e a análise". Littré dá como exemplo... "o transcendentalismo de Kant". Pode-se acrescentar, para rematar, que Littré coloca em seu dicionário uma entrada que já não se encontra lá, mas deveria voltar sob os holofotes, uma vez que qualifica um cacoete entre os filósofos: *transcendentismo*, que significa "gosto, busca de ideias transcendentes"...

20

O que é um transcendentalista? Tenhamos em mente que *transcendente, transcendental* e *transcendentalismo* estão ligados aos sintomas do mal do *transcendentismo*, que atinge prioritariamente os idealistas mais preocupados em procurar a verdade do mundo *fora* do mundo do que em encontrá-la *no* mundo. Vejamos, no entanto, mais precisamente em que consiste o transcendentalismo de Emerson, antes de nos perguntarmos se aquele de Thoreau realmente existe e, se existir, em que se distingue dos idealistas fanáticos de Concord.

O breve texto intitulado *Nature*, publicado em 1836, é costumeiramente considerado o manifesto transcendentalista. Ao qual se acrescentam às vezes outros dois textos breves, *Self Reliance* [Autoconfiança] e *The American Scholar*. Primeira tese: *o transcendentalismo crê na existência de um Espírito universal chamado de Sobrealma* [*Oversoul*]. Ele reivindica claramente uma opção idealista e afirma a existência de um Deus no qual o mundo se exprime: a verdade do mundo não se reduz à sua realidade ou à sua visibilidade. O materialismo não é suficiente para esgotar a questão do sentido do mundo. Em um texto intitulado "Perpetual

Forces" [Forças eternas] (1877), Emerson celebra as forças que constituem o ser da Natureza e tornam possível sua homeostasia.

Decerto Emerson aceita o fato de que o mistério do mundo recua ao mesmo tempo que progride o conhecimento das leis materiais, mas não conclui disso que um dia a ciência esgotará todas as questões a ponto de eliminar toda possibilidade de mistério, porque, de qualquer modo, a alma de Deus propaga-se no mundo e garante seu ser e sua permanência. Eis a razão de as forças serem solidárias e as energias conjugadas para constituir o real em sua configuração própria.

Os transcendentalistas certamente creem em Deus, mas, com certeza, em um Deus que não é uma figura antropomórfica, ao modo do Deus ciumento, punitivo, vingativo, prescritivo e moralizador dos monoteístas. O Deus deles identifica-se com o Espírito do Mundo, a Energia da Natureza, a Força cósmica que torna possível o advento do real e garante o ser, a duração e a permanência, apesar da perpétua mudança. No mundo transcendentalista, não há perda, mas transferência de energia; tudo se transforma. Deus é o nome da energia, das transformações, do resultado... Em *The Method of Nature* [O método da natureza] (1841), Emerson escreve: "Adoremos a alma onipotente e transcendente."

Segunda tese: o conhecimento não é uma questão de dedução, de análise, de reflexão sobre o princípio matemático. *Os transcendentalistas celebram a intuição, a simpatia, a empatia.* Emerson exalta os méritos das ocasiões de chegar à verdade de maneira indireta. O inexplicável e o mistério têm mais a ver com o sono, o sonho, a loucura, os animais, as crianças, o sexo, diz ele, do que com o raciocínio bem conduzido segundo a ordem das razões. A intuição oferece melhores vias de acesso ao mundo do que a pura observação analítica segundo o modo cartesiano. Ao racionalismo europeu, Emerson prefere a mística de Concord.

Terceira tese: *o transcendentalista mantém-se afastado da multidão*, das massas ou do povo, o qual despreza por sua mediocridade, sua incapacidade de entrar em contato com o mistério do mundo e as altas esferas da Ideia. O povo não comunga com o Infinito. Aristocrata, Emerson exalta os méritos do grande homem, entendido como um receptáculo das forças e da energia do mundo. A individualidade de exceção quinta-essência as famosas forças eternas. A história de um povo e de uma nação resume-se àquela de algumas de suas individualidades. O gênio procede de uma focalização do melhor: abandona-se com deleite e exaltação a seu destino transcendental, isto é, àquilo que a Natureza quer, exige e ordena.

Donde, quarta tese: *o ensino da autoconfiança*. Pois aquilo que provém do epicentro do Espírito do Mundo – isto é, de Deus – não pode ser ruim. Como bom protestante que subscreve à predestinação, Emerson convida cada um a crer em sua própria estrela e a se abandonar com fé a seu destino, sem julgar de antemão, por um único segundo que seja, que esse destino poderia ser tanto o de um Anjo quanto o de um Diabo... A convicção profunda, se é sincera, torna-se uma verdade universal. A Providência divina coloca em cada um aquilo que ele leva consigo e, portanto, deve se expressar. É bom aquilo que permite a expansão de si; ruim, aquilo que a entrava.

Ninguém escapa a seu destino. Portanto, nada deve nos deter, e toda individualidade digna desse nome desprezará aquilo que se pensa a seu respeito. O julgamento alheio não deve ser levado em conta.

Quinta tese: *um homem verdadeiro é antes de tudo um não conformista*. A solução? Ter autoconfiança, obedecer às forças e à energia que nos constituem. Deixar falar o Ser supremo que se exprime por meio da Natureza. Não se deve temer a contradição, pouco importa que uma coisa seja dita um dia e seu contrário no dia seguinte: apenas importa a manifestação de sua potência – que coincide com a potência de Deus.

Sexta tese: *a contemplação da natureza conduz à verdade* e ao gozo; se não ao gozo da verdade que é verdade do gozo. A matéria do mundo não é uma substância, mas uma representação. Em termos platônicos, o sensível participa do inteligível, o sensível é uma ilusão, a verdade está no inteligível. A contemplação nos torna conscientes do fato de que somos parte integrante da natureza, portanto de Deus. O mundo é uma projeção de Deus no inconsciente.

O júbilo decorre da relação original que soubermos manter com o universo. Virando as costas ao dolorismo do monoteísmo cristão, Emerson convida a uma espécie de panteísmo místico que dá à contemplação o papel de veículo para êxtases que permitem, à maneira de Plotino, experimentar a felicidade de se saber parte de Deus. À teologia cristã, Emerson opõe uma mística pagã que transforma a natureza em via de acesso a Deus. Distante de sua antiga função pastoral protestante, Emerson escreve em *Self Reliance*: "Não desejo expiar, mas viver."

Sétima tese: as sociedades enganam e se enganam; a política não é uma solução, não muda nada na ordem do mundo; não espere nada dos governos; o progresso social não existe; a filantropia é um impasse; não confie nas instituições; seja você mesmo; apenas a reforma individual e pessoal importa. Nessa perspectiva, cada um deve se colocar à escuta de si mesmo, o que corresponde a pôr-se à escuta do Mundo, portanto da Natureza, portanto de Deus. O transcendentalismo propõe um cuidado de si, uma escultura de si, uma construção de si.

21

Thoreau, transcendentalista? Em vista dessas sete teses – que, esquematicamente, permitem circunscrever uma filosofia mutante, que reivindicava o direito de se contradizer e cuja evolução seguia frequentemente as próprias tergiversações intelectuais de seu núcleo, Emerson (basta, para verificá-lo, ler a integralidade de seu *Journal*) –, pode-se dizer, como afirma a historiografia dominante, que Henry Thoreau é um filósofo transcendentalista?

À primeira vista, sim, pois ele acredita na existência de um Deus assimilável à Sobrealma, ao Espírito do Mundo; prefere conhecer por empatia e simpatia ao conhecimento a conhecer pela razão dedutiva; execra as massas, os grupos, as comunidades e não vê salvação a não ser no, pelo e para o indivíduo; incita a uma verdadeira autoconfiança; prega o não conformismo, e sua existência inteira, bem mais do que a de Emerson, ilustra a possibilidade de uma vida nas margens; concebe a contemplação como uma ocasião de gozo de um tipo místico; quer a filosofia como uma construção de sua biografia e ensina a ascese da vida filosófica. Em relação a todos esses pontos, Thoreau parece, portanto, um discípulo ortodoxo.

Porém, examinando com mais atenção, a diferença entre os dois homens aprofunda-se quanto ao papel desempenhado pela natureza na economia de seus respectivos sistemas – e isso é estrutural. Certamente Emerson e Thoreau acreditam em um Deus impessoal identificado às forças eternas que constituem a natureza e a animam. Mas Emerson pensa que a natureza oferece uma oportunidade, *en passant*, de ir para além dela; Thoreau, por sua vez, afirma que a natureza vale *em si mesma*, totalmente, absolutamente, que não é um meio para um fim transcendente, mas um fim que se basta a si mesmo. Emerson visa à união com o princípio do mundo a fim de gozar da fusão com a Sobrealma; Thoreau goza do mundo e de sua materialidade. Em outras palavras, o transcendentalismo de Emerson vive de transcendência; aquele de Thoreau, de pura imanência.

Dito nos termos da história da filosofia ocidental, Emerson é um platônico americano que considera o sensível quanto à sua participação no inteligível; Thoreau, um espinosista que encontra a beatitude na relação com uma natureza naturante identificável à natureza naturada, pois uma é a outra, mas vista sob dois ângulos diferentes entre as múltiplas possibilidades. O autor de *Walden* propõe uma mística imanente, aquele de *Nature*, uma mística transcendente.

22

O carrinho de mão de Emerson. É verdade que Thoreau crê em um Deus que pode ser identificado à Verdade do mundo, à sua Natureza, à sua Consistência. Afirma a existência de um Espírito visível e manifesto em toda realidade e, sobretudo, em suas modalidades naturais; vê essa magia em operação no cristal de um mineral, no voo de um pássaro, nos movimentos de um cardume, no crescimento de uma planta, na trajetória dos astros, na luminosidade da lua, nos combates de formigas e na vida das folhas – ver *Autumnal Tints* [Cores de outono] –, mas essas belezas constituem, para ele, belezas por si mesmas e não ocasiões para alcançar a Beleza em si, o que parece ser a menor de suas preocupações...

Thoreau sai *fisicamente* para o campo. Vestido com roupas grosseiras de homem do mato, o filósofo leva consigo um microscópio ou uma luneta, seja para observar os detalhes da textura e o grão de alguma coisa, seja para se aproximar do espetáculo de uma nidificação ou de um movimento de um mamífero. Com certeza, o infinitamente pequeno interessa-lhe tanto quanto o infinitamente grande, mas de forma alguma para gozar do infinito; sua paixão são antes as modalidades precisas e preciosas da finitude daquilo que observa. Enquanto isso, Emerson vagueia *intelectualmente* no campo, no refúgio de seu escritório, na penumbra de sua biblioteca.

Emerson e os outros transcendentalistas distinguem-se como teóricos da natureza; Thoreau, como prático. O primeiro exprime-a, conta-a, utiliza-a, instrumentaliza-a, verbaliza-a, doutrina-a, submete-a a seu sistema em torno de uma lareira durante conversas com conhecedores de Platão, Plotino e Kant, jamais muito longe dos livros que constituem seu horizonte; o segundo vive-a, toca-a, percorre-a, sente-a, experimenta-a, respira-a, em um barco no rio, nu na água do lago, no alto das árvores em que sobe, atolado em um pântano escuro, vestido com cores naturais para não perturbar o movimento da natureza, vivendo em uma cabana de madeira que ele mesmo construiu, comendo o peixe que ele mesmo pescou ou os legumes cultivados em sua horta.

Emerson, o filósofo, inclusive na caricatura que diz que, à maneira de Tales, o pensador cai no poço que não vê por causa da contemplação das estrelas que o absorvem completamente; Thoreau, o sábio. Ou, ainda, e mais precisamente, Emerson, o professor de filosofia, nunca muito longe do pastor carente de divindade para adorar; e Thoreau, o filósofo que, à maneira dos filósofos antigos, vive seu pensamento e pensa sua vida. Em resumo, o teórico, rei do verbo filosófico, e o praticante, imperador de si e de sua vida filosófica.

É por isso tudo que uma frase do *Journal*, que poderia passar por uma anedota ou uma maldade gratuita, vale seu peso filosófico: Thoreau afirma que não vê como Emerson poderia atravessar Concord empurrando um carrinho de mão. Sob a mordacidade do comentário, retenhamos a lição: a teoria de um pensador supõe, para ser validada, sua encarnação em uma vida filosófica. As declarações líricas feitas por Emerson sobre a Natureza obrigam a uma prática consequente. Senão trata-se apenas de uma filosofia de salão, portanto de um assunto de professor de filosofia, mas de forma alguma de uma filosofia ou de uma sabedoria.

23

O desejo de uma comunidade filosófica. Os emersonianos tiveram o cuidado de encarnar a filosofia do mestre. Emerson manifestava regularmente o desejo de dar mais espaço às atividades manuais em sua existência. A ideia de uma comunidade é recorrente no grupo dos transcendentalistas de Concord. Em 1840, Emerson imagina uma "universidade transcendentalista" aberta a todos, gratuita para os pobres e para as pessoas sem formação, e paga para os ricos. No salão do filósofo, Margaret Fuller, Sophia Ripley e Bronson Alcott trocam ideias sobre um projeto comunitário. Thoreau assiste provavelmente a algumas dessas conversas. Emerson fala de seu desejo de ser convencido – "degelado" mesmo, segundo sua expressão –, mas os três convivas não têm sucesso...

Sophia Ripley escreve uma carta a Emerson e lhe dá os detalhes: essa comunidade propõe-se reunir intimamente trabalho manual e trabalho intelectual a fim de fundir o pensador e o trabalhador em uma única e mesma pessoa. Cada um trabalhará segundo seus gostos e talentos e recolherá os frutos de seu trabalho. As ocupações servis não serão admitidas. O esforço será dirigido à educação, à qual será dada uma grande atenção com o objetivo de estimular uma nova pedagogia.

A finalidade dessa comunidade? Ir em direção a uma sociedade vindoura na qual os seres seriam cultos, inteligentes, liberais. A vida seria assim mais livre, mais saudável, mais simples. O grupo, escreve Sophia Ripley, propõe-se oferecer uma alternativa às "pressões de um sistema competitivo". Cada um determinaria a dose de socialismo a ser injetada nessa aventura. Nada seria obrigatório, tudo procederia do contratual. Emerson zomba um pouco do otimismo que anima os transcendentalistas.

A casa dos Alcott serve inicialmente de local para agrupar essa comunidade. Emerson visita-a, mas mantém-se firmemente afastado. Alega um desejo de coerência com suas antigas intenções – logo ele, que reivindica o direito de mudar de ideia... Como o filósofo que faz o elogio do grande homem e exalta os méritos da energia de um só, afirmando que é suficiente para fazer a História, poderia aliar-se a um grupo que almeja trabalhar pela revolução moral a que Emerson e Thoreau aspiram ardentemente?

No jardim da casa dos Alcott, os transcendentalistas erguem uma construção de madeira para acolher seus seminários abertos a todos a cada verão. Pessoas acorrem de toda parte, alguns vêm da Europa para assistir às intervenções filosóficas conduzidas por Bronson Alcott. O público se reúne por cerca de cinco semanas. Apresentam-se concertos e peças de teatro; são feitos leituras e debates. Concord funciona como um centro filosófico notório durante seis anos (1841-1847).

Filosofia no campo, portanto. Concord, uma cidadezinha de Massachusetts, transformada em local de pensamento internacional; uma experiência de filosofia encarnada; uma variação sobre o tema da vida filosófica; uma tentativa de unir teoria e prática; eis uma boa razão para se alegrar. Porém, paga-se um preço pela abertura de um projeto filosófico à maioria: a escória mundana... Louisa May Alcott, a esposa do anfitrião, fala ironicamente de "todas as Margaret Fuller de musselina branca e os Hegel de chapéu de palha"...

24

A loucura transcendentalista. O sucesso contribui para fazer do transcendentalismo tudo e qualquer coisa, e, evidentemente, começam a delirar – como no caso do existencialismo mais tarde. Emerson diz que um dia um interlocutor lhe falou que o transcendentalismo tinha a ver com uma doença dos dentes. Alguns o invocam para entrarem nus em uma igreja em dia de ofício; para abandonarem o trabalho e percorrerem os campos com uma placa pendurada no pescoço, na qual se lia "nunca dê nem receba dinheiro"; outros abandonam tudo para se instalarem na floresta em pleno inverno; uns se recusam a pagar impostos em nome da doutrina; outros, a fazer contratos em cartórios; em Boston, Margaret Fuller oferece chás transcendentais...

Com o impulso de George Ripley, outra comunidade é aberta sob a dupla insígnia transcendentalista e fourierista, Fruitland: despertar ao som de corneta; vegetarianismo estrito: só se comem legumes cultivados sob a luz e são recusados os tubérculos; trabalho no campo para todos; ordenha de vacas para os poetas, que não sabem como devem fazer isso; crianças uniformizadas designadas para as tarefas domésticas; recusa da lã: não se exploram os animais; tabu do algodão: não se alimenta a escravidão; tudo é transcendental...

Em nome de Platão e do platonismo de Plotino e Jâmblico, ali recusam a propriedade, a carne, os excitantes, o tabaco, o Estado, o arroz, a escola, o vinho, o comércio, a medicina, os fertilizantes, as artes, os ovos, a ciência, a família, os temperos... O decrescimento* antes da hora! O que supõe cultivos que não vão para a frente, acidentes de trabalho com o uso da ferramenta mais simples, vacas maltratadas, legumes arrancados, ervas daninhas cultivadas. Em março de 1846, Fruitland queima enquanto a comunidade dança no salão de baile... Alguns transcendentalistas foram arruinados. O poeta Hawthorne não se recuperou de ter participado dessa loucura...

Após diversas falências, todos voltaram a suas atividades. A revista *The Dial* acaba; Emerson fora cuidadoso em manter todo esse pessoal a distância, recusando dar seu aval, e até deixando claras suas reservas em cartas que lhe valiam a reprovação dos rejeitados. Porém, o mal já estava feito: o transcendentalismo, distante da complexidade da doutrina, tornou-se rapidamente a oportunidade para qualquer um fazer qualquer coisa, com a condição de que a extravagância triunfasse, seja condenando o Velho Mundo, seja aspirando a uma outra época.

Por fim, o transcendentalismo foi a forma assumida pelo velho Idealismo em um ambiente americano, protestante, em um cenário de revolução industrial. Contra a tirania do Dinheiro, do Progresso, do Comércio, do Banco, dos Negócios, os idealistas – no sentido trivial para uns, e no filosófico para outros – rebelam-se contra o estado de coisas e aspiram a novas referências que não sejam reacionárias, no sentido etimológico, mas contemporâneas e ontologicamente revolucionárias.

---

* O tema da *décroissance* [decrescimento] é recorrente nos debates políticos franceses. Esse conceito surge como crítica e oposição à sociedade de consumo e ao crescimento econômico ilimitado, dada a suposta escassez dos recursos naturais. (N. do T.)

Deveria causar algum espanto que, em meio a essa vitalidade americana, Nietzsche tenha se beneficiado, assim como Baudelaire? Pois o *Super-homem* do autor de *Assim falou Zaratustra* (que tinha Emerson em grande estima, a ponto de, entre outros sinais, pegar emprestada uma frase para a epígrafe de *A gaia ciência*) e o *Dandismo* do autor de *Fleurs du mal* [*As flores do mal*] são propostas de resistência à apatia mercantil da civilização moderna nascente...

25

O índio contra Plotino. Thoreau, portanto, não deixou de ser marcado pelo ambiente transcendentalista; não poderia ter sido de outra forma. Ele conhece todos os protagonistas dessa aventura, e Emerson mais que os outros; contribui para suas aventuras, seus debates; escreve para a revista do grupo enquanto é publicada; provavelmente visitou Brook Farm, Fruitland e assistiu aos seminários na casa Alcott. Leu as obras, tais como *Nature* ou *Self Reliance* e assistiu às conferências que estão na origem desses livros. Thoreau, porém, não é de se agregar.

Já aos vinte anos, manifestara todo seu temperamento ao recusar pagar a taxa eclesiástica da paróquia de Concord, argumentando que não apoiava aquela religião e, por conseguinte, não via razão para quitar o imposto cristão. Ele escreve: "Que todos saibam, por meio desta, que eu, Henry Thoreau, não desejo ser considerado membro de nenhuma corporação, qualquer que seja ela, à qual não tenha dado meu consentimento." Quando, onde e como Thoreau poderia ter dado seu consentimento à escola transcendentalista?

Às vezes, até, ele faz um uso irônico da palavra. Assim, em março de 1853, zombando de uma carta circular enviada pelo secretário da Associação para o Progresso das Ciências, que o interroga a respeito da ciência que mais lhe interessa, Thoreau escreve: "Eu deveria ter lhes dito imediatamente que eu era um transcendentalista, teria sido a maneira mais rápida de lhes mostrar que não compreenderiam nada de minhas explicações." Pois o filósofo imanente da natureza imanente mantém apenas uma relação decididamente distante com a parte elevada do transcendentalismo – a filosofia platônica e a kantiana – assim como com a parte baixa – as extravagâncias cometidas em seu nome...

De fato, procurar-se-iam em vão sob sua pena considerações de filosofia tradicional técnica. Thoreau, que além do grego e do latim, lia francês e alemão, jamais tirou proveito de Descartes ou Kant, dois filósofos que representam seus antípodas por seu método – a intuição contra a razão ou a simpatia com os objetos contra o criticismo. Thoreau lê os naturalistas, os botânicos, os mineralogistas ou os pensadores orientais, mas não o *corpus* clássico da filosofia europeia.

O apreciador da natureza não tem o que fazer com o *Discurso do método* ou com a *Crítica da faculdade do juízo*. Ele propõe um antimétodo e uma prática do êxtase material que lhe fazem reivindicar antepassados inéditos para um filósofo, a saber, o Lenhador, o Vagabundo, o Caminhante, o Indigente, o Camponês, o Pescador e ainda o Brâmane, sendo que o conjunto dessas figuras mágicas a seus olhos é quinta-essenciado pelo Índio. Se Emerson, em sua biblioteca, extasia-se com a leitura das *Enéadas* de Plotino, Thoreau conhece o mesmo tipo de arroubo, decerto, mas do lado de fora, na natureza, com as pontas de flechas indígenas. Daí seu transcendentalismo imanente, uma nova ocasião de anticonformismo, que se parece muito mais, pela imanência, com um naturalismo que a filosofia ocidental classificaria sob a rubrica de Realismos, ou seja, dos adversários do transcendentalismo...

Em seu *Journal*, Thoreau não faz rodeios e, provocador em relação à Europa, à qual vira as costas ostensivamente – a que ele incita explicitamente, como um militante –, afirma que não há razão nenhuma para dar muita importância a gregos e romanos, que são povos de uma terra antiga, longínqua e separada da terra natal. Aconselha a "caminhar em direção ao oeste", isto é, a olhar para o presente e o futuro da América visando as regiões inéditas, os territórios desconhecidos, as geografias originais.

Por que tomar como modelo Atenas e Roma e procurar seus mitos do lado do Fórum ou da Ágora enquanto os habitantes de Concord dispõem de um passado tão glorioso quanto – o passado dos índios? A Acrópole, o Partenon e o Coliseu são coisas boas e belas, mas para um europeu. O americano deve aprender com essa "raça extinta" (*Journal*, outubro de 1857) por causa de uma América à qual também é necessário virar as costas. A sabedoria dos selvagens revela-se mais sensata do que se pensa e menos selvagem do que se acredita.

26

A sabedoria dos selvagens. Os índios, portanto, não são os selvagens anunciados pelos pretensos civilizados que, em nome de seus valores brancos e colonizadores, destruíram uma cultura, um povo e saberes. Thoreau não detalha, mas registra esse etnocídio. Posteriormente, quando escrever *Defesa de John Brown*, ele se engajará ao lado dos escravos e falará de um "crime contra a humanidade" para caracterizar o comportamento dos brancos em relação às pessoas de cor mantidas sob jugo.

Thoreau teve bastante cedo o desejo de dedicar um livro aos índios, mas não o realizará. No conjunto de sua obra, encontram-se referências que constituem inúmeras reverências feitas à civilização e à cultura dos índios. Por exemplo, a extensão e *a precisão de seu vocabulário*. O léxico de um índio em matéria de natureza, navegação ou clima ultrapassa de longe o dicionário branco. Cada coisa e cada maneira de se servir dela dispõem de um significante preciso. Thoreau dá como exemplo a canoa e as múltiplas partes que a constituem; a cada uma delas corresponde uma palavra. O filósofo naturalista tem lições com os práticos da natureza que conhecem seus mínimos detalhes e suas menores variações.

Homenagem também *ao seu modo de se alimentar*. Ao contrário dos civilizados das cidades que se intoxicam com alimentos desnaturados, os índios comem produtos naturais e simbólicos. Assim é quando se alimentam do tutano cru dos animais para, por um lado, disporem da quantidade necessária de nutrientes e, de outro, incorporarem um alimento simbólico ao mesmo tempo que uma matéria alimentar: o tutano cru concentra a força, a energia, o poder e a vitalidade dos animais assim reciclados.

O mesmo pode ser dito em relação às pontas frescas e tenras das galhadas dos cervídeos, que constituem uma iguaria para os índios. Em *Walking* [*Cami-*

nhando], Thoreau chega a ironizar, afirmando que os supostos selvagens "superaram os chefes de cozinha de Paris...". Comer não é glutonaria, como nas cidades, onde as pessoas enchem-se de carne de vaca engordada no estábulo ou de carne de porco trucidado no abatedouro, mas uma questão de constituição e reparação das forças. Com tutano ou pontas de galhadas dos cervos do ártico, dos cudos e dos antílopes no cardápio, as facécias vegetarianas transcendentalistas de Fruitland parecem bem distantes!

A história de Rômulo e Remo, criados com o leite de uma loba, faz evidentemente sentido: não se realizam grandes coisas sem manter uma relação privilegiada com a energia da natureza. Thoreau faz o elogio dos "tônicos e cascas que revigoram a humanidade". Aconselha a diluir o chá americano de infusão de tsuga-do-canadá ou de cipreste a fim de tonificar a alma dos civilizados, saturada demais de Europa. O filósofo, à maneira de Diógenes, quer tornar seu povo selvagem...

O homem dos bosques também ama *o sentido de orientação* dos índios. Na natureza, nenhum deles nunca está perdido: qualquer que seja a hora, noite ou dia, no verão como no inverno, o selvagem sabe ler as informações que ela lhe dá. Ele dispõe de um magnetismo infalível que o impede de se perder. Pois nenhum índio cortou o cordão umbilical com a natureza, nem se pensa ao lado ou acima dela, mas dentro, como um de seus elementos constitutivos. Um índio compõe a natureza da mesma maneira que um arco-íris ou uma marmota, uma rã ou as formigas, nem mais nem menos.

Uma sombra, um traço, galhos quebrados, a presença de um musgo em particular e sua orientação, a densidade da folhagem de uma árvore; as estrelas, ou sol e a lua, certamente; um perfume, um odor, excrementos animais, sua textura, sua cor; uma pena, um tufo de pelos, uma flor específica; a cor de um céu, a temperatura de uma água, sua transparência; e mil outras coisas constituem como que hieróglifos enigmáticos e insignificantes, até mesmo invisíveis para o civilizado, o caminhante urbano, mas com a ajuda dos quais a tribo vive, sobrevive, desloca-se e harmoniza-se com as estações do ano.

O cristianismo separou os homens da natureza, fez do homem o ápice da criação e lhe deu o direito de fazer uso dela sem moderação e de forma irracional. Os animais, desprovidos de alma, assim como o resto da criação, aliás, os vegetais semelhantes aos minerais, existem ontologicamente abaixo dos humanos que, em função dessa falsa hierarquia, concedem-se todos os direitos *sobre* a natureza, e assim *contra* ela. O *Homo sapiens* explora a natureza, vive oposto a ela, como inimigo. Os índios pensam e agem de modo contrário, como amigos, cúmplices, parceiros.

27

A solitária do diácono. Thoreau acha que *a mitologia deles merece respeito.* Ele lhe opõe a paixão sinistra dos brancos, dos cristãos por amar os objetos, acumulá-los, usufruir deles, atravancar a casa com um mobiliário tão abundante quanto inútil. Quando um deles morre, divide-se essa herança, que estorva mais uma vez uma família, ou melhor, seu sótão, antes que uma nova morte aumente ainda mais a proliferação dessas coisas inúteis. Em *Walden*, ele toma como exemplo o diácono em cuja casa encontrou-se um número inacreditável de ninhos de poeira, entre os quais um com... uma solitária seca.

Em contrapartida, os índios praticam uma mitologia nitidamente mais interessante que os costumes dos brancos, obnubilados pelo ter, pela posse, pela propriedade, pelos objetos, pelas riquezas e pela coleção de solitárias. Todo ano eles praticam a "Festa dos Primórdios", que lhes permite simbolicamente trocar de pele ao jogarem fora todos os seus antigos objetos, roupas velhas, utensílios de cozinha usados, móveis gastos. Eles varrem e limpam seu *habitat*. E, em uma imensa fogueira acesa no meio da tribo, consomem tudo aquilo que testemunha o ano que passou, até mesmo grãos e outras provisões.

A comunidade jejua três dias. Abstinência de tudo. Em seguida, apagam o fogo. Uma anistia geral é proclamada. Os malfeitores podem retornar a suas casas. No quarto dia, o grande sacerdote acende uma nova fogueira e a população vem buscar nessa chama purificada aquilo com que fazer sua fogueira no ano seguinte. Novas roupas, novas cerâmicas, novos móveis, novas vidas. Aos olhos de Thoreau, esse costume parece bastante superior à acumulação de velharias materiais e existenciais.

28

Conselhos dados aos torturadores. Além da precisão do vocabulário, da dietética simbólica e frugal, da participação em sintonia com a natureza e da mitologia da renovação, Thoreau aprecia *sua relação com o sofrimento*. Longe de se queixarem, de estarem sempre abatidos, de gemerem por qualquer coisa, de acumularem doenças e tomarem gosto por elas, os índios suportam uma dose muito maior de dor que as pessoas da cidade, os brancos, os cristãos. Em *Walden*, Thoreau conta a anedota de selvagens que, queimando em uma fogueira em que foram postos por missionários jesuítas – provavelmente para acelerar sua ida ao paraíso do Deus de amor dos cristãos –, davam a seus torturadores conselhos de como tornar mais eficientes e requintar seus suplícios... Alguma vez se viu melhor ilustração de amor ao próximo?

Para evitar as patologias – e, portanto, as dores –, os índios estimulam a prevenção das doenças, ao contrário dos brancos, cujas práticas são patogênicas – alimentos tóxicos, estilos de vida estressantes, desejos que geram frustração e melancolia – e que se contentam em reparar o mal que eles mesmos causaram. Pela botânica, pelo uso sábio e ancestral das ervas, de decocções, de sua sapiência quanto aos magnetismos, seus conhecimentos dos recursos da natureza – que tem sempre um antídoto para cada tóxico –, os índios evitam a doença ao fortalecerem seus corpos e suas almas por um estreito contato com ela, poupando-se assim dos maus-tratos infligidos aos corpos pelos pretensos civilizados.

Enfim, Thoreau, que impreca desde o fim de seus estudos em Harvard contra o mau uso que se faz do tempo, contra o culto moderno que o liga ao dinheiro, vê nos índios um novo motivo de modelo filosófico pois *eles pensam o tempo em relação com sua flecha natural*: antes, foi ontem; hoje, é aqui; amanhã, ali. Essa espacialização do tempo evita uma leitura mercantil. Para denotar o passado, apontam para trás; para o futuro, apontam para a frente; para o presente, realizam um gesto acima de suas cabeças. Os índios leem, portanto, o tempo como uma flecha que efetua seu movimento naturalmente. Distantes das máquinas que medem o tempo, que o contam, para melhor poderem retalhar as atividades dos homens, prendendo-os em horários, os selvagens celebram o instante puro, o imediato, o presente no qual se encontram.

29

A meu pai.

O ícone do lenhador. Eis os grandes homens segundo Thoreau: os índios. Quando Emerson escreve *Representative Men* [*Homens representativos*], cujo subtítulo da edição francesa é *Les Surhumains* [Os super-humanos], ele celebra artistas planetários, poetas de renome mundial, chefes militares, construtores de impérios; fala de Platão e Swedenborg, de Goethe e Napoleão, de Montaigne e Shakespeare. Com Margaret Fuller, ele descobria Michelangelo e Leonardo da Vinci. Conversando com seu caro amigo Carlyle, na Inglaterra, comungou no "culto dos heróis e do heroico na História", subtítulo da obra *On Heroes* [Os heróis], entre os quais a palma cabe a Odin, Maomé, Dante, Cromwell, Napoleão e outros.

Ora, esses grandes homens não impressionam Thoreau. Simplesmente não existem em seu universo. Os heróis de Walden são camundongos e marmotas, pássaros e peixes, formigas e nenúfares... Enquanto Emerson entusiasma-se com os "homens do Universo", Thoreau alegra-se com os homens da natureza. Um se preocupa com a transcendência cósmica encarnada em figuras notáveis de carne e osso; o outro aprecia acima de tudo a imanência natural de desconhecidos que permaneceram simples, em contato direto com a natureza, sem a mediação ou o concurso de nenhum artifício cultural.

Emerson gira em torno de Napoleão como uma mariposa atraída pela luz de uma lâmpada? Thoreau descreve minuciosamente seu prazer em encontrar um lenhador de vinte e oito anos, uma variação sobre o tema do selvagem. Esse homem parece-lhe um verdadeiro personagem de Homero: soltou seu cão sobre uma marmota e dela fez uma refeição; carrega debaixo do braço a casca de um carvalho branco para tratar de um doente; tem um corpo sólido, uma alma simples mas verdadeira, vestes sóbrias mas úteis; trabalha apenas para viver, nada mais, e para sua arte com inteligência e sagacidade, cortando bem, como se deve, o que é preciso. Thoreau diz adorar sua calma, sua simplicidade, seu gosto pela solidão, seu riso, sua maneira de mascar a lasca da casca do pinheiro, adora que os pássaros venham pousar sobre ele ou a seus pés quando almoça. Thoreau escreve a seu respeito: "sua alegria era pura".

Thoreau adora o desenvolvimento de seu lado animal, seu vigor físico. O Lenhador ignora o cansaço, mesmo depois de uma jornada cheia de trabalho derrubando árvores. Seu desenvolvimento espiritual é quase nulo. Sua formação não foi além da que recebe um cristão na infância. A natureza lhe deu autoconfiança, força, rudeza, robustez. Ele não interpretava nenhum papel. Sua humildade não procedia de uma vontade, de um desejo ou de uma construção, mas de uma natureza, de um natural. A seus olhos, os homens sábios eram semideuses. O escritor e o pregador o impressionavam. Ele afirmava que, mesmo sabendo escrever, nunca conseguiria colocar no papel nenhum de seus pensamentos. Às vezes escrevia o nome de sua paróquia na areia ou na neve. A um homem que lhe perguntasse se não desejaria ver o mundo mudar, respondia: "Não, está bem assim como está."

Seus livros? Um almanaque usado como enciclopédia e um livro de aritmética. Cada uma das questões feitas pelo filósofo lhe fornece respostas simples, judiciosas, refletidas, práticas, sensatas. Quando arranca ervas daninhas, ele arranca ervas daninhas; e entrega-se completamente a seu trabalho; não ocupa seu espírito com ideias inúteis ou divagações mentais. Se Thoreau lhe sugere realizar mudanças de ordem espiritual em sua vida, responde que é tarde demais. Tem fé na honestidade. Ele prova que, provavelmente, nas classes pobres e desfavorecidas há gênios desconhecidos, talentos desdenhados porque pensam por si mesmos, coisa rara – sem dúvida não pensam nada. Certo dia, um habitante de Concord que o vê passar na rua com seu boné enfiado na cabeça, confia a Thoreau que esse homem "dava-lhe a impressão de um príncipe disfarçado". E Thoreau acrescenta: "Um filósofo teria aprendido muitas coisas relacionando-se com ele."

30

A escultura do bastão. A seus grandes homens, o Índio e o Lenhador, Thoreau acrescenta o Brâmane. Sabe-se que ele foi um leitor atento da literatura védica, um bom conhecedor dos textos hinduístas; e, em muitas ocasiões, mas à maneira impressionista, manifestou seu gosto por esses filósofos mais antigos – os brâmanes –, esses sábios hindus que praticam a ascese mais austera, encarnam sua teoria numa prática e levam uma vida filosófica. Em uma passagem de *Walden* referente a seu modo de alimentação, Thoreau diz ao leitor que ele, que adora tanto a filosofia hinduísta, deveria ter comido mais arroz...

A presença no mundo sob a forma de desapego em relação àquilo que não é essencial é o que agrada a Thoreau no pensamento oriental. De manhã, ele lê *Bhagavad-Gita* e se diz estupefato com a verdade antiga contida nesse texto que faz empalidecer toda a literatura de sua época, que, repentinamente, parece medíocre e insignificante. Ele imagina pôr seu livro de lado, ir buscar água no poço, encontrar os heróis da mitologia hinduísta e infundir seu mundo com a sabedoria védica. E escreve: "A água pura de Walden mistura-se à água sagrada do Ganges."

E ainda a história que mistura a sabedoria dos Índios, o talento para o trabalho de esculpir em madeira do Lenhador e a paciência daquele que trabalha o absoluto do Brâmane: em Kouroo, um artista propôs-se alcançar a perfeição. Decidiu fazer um bastão... "Tendo refletido que, para uma obra imperfeita, o tempo deve ser levado em conta, ao passo que para uma obra perfeita o tempo é uma grandeza insignificante, ele diz a si mesmo: será perfeito sob todos os pontos de vista, mesmo que eu não faça nada além disso em minha vida." Em seguida, ele sai à procura do material adequado e percorre indefinidamente os bosques. Como o tempo não conta, ele não se apressa...

Porém, seus amigos perdem a paciência, abandonam-no e cada um envelhece em seu canto e, depois, morre. Ele, por sua vez, não envelhece. Sua juventude eterna procede "de seu objetivo único, de sua resolução e de sua grande piedade". Sua determinação em não transigir com o tempo vence o tempo, que acaba por desaparecer de sua vida. O tempo suspirava por não ser capaz de agir sobre ele. O artista continua a procurar a madeira conveniente. O tempo poupa-o, mas continua produzindo seus efeitos sobre o resto do mundo: a cidade de Kouroo deixou de existir há muito tempo, ele se senta sobre ruínas para começar sua obra; a dinastia mais poderosa desapareceu, ele começa a talhar sua madeira; escreve com a ponta de seu bastão o nome do último representante dessa raça; retoma seu trabalho; termina de lixar e polir o bastão, a estrela polar não existe mais; coloca a virola e a empunhadura ornada de pedras preciosas, durante esse tempo Brama dormiu e despertou muitas vezes (e um de seus dias dura dois bilhões, cento e sessenta milhões de anos); o objeto terminado torna-se uma das mais belas criações desse deus indiano enquanto novas cidades e novas dinastias sucederam-se; ao olhar as lascas caídas a seus pés, viu que a passagem do tempo fora uma ilusão: o material era puro, sua arte também, o resultado devia ser maravilhoso. Thoreau conclui: "Ele deu origem a um novo sistema ao fazer do bastão um mundo de proporções belas e plenas."

A história, impecavelmente enigmática – como várias passagens da obra do filósofo, leitor e amante da literatura védica –, deu margem a muitas interpretações. O bastão conta pouco nessa aventura; o projeto, em contrapartida, é essencial: alcançar a perfeição. A resolução suspende o tempo, a construção de si dá acesso à eternidade. Nessa aventura, a solidão é grande. Os acontecimentos ao redor não pesam nada. Existe apenas a vontade do projeto que suspende o tempo e dá a imortalidade. Querer-se e construir-se é assegurar-se de jamais morrer. Verdade védica…

31

Contra o método. Thoreau manifesta várias vezes esse gosto pelas parábolas, sobre as quais os universitários transpiram há mais de um século… Uma delas assemelha-se também a um tipo de enigma, e os hermeneutas deleitam-se com ela, sem sucesso, parece-me. Ei-la, em suas palavras: "Perdi, há muito tempo, um cão, um cavalo baio e uma rolinha, e ainda os procuro. Perguntei a inúmeros viajantes se os tinham visto, descrevendo o caminho que tinham tomado e por quais nomes respondiam. Encontrei um ou dois que ouviram o cão, o trote do cavalo, e alguns chegaram a ver a rolinha desaparecer atrás de uma nuvem; e pareciam tão ansiosos em encontrá-los como se eles mesmos os tivessem perdido."

Um cão? Um cavalo? Uma rolinha? Os especialistas em símbolos podem aproveitar. Os mais espertos procurarão no bestiário oriental, perseguirão esses animais nos textos védicos, mas Thoreau não é do tipo que cria enigmas para intelectuais, que codifica seus textos para gozar da cerebralização necessária para a decodificação. Nada tem menos a ver com ele do que a citação dissimulada, a significação escondida destinada a iniciados. Por outro lado, o sentido dessas histórias extraordinárias é dado pelo filósofo em vários outros lugares de sua obra; no caso, quando afirma preferir, de longe, o poema ao raciocínio, a imagem à demonstração, a sensação à dialética.

Portanto, não há necessidade de fornecer um quadro lógico, uma proposição filosófica clara e distinta, quando uma parábola, uma história, um mito, uma fábula ou uma alegoria bastam. O artista da cidade de Kouroo e seu bastão não servem para substituir um discurso sobre o tempo, a eternidade e o poder do homem sobre essas instâncias a partir do momento em que dispõe de uma vontade e de um projeto, mas para produzir uma ficção geradora de imagens e de sensações no leitor. O mesmo acontece com o bestiário dos animais perdidos. Thoreau comunica por impulsos de emoções, de percepções; não escolhe entre a filosofia, a literatura e a poesia, como se um dos campos não permitisse os outros, mas passa alternadamente de um registro ao outro, isso quando não os confunde segundo seu capricho.

E não se pede ao poeta que seja claro, desde que seja eficaz e que suas imagens gerem no leitor outras imagens. Se um autor quer se comunicar com seu leitor, pode escolher a argumentação clássica e respeitar as regras habituais da retórica e do modo eloquente de exposição das ideias. Essa é uma maneira de trocar ideias. Mas há outro modo que visa encontrar no inconsciente do personagem ao qual se dirige uma matéria que entrará em relação com o inconsciente do poeta. Conhecimento por empatia, por simpatia, por impulsos de energias que ultrapassam a razão racional e raciocinante.

O método de Thoreau vira as costas ao método do Ocidente. O *Discurso do método* de Descartes é a bíblia dos filósofos europeus. As regras do método expostas pelo pensador francês são nulas e sem valor para o filósofo americano, que também tem a pretensão, de passagem, de cultivar sua especificidade de metafísico do Novo Continente. Praticar a dúvida metódica? Considerar falso tudo aquilo de que se pode duvidar? Duvidar do mundo sensível? Das demonstrações matemáticas? Mas poupar a moral e a religião dominantes? Visar o claro e o distinto que definem o verdadeiro? Que seja preciso enumerar as dificuldades? Que seja preciso suprimir as ideias preconcebidas da infância? Que existimos e que nossa natureza é pensar?

32

O conhecimento sensual. Thoreau não vê a utilidade de tudo isso: a dúvida não serve para nada, apenas a observação permite ter acesso a conhecimentos verdadeiros; o verdadeiro e o falso são apenas palavras; o sensível constitui a única coisa da qual estamos certos, sem necessidade de recorrer a demonstrações sofísticas para nos persuadir disso: a prova do pudim é que o comemos; a moral e a religião são convenções, a justiça lhes é superior; o claro e o distinto não têm apenas virtudes, pode-se preferir a eles o obscuro e o indistinto, as trevas e o indefinido; a criança não deve ser ultrapassada, mas conservada, se não recuperada em nós; enfim, nossa natureza não é pensar, mas contemplar a natureza, aprender a conhecê-la e lhe pedir lições – mais a ela que a Deus... – para viver bem, viver melhor...

Em algumas linhas, pouco antes do fim de sua "Natural History of Massachusetts" [História natural de Massachusetts], Thoreau apresenta seu *Discurso do método*: a experimentação do real não é assunto de filósofo em seu gabinete, mas a imersão de um observador na materialidade do mundo – vale para Emerson, que pensa de roupão, mas Thoreau entra completamente vestido na água dos brejos para procurar as variações de cores das asas de uma libélula. O conhecimento é um assunto físico, sensual, materialista, imanente, empírico. Na condição de discípulo inconsciente de Locke ou de Condillac, ele sabe que o conhecimento não pode se efetuar sem as informações dadas pelos sentidos.

Os cinco sentidos não são igualmente eficientes em cada indivíduo; é preciso educá-los, solicitá-los, trabalhá-los a fim de poder dispor de excelentes instrumentos de precisão. O exame das coisas não é suficiente, é preciso contemplá-las. Observar por muito tempo, longamente, suspendendo o tempo, permite conseguir ver. O real tem de ser dominado; é preciso mostrar paciência para chegar à verdade das coisas.

Em outras palavras, o filósofo deve agir à maneira de um fenomenólogo que detalha, recorta o real, apreende-o sob todas as suas facetas e investe-o com a totalidade dos sentidos. A consciência daquele que observa, que ouve, que toca, que cheira, que prova imerso na natureza, penetra o objeto sob exame e consegue atingir sua essência. A fenomenologia do sensualista funda uma filosofia naturalista.

O que é confirmado por esta frase de *Walden*: "Não aprendemos por meio de indução, dedução ou aplicação das matemáticas à filosofia, mas por uma relação direta e uma simpatia com o objeto a ser estudado." Apesar de sua atitude experimental, não Bacon – ou Emerson... –, mas o Poeta e seus versos, suas imagens, suas fulgurâncias e suas obscuridades. Ou o Índio com seus mitos, suas alegorias, suas fábulas.

Homero, Dante ou Shakespeare no lugar de Platão, Descartes ou Leibniz. *Odisseia* contra *República*,

A *divina comédia* contra *Les Principes de la philosophie* [*Os princípios da filosofia*], *Sonho de uma noite de verão* contra *A monadologia*. Eis um filósofo feito para desagradar a corporação dos professores de filosofia... *Walden* contra a *Ciência da lógica* ou a *Filosofia da natureza* de Hegel...

O conhecimento não procede, portanto, de um filósofo objetivo, mas de um pensador subjetivo. Existe apenas a experiência humana, e somente o experimentador – do qual a filosofia oficial desconfia, quando não pretende nem mesmo dispensá-lo... – produz um resultado. Para conseguir um excelente conhecimento, Thoreau não remete, evidentemente, aos diplomas, à formação universitária, à formatação clássica, mas a uma arbitrariedade total: para conhecer bem é preciso ser um grande vivente!

A razão disso é bem simples: a vida que habita um ser, em maior ou menor quantidade, entra em relação, por capilaridade, com a vida que se encontra no objeto examinado. Quanto mais o indivíduo traz de vida em si, mais sua faculdade de entrar em contato com a vida que se encontra nas coisas é desenvolvida e ampliada. Todo conhecimento efetua-se por empatia vitalista e não por dedução intelectual; ele supõe a simpatia existencial e não a análise científica. O Índio contra o pesquisador no laboratório. Um grande sábio é um grande vivente.

33

Elogio do obscuro. O claro e o distinto não constituem o horizonte intransponível de sua filosofia. O poeta preocupa-se com a imagem, não com o verdadeiro. Eficácia empática, não persuasão laboriosa.

Thoreau não aspira a demonstrar, ele pretende sugerir. Antes uma bela rima – ele escreve poemas, também –, uma bela imagem, um belo efeito, uma bela alegoria, uma bela fábula do que uma demonstração impecável. A corporação dos professores diria que Thoreau pratica o assertórico como um selvagem e recusa o apodítico dos civilizados. (E que por essa razão não obterá seu diploma.)

A tradição filosófica reivindica as Luzes. Desde Platão, o filósofo ilumina-se com o fogo das ideias inteligíveis e a obscuridade é o quinhão do mundo da caverna, dos não iniciados, da maioria, do populacho. Um trabalho filosófico propõe, portanto, sempre levar a tocha do conhecimento e do saber ao casebre do mundo das trevas. Até mesmo os pensadores apologéticos do cristianismo associam a luz à verdade revelada e a obscuridade ao mundo demoníaco...

Isso mostra que Thoreau mete a mão no vespeiro do meio-termo fazendo explicitamente a crítica das luzes e tomando ostensivamente o partido da obscuridade... Por mais que o pensador americano acredite-se indene a seu tempo, a época é, apesar de tudo, de "tormentas desejadas" do autor de *Atala* ou das *Aventures du dernier Abencérage* [*Aventuras do último Abencerrage*] – ele também grande apreciador de índios e autor de uma *Voyage en Amérique* [Viagem à América] (1827). A tormenta, a tempestade, os elementos desenfreados, o sublime da natureza, eis o que, tanto quanto a Chateaubriand, não desagrada a Thoreau.

O teórico que celebra a excelência de uma boa imagem e sua prevalência sobre um raciocínio em matéria de conhecimento, oferece para ilustrar suas palavras uma pequena história emprestada de Niepce, descobridor do "princípio de actinídeo". O inventor da fotografia constatou que os raios do sol causam danos à textura do granito. Se a luz existisse sozinha, sem seu duplo e seu complemento, a obscuridade, a pedra se desintegraria rapidamente e viraria pó. Mas existe um contrapoder a esse efeito: à noite, os corpos danificados recuperam sua integridade original graças aos efeitos da obscuridade. Portanto, não há luz sem sombra para que a vida exista e dure.

O que é verdadeiro para a geologia funciona para além desse mundo restrito, pois a natureza é animada de um princípio que, ativo em um ponto ínfimo, também o é em um espaço infinito: a força, a vida e a energia que tornam possível a magia de uma formiga explicam igualmente a organização dos planetas, suas trajetórias, seus movimentos... A lei que vale para o granito vale também para o conhecimento: a luz existe em abundância, cultivemos, portanto, a obscuridade...

Assim, na escrita, visar-se-á o efeito a ser produzido no leitor. Nesse sentido, não se exprimirá nem de forma demasiado completa, nem com demasiados detalhes. Não há nenhuma necessidade de se matar tentando fazer um relato excessivamente fiel das coisas. Em contrapartida, sugerir, evocar e solicitar no leitor uma emoção capaz de permitir a transmissão e a comunicação verdadeira é o caminho adequado. Daí o interesse das frases densas, enigmáticas, sintéticas, nas quais se encontram condensadas bibliotecas inteiras – "frases tais que, para construí-las, um homem venderia seus castelos e suas terras" (*Journal*, agosto de 1851).

Esse é, portanto, o discurso do método do filósofo Henry Thoreau: elogio da sabedoria indiana, da intuição, da simpatia, da empatia com a matéria do mundo; celebração de um conhecimento subjetivo; cultura da obscuridade; mais gosto pela sugestão do que pela afirmação; preferência dada à imagem, à poesia e à alegoria, em relação ao discurso, à filosofia e à demonstração; reivindicação de uma fenomenologia sensual; além da figura do Índio, a camaradagem com o Lenhador e o Brâmane; culto da simplicidade e dos temperamentos associados: a Criança, o Simplório ou o Inculto.

Pois a cultura afasta da natureza, perverte a verdade de um ser que coincide com sua simplicidade. Fustigando o "pretenso saber", Thoreau nota que o conhecimento efetua-se frequentemente em detrimento da natureza, que é ignorada, negligenciada, degradada ou maltratada. Os seres simples não lhe causam nenhum dano. O filósofo remete várias vezes à insciência socrática daquele que sabe que nada sabe – ou sabe pouco, tão pouco, e que este pouco confina com o nada quando comparado à extensão de tudo aquilo que ele ignora.

34

Ecologia tecnófila, ecologia tecnófoba. Desde o fim de seus estudos, Thoreau impreca contra a modernidade, na qual triunfam os negociantes, os técnicos, os engenheiros, os banqueiros, os comerciantes e todos aqueles que, em sua época, constituem a América triunfante que fascina Tocqueville enquanto pesquisa para sua *Démocratie en Amérique* [*A democracia na América*]. O filósofo não gosta das cidades, do dinheiro, do comércio, das manufaturas, da indústria; prefere o campo, a autossubsistência, a produção induzida pelo consumo e aquilo que chama de "economia de vida", que ele nomeia, em outro lugar, de... filosofia.

Visando resistir ao reinado americano do dinheiro, que casa tão bem com o puritanismo, existe na época um florescimento de comunidades fourieristas. Fruitland, que já vimos, mas também algumas experiências conduzidas por discípulos do autor do *Nouveau Monde industriel* [*Novo mundo industrial*]: Victor Considérant, Albert Brisbane, George Ripley, por exemplo. Os defensores dessa opção acreditam que a salvação dos homens, assim como sua felicidade, passa por soluções coletivas e comunitárias alternativas ao modo de produção capitalista liberal. Contra o mercado que dita a lei, os utopistas acreditam no projeto eudemonista e na reorganização econômica da cidade segundo o modelo paradisíaco.

Nesse estado de espírito, mas para além do fourierismo, John Adolphus Etzler publica, em 1833, *The Paradise within the Reach of All Men, without Labour, by Powers of Nature and Machinery* [O Paraíso ao alcance de todos os homens, sem trabalho, pelo poder da natureza e da mecânica], um sucesso na época. Nessa obra, Etzler inventa a ecologia tecnófila ao solicitar à natureza o fornecimento de energias renováveis, não poluentes, gratuitas, a fim de ativar o poder das máquinas destinadas a tornar possível o velho sonho cartesiano e tecnófilo de se tornar mestre e possuidor da natureza. Esse tipo de projeto permitiria realizar o paraíso sobre a terra – apenas isso...

Etzler dava conferências e explicava como fazer para colocar as máquinas a serviço dos homens e realizar esse futuro radiante. Emerson provavelmente assistiu a uma delas e dedicou a esse assunto um artigo em *The Dial*, a revista dos transcendentalistas. Em resumo, o filósofo sorri do otimismo dos homens e de suas crenças nas soluções coletivas naquilo em que ele sustenta uma inflexão da História pelos grandes homens. Ele aprecia, porém, a energia, a audácia e a generosidade de tais projetos. Emerson pede a Thoreau que faça a resenha do livro.

O que diz esse livro? Que a natureza dispõe de uma formidável fonte de energia com a corrente dos ventos, o movimento das águas, as amplitudes regulares das marés, o calor do sol, a força das quedas d'água. O que quer que aconteça, essas forças restabelecem-se sem cessar; esgotam-se, mas, por trás delas, existem sempre outras igualmente generosas, e nada seca um capital que se regenera incessantemente. Ao contrário das energias fósseis, que levam séculos para se constituírem e que são destruídas em poucas horas, que são raras, e, por isso, custosas, e poluentes, os recursos naturais não esperam senão a inteligência humana para serem corretamente utilizados para fins de eudemonismo social.

Antes das invenções de Jules Verne – *Vingt Mille Lieues sous les mers* [*Vinte mil léguas submarinas*] data de 1870, *Voyage au centre de la Terre* [*Viagem ao centro da Terra*], de 1864, *Le Tour du monde en quatre-vingts jours* [*A volta ao mundo em oitenta dias*], de 1873 –, Etzler anuncia já em 1833 o avião, o navio gigantesco, os vaivéns de máquinas agrícolas, a cidade moderna, os transportes coletivos rápidos, o progresso da medicina – por exemplo, o prolongamento da duração da vida –, materiais de construção então inéditos, banheiros com banheiras, elevadores, climatização, o restaurante ambulante, a iluminação noturna das ruas... Etzler mantém-se informado sobre as invenções do momento, constata seu florescimento, em todas as áreas, no primeiro quarto do século XIX: profetiza para os dez anos seguintes uma revolução do mundo e sua entrada em uma modernidade que virá, segundo os anúncios do utopista, mas demorará mais de um século...

Pressente-se que essa visão das coisas não convém de forma alguma a Thoreau, que ridiculariza um pouco Etzler... Ele não acredita nem por um segundo nesse progresso técnico indutor da felicidade dos homens. Ao contrário, acredita que aquilo que Etzler chama de progresso é na verdade uma "regressão". O engenheiro utopista alemão inventa a ecologia tecnófila; Thoreau, a ecologia tecnófoba. O primeiro acredita que a felicidade dos homens passa por uma revolução industrial; o segundo, por uma reforma moral. Um crê no uso moderno da natureza; o outro, em uma prática milenar de sua realidade.

Aos vinte e seis anos, Thoreau afirma que o paraíso sobre a terra não é uma questão de máquinas, de indústria, de progresso tecnológico, de elevador ou banheira, mas de uma nova relação com a natureza. Não, como em Etzler, de dominação, exploração, submissão, mas de acompanhamento, afeição, simpatia com ela, ou até mesmo amor. Etzler confia nos governos para realizar seu projeto; Thoreau execra-os e confia apenas nos indivíduos.

35

Constituir uma enciclopédia da natureza. Thoreau afirma que o progresso tecnológico serve apenas para satisfazer as necessidades animais. Construir o futuro com base nessas perspectivas levará a um impasse. O descaso com a natureza, os maus-tratos que os homens lhe infligem, as brutalidades a que o homem moderno lhe submete comprometem suas chances de sobreviver. Sua proteção impõe-se, e o primeiro trabalho necessário é conhecê-la. O engenheiro não deve ditar a lei; o poeta, sim. A natureza pode nos dar lições, é preciso que nos coloquemos à sua disposição. Etzler engana-se: a natureza não deve servir ao homem, e sim o homem é que deve servir à natureza.

O filósofo não exclui utilizar a natureza, mas deve-se usar sabiamente o conhecimento de suas leis. Por exemplo, um apicultor pôs-se à escuta de suas abelhas. Observando a colmeia e o comportamento de seus habitantes, deduziu que a quantidade da produção de mel tinha relação com a orientação da abertura de seus quadros em direção aos raios do sol. Seguro com seu saber e rico com sua filosofia da natureza, ele virou sua colmeia um grau para leste e otimizou sua colheita ao oferecer às abelhas duas horas de vantagem sobre suas congêneres. Portanto, elas chegam primeiro às flores e coletam o néctar e o pólen mais cedo. Eis como o homem pode intervir na natureza: acompanhando-a depois de tê-la compreendido, e não a forçando na ignorância de seus mecanismos.

Esse é o motivo de Thoreau passar em seguida sua (breve) vida constituindo uma enciclopédia da natureza: observar seus movimentos; registrar suas variações; mensurar suas transformações; escrever suas modificações; agrimensar e percorrer os lagos, rios, campos e bosques; perscrutar os detalhes de uma asa ou de um talo de grama no microscópio; surpreender a intimidade de uma ninhada em um ninho empoleirado no alto de uma árvore, seja subindo nela fisicamente, seja dirigindo sua luneta para a cena, vestindo as roupas com cores da estação e escondido num arbusto. Thoreau contempla e esposa a natureza, que não é o objeto de uma religião conceitual, como em Emerson, nem de uma religião do progresso, como em Etzler, mas de uma filosofia existencial.

Nessa filosofia existencial, importa pouco subir para o alto de imóveis de dezenas de andares com um elevador, tomar banho em uma banheira alimentada com água quente, atravessar o Atlântico de avião, flanar à noite em ruas iluminadas como em pleno dia, viver cem anos, comer alimentos sofisticados em transportes coletivos rápidos como um relâmpago ou habitar um apartamento que é fresco no verão e quente no inverno...

O que Thoreau faria com todas essas invenções custosas, tão ruinosas quanto inúteis? Logo ele que enaltece a caminhada e o contato com a terra; que se banha nas águas geladas dos lagos e admite preferir o cheiro do rato-almiscarado do caçador àquele do professor enclausurado em sua biblioteca; que, exceto por uma ou duas breves viagens para fora de seu vilarejo, jamais abandonará Concord, sua cidade natal; que confessa alegrar-se ao voltar para sua cabana de madeira, na floresta, em noites sem lua, mais agradáveis para o instinto, que sob o clarão da lua cheia; que não se preocupa com a quantidade de tempo ainda a viver, mas com sua qualidade e sua excelência; que confia a seu *Journal* seu desejo de comer uma marmota crua para incorporar sua vitalidade; e que aconselha a se cobrir bem durante o inverno ou a despir-se um pouco no verão para adaptar o uso das roupas ao clima do momento... Para que uma vida sofisticada, mas falsa, quando uma vida simples, mas verdadeira, está ao alcance de qualquer um?

36

O filósofo naturalista. O conhecimento da natureza não é um fim em si. Thoreau não é naturalista, mas filósofo naturalista: o primeiro contenta-se com uma descrição pura da natureza, à maneira de Jean-Henri Fabre (1823-1915) em *Souvenirs entomologiques* [Memórias entomológicas]; o segundo enriquece-a com uma reflexão que desemboca em uma sabedoria, uma filosofia, uma moral. Ao modo de um discípulo cínico, Thoreau extrai lições do que observa na natureza. Assim, Diógenes de Sinope observa o camundongo alimentar-se de migalhas, o peixe libidinal esfregar seu ventre em uma pedra, as rãs vivendo na água fria, as cegonhas voarem rumo ao calor, as lebres descerem para o vale; e ele não se contenta de registrar os pormenores dessas operações, mas extrai delas uma moral: o elogio da frugalidade, da autonomia, da independência, da ascese, da vida agradável... Thoreau conclui pelas mesmas virtudes a partir de semelhante terreno de observação, a natureza.

No contato com a natureza, Thoreau confessa recuperar as forças que pudessem lhe faltar. A leitura de sua obra completa mostra que ele tem um temperamento estoico, uma natureza austera e ascética. Ele confidencia a seus leitores jamais ter conhecido momentos de depressão ou de melancolia. Mesmo quando a tuberculose vier a diminuir consideravelmente sua energia, sua força, sua resistência, ele viverá esses anos de sua vida como um homem confiante nas virtudes reparadoras dos passeios, da caminhada, do contato com os bosques, trilhas, floresta e campos. O sábio retira disso tudo serenidade; o naturalista, a satisfação de sua *libido sciendi*.

A cidade oferece um clima moroso e deletério; estimula as forças patogênicas. O campo, em compensação, produz indivíduos sãos e simples. A ausência de contato com a natureza gera tristeza e melancolia. Em sua "Natural History of Massachusetts", Thoreau escreve: "Se não estivéssemos ao menos com nossos pés na natureza, nossos rostos seriam pálidos e lívidos." A natureza distribui a saúde, e aqueles que afirmam que ela engendra a tristeza são doentes que projetam sobre ela suas patologias.

Extrapolando a partir dessa ideia de natureza/saúde, cidade/doença, Thoreau vai ainda mais longe e expõe esta estranha hipótese de uma genealogia da negatividade na política: "As teorias do desespero, da tirania e da servidão espiritual ou política jamais foram ensinadas por homens que compartilhavam da serenidade da natureza." A tese surpreende, tentam confirmá-la, questionam-se, procuram-se exemplos ou contraexemplos, e não encontram nada contra essa afirmação...

37

A vida filosófica. Observar a natureza e tirar daí lições não é suficiente. É preciso ainda aplicá-las à vida cotidiana e encarnar seus ideais. *Walden* contém uma frase sublime entre um punhado de aforismos eternos: "Existem, hoje em dia, professores de filosofia, mas não filósofos." Ser filósofo não consiste em elaborar pensamentos sutis, nem mesmo em criar escolas de pensamento, mas em "amar muito a sabedoria para viver segundo seus decretos, uma vida de simplicidade, de independência, de generosidade e confiança. É resolver alguns dos problemas da vida, não somente na teoria, mas também na prática". Magnífica lição.

Os filósofos antigos agiam assim: viver seu pensamento, pensar sua vida; e realizar constantemente um movimento de ida e vinda entre uma teoria e uma prática para aprimorar tanto uma quanto outra. Essa dialética marcou as escolas de sabedoria pré-cristãs – pitagorismo, estoicismo, cinismo, cirenaísmo, epicurismo – durante séculos, antes que o triunfo do cristianismo as extinguisse reivindicando o monopólio da vida filosófica. Viver como filósofo tornou-se então viver como cristão, e o exército dos filósofos apologéticos encarregaram-se de fornecer as instruções. Por vários séculos, a filosofia tornou-se uma peça do mecanismo disciplinar cristão. Os pensadores forneceram conceitos e teorias, discursos e debates, argumentos e casuísticas, retórica e sofística capazes de justificar e legitimar esse golpe de Estado ontológico contra as almas e as consciências.

Filosofar tornou-se, então, assunto de oficinas, escritórios, bibliotecas e, depois, de universidades, cadinhos onde se fundiam as armas de guerra intelectuais do império cristão que devastou a vida filosófica antiga para substituí-la pela maceração ascética cristã. Veio então o reino dos professores de filosofia, tão numerosos, segundo Thoreau, quando são raros os filósofos, isto é, os indivíduos cuja vida mostra que não se contentam em apenas falar.

Daí o interesse filosófico das biografias de filósofos: como se vestia Pitágoras? E por que o linho branco? O que ele comia? O que explica a interdição das favas? De que maneira vivia Epicuro? Qual o sentido de fazer do pedacinho de pão e da ponta de queijo ocasião de um rega-bofe? Por que Diógenes se masturba em praça pública? Como justificar que Aristipo se vista de mulher e dance sobre a mesa? Ou que Crates cavalgue Hipárquia em público?

Todas essas anedotas transcendem o mero *fait divers*, pois concentram o pensamento de seu autor, são a quintessência de sua filosofia, agem como provas da existência da vida filosófica, por demonstrar que uma ideia vale alguma coisa se produz efeitos na vida concreta, todo dia e em cada detalhe. Para além do mundo antigo, a vida filosófica (ou não) dos filósofos diz respeito à filosofia, do mesmo modo que a análise textual ou conceitual. Deleuze, que no entanto nega o qualificativo de "filósofo" a quem não é criador de conceito ou de personagem conceitual, escreve em *Qu'est-ce que la philosophie?* [*O que é a filosofia?*]: "A jarreteira de Kant não é uma anedota vital adequada ao sistema da Razão?"

38

Contra a vida mesquinha. A vida filosófica vai contra a vida mesquinha. Mas o que é uma vida mesquinha? Uma existência inteiramente voltada para o dinheiro, os bens, as riquezas, a propriedade, as honras, a reputação, vícios datados da mais remota antiguidade. Aos quais é preciso acrescentar vícios recentes: a vida indexada aos dogmas da sociedade de consumo – cobiçar, comprar, consumir, substituir; uma cadeia perversa que Thoreau, já com vinte anos, vê que ameaça tornar-se religião do futuro não tão distante do povo americano...

Quando o assunto é a relação com outrem, a vida mesquinha contenta-se com aparências e a superfície das coisas em detrimento da profundidade, que constitui, no entanto, sua verdade. Encontra-se essa perversão nas cidades, e muito menos no campo, onde o contato direto com a natureza garante uma relação sã e verdadeira com a simplicidade e a verdade dos seres. A vida de salão, a vida mundana, a vida da escória das relações humanas, a vida de falatório, essa é a vida mesquinha. Define sempre uma vida na qual a pessoa não se encontra no centro de si, mas ao lado, na periferia, alhures.

39

Uma medicina "eupéptica". Thoreau não é um filósofo que usa e, muito menos, abusa de neologismos. Sua prosa seca, próxima do osso, recorre à metáfora, à alegoria, à imagem, à fábula, como foi visto, mas jamais ao vocabulário da tribo filosófica. Procurar-se-ão em vão palavras emprestadas dos filósofos ou das filosofias clássicas. À maneira de Montaigne, Thoreau utiliza o vocabulário comum a todos para exprimir o que tem a dizer de simples ou de profundo. O humor, por vezes, aflora no texto.

Em *Life Without Principles* [A vida sem princípios], Thoreau cria, no entanto, um neologismo, mas decorrente de um jogo de palavras, de uma brincadeira... Ele constata que vivemos na condição de um personagem que digere e sente dispepsia, ou seja, digere com dificuldade... O Estado, a sociedade, a política funcionam como uma moela que nos tritura, nos esmaga. Acrescentemos a isso tudo os inconvenientes do funcionamento da "grande moela da criação"... Sofremos a morbidez dessa situação. Desse modo, a vida consiste, na maior parte do tempo, em esquecer e em tentar não lembrar daquilo que foi compreendido da lógica do mundo.

O *"dys"* grego de dispepsia significa uma coisa difícil, ruim. O oposto, na mesma língua, é *"eu"* – como em eudemonismo ou euforia, até mesmo eucaristia... – e significa "bem". Assim, Thoreau convida a uma "eupepsia" que supõe que nos felicitemos cotidianamente pelo "esplendor renovado de cada manhã"... Uma vontade de regozijo para enfrentar a negatividade que nos atormenta. Já nas primeiras páginas de *Walden*, Thoreau ressaltara essa melancolia constitutiva da civilização: "A maioria dos homens vive uma existência de calmo desespero. Aquilo que se chama de resignação é um desespero absoluto." O divertimento, com o qual a maioria se embriaga, procede desse tormento existencial, desse *spleen* ontológico.

Os homens trabalham e perdem sua vida ganhando-a. No mundo moderno, ninguém tem tempo de ser outra coisa além de uma máquina. A relação consigo mesmo, com os outros, com o mundo é distorcida. O lazer desapareceu. O labor ocupou todo o espaço. As preocupações inúteis saturam as existências. O tempo de cada um pertence aos credores. A maioria é escrava da trivialidade do cotidiano: o trabalho, o salariado, o consumo, as dívidas.

Alguns tentam se libertar de suas dívidas; outros passam seu tempo seduzindo clientes para ganhar o pão de cada dia; em outro lugar, alguns roubam e mentem para enganar potenciais compradores; por toda parte as pessoas ficam doentes temendo a doença sem seguro-saúde; ou guardando em cofre de banco ridículas economias obtidas por meio de contorções existenciais épicas; enquanto isso, todos morrem hoje por deixar a vida para amanhã...

A vida inventa-se, não é dada, escrita, deve ser inteiramente criada. Somos escravos dos preconceitos, dos juízos dos outros sobre nós, é verdade, mas também do juízo que fazemos de nós mesmos. Os modos de vida antigos e habituais não constituem verdades eternas, insuperáveis, certezas imutáveis, mas opções criticáveis. Não devemos ter como líquido e certo um estilo de existência porque é partilhado por milhões de pessoas. Um grande número de pessoas pode comungar simultaneamente num mesmo preconceito.

Os velhos reproduzem os preconceitos e por isso não são os portadores de uma sabedoria. Acontece até mesmo de os jovens saberem mais e melhor do que os anciãos que a vida decompôs intelectualmente. Para além de certa idade, os humanos sabem, conscientemente ou não, que perderam sua existência e passaram ao largo de sua vida. Com o tempo, tornamo-nos menos aptos às experiências; um tipo de calcificação da alma impede a invenção, o frescor no uso de si – e no "uso do mundo", para utilizar a expressão de Montaigne.

Essa medicina eupéptica supõe que compreendamos que deveríamos viver a vida dos pioneiros na origem da América, mas permanecendo no âmbito da civilização. Em outras palavras, não visar uma revolução social e política, a instalação de um socialismo de Estado ou a sociedade nova imposta por um governo, mas, em qualquer configuração social existente, escolher um modo de vida próprio, singular, pessoal, original, apoiado na simplicidade da vida selvagem e natural.

40

O método hedonista. Consciente do mal-estar do homem na civilização, bem informado da miséria de seus contemporâneos, com uma visão muito clara da "preocupação", da "angústia", da "melancolia", do "calmo desespero" em que vivem os homens no cotidiano, Thoreau é de fato contemporâneo de Kierkegaard, autor de *O desespero humano* (1849), *O conceito de angústia* (1844), *Temor e tremor* (1843). "É evidente que muitos de vocês vivem existências medíocres e baixas", afirma o filósofo nas linhas introdutórias de *Walden*. O eupéptico convida a concentrar o olhar, não na negatividade, mas na positividade que se encontra ao mesmo tempo em cada coisa, cada situação. Se a soberba palavra não tivesse sido definitivamente arruinada pela publicidade, seria possível dissertar sobre a arte de *positivar* como uma arte hedonista maior.

Thoreau não teoriza uma receita em uma frase que constituiria o imperativo categórico hedonista, mas pratica uma sabedoria a partir da qual se pode, sem dificuldade, induzi-la – ou deduzi-la, dependendo do caso. Poderia ser formulada assim: aja de tal forma que você concentre sua atenção na positividade que sempre subjaz a uma situação aparentemente negativa. Em outras palavras: quando acreditamos estar em uma situação ruim, um trabalho voluntarista da inteligência permite ignorar aquilo que nos aflige a fim de nos concentrarmos naquilo que alegra.

Exemplos extraídos de sua biografia: contando sua estada na prisão, em *Walden*, o filósofo mostra como tal situação que, objetivamente, não é nem boa nem má, nem agradável nem desagradável, pode tornar-se boa se assim se desejar e se o intelecto trabalha para percebê-la sob um ângulo otimista. A história é conhecida: Thoreau recusou pagar o imposto para protestar contra a política escravagista e belicista de seu país, e, em razão disso, foi interpelado e jogado em uma cela.

Pode-se duvidar que *a priori* o sábio veja a situação carcerária com maus olhos. Sua presença entre quatro paredes mostra a coerência de seu pensamento, de sua existência e de sua prática intransigente de uma vida filosófica. Reza uma historieta que Emerson, ao visitar Thoreau na prisão, perguntou-lhe: "por que você está aí?"; e que ouviu um filósofo falsamente surpreso responder: "mas por que você não está aqui?" Porém, ainda que essa conversa seja apócrifa, retenhamos o cenário do exercício do método hedonista.

Thoreau, que não valoriza nada além de sua liberdade, que construiu toda a sua vida para não depender de nada nem de ninguém e para não prestar contas a quem quer que fosse, poderia, mesmo assim, e independentemente da preocupação em fanfarronar, achar a experiência desagradável. Ainda mais porque ele é preso por um período indeterminado – encurtado, sabe-se, graças à solicitude da tia que pagará a multa e contribuirá para a libertação do sobrinho, que começará uma carreira de mártir já na manhã seguinte...

Inicialmente, Thoreau insiste no aspecto ridículo da situação. Em sua chegada à pequena prisão de Concord, sua cidade natal, os prisioneiros discutem do lado de fora, na soleira da porta, em mangas de camisa; quando o carcereiro avisa-lhes que já é hora de voltar às celas, ninguém resiste ou protesta e todos aquiescem. Thoreau descobre um companheiro de quarto encarcerado como incendiário – na verdade, um bom sujeito que abusou do álcool e curtiu a bebedeira na palha, com o cigarro na boca... Ele detalha o lugar: limpo, recentemente caiado, sobriamente mobiliado – provavelmente mais confortável que sua cabana no bosque. O filósofo escuta seus companheiros de cela, aproveita para aprender, e descobre que há entre os muros desse lugar poetas amadores que escrevem versos e os fazem circular internamente sem que jamais sejam lidos do lado de fora. Alegra-se com a descoberta de uma rede de poetas e leitores de poesia que não se preocupam com publicação, fama ou carreira de homem de letras. Depois, contempla; mas, como o olhar é enjaulado, volta sua atenção para os ruídos que vêm de fora.

Começa então um verdadeiro exercício espiritual cujos detalhes ele nos fornece: esse momento inédito, ele o vive como uma experiência rara, um tipo de peregrinação realizada em um lugar desconhecido; está em sua cidade natal e descobre tantas coisas interessantes como se tivesse feito uma viagem para longe, a um país que jamais teria pensado em visitar. Tudo fica diferente: o som dos sinos, os ruídos da noite que cai, a voz dos velhos habitantes da rua, as conversas provenientes do albergue nas proximidades da cadeia. O interno metamorfoseia o externo.

Assim, a realidade do encarceramento transforma-se em verdade da imaginação. Concord, cidadezinha americana com suas casas de madeira, torna-se um burgo medieval. O riacho que a atravessa metamorfoseia-se em rio renano. A prisão não tem, portanto, verdade em si, de maneira absoluta, pois existe em função do olhar que se tem sobre ela. A objetividade do real é uma ficção; sua consistência procede de um trabalho do intelecto. Os estoicos falavam de representações, de interpretações: tudo depende então do intérprete e de sua vontade.

41

Júbilos do incendiário. Em outra ocasião, Thoreau faz funcionar esse método maravilhoso. Sabe-se que ele é caminhante, pescador, apreciador da culinária sóbria, simples, selvagem e natural. Indo a um bosque com um amigo, ele tira do lago algo com que fazer uma refeição. Com a ajuda de gravetos e, depois, de galhos, tenta fazer um churrasco. Coloca sua pesca para grelhar e, desafortunadamente, põe fogo ao redor de sua fogueira e depois – não conseguindo apagar esse princípio de incêndio – em uma grande parte da área do bosque. Uma situação que, *a priori*, poderia estressar o sujeito.

Mas não um filósofo que, otimizando a situação, aproveita para subir a colina, sentar-se e contemplar a beleza das labaredas... Nem é preciso acrescentar que sua despreocupação de esteta é considerada em Concord um profundo desprezo em relação ao proprietário lesado, o que não aumenta a simpatia dos habitantes do vilarejo que já acham um tanto antipático aquele anticonformista que não cumprimenta ninguém, todo perdido em suas meditações e vestido como um Diógenes moderno. Àqueles que se ofendem com sua indiferença, ele retruca que o ponto de impacto de um raio teria provocado nele a mesma reação...

Mais uma vez, e provavelmente a última, ele ativa seu método de desvio do negativo e concentração no positivo, e continua a se transformar em objeto de introspecção. A tuberculose o debilitou consideravelmente. Seus últimos anos foram penosos e dolorosos. Deitado em sua cama, espera a morte com serenidade. Plácido, calmo, mas sofrendo, recusa os analgésicos que o médico lhe oferece. A razão? Quer estar lúcido até o fim e experimentar a observação de si, principalmente na fase final da agonia.

Qualquer outro teria aceitado o medicamento que anestesia um pouco para evitar que a consciência desmorone sob o peso de uma dor invasiva. Mas não ele. Ele quer desfrutar das sensações da agonia – não da agonia, mas das sensações –, porque desfrutar das sensações é ser, viver, e viver é uma festa, sem fim, o tempo inteiro. E essa festa existe porque a queremos, a desejamos, a solicitamos e a almejamos. Essa vontade de regozijo evapora a realidade negativa, pulveriza o mal.

Durante toda a sua vida ele celebrou a força do instante, convidou a vivê-lo plenamente, sem poluí-lo com a memória, a lembrança ou o temor do futuro. Ei-lo experimentando sua teoria, praticando seu pensamento sempre. Até o fim. Assim, na hora de morrer, não dizemos que *vamos morrer* logo, mas que *estamos ainda vivos* agora. E que o que importa é menos o futuro da morte que o presente da vida. Dever morrer é ainda estar vivo: não temamos o futuro, gozemos do instante.

Assistamos, portanto, a nós mesmos como a um espetáculo e tenhamos prazer com essa representação sem nos preocuparmos com o cair do pano que não deixará de acontecer. Não estraguemos o momento presente com a presentificação de um fim vindouro. Observar sua vida partir suavemente é ter a certeza de que ela ainda está aí e que subsiste uma razão de se alegrar. Gozar o instante puro, mesmo que se saiba que é breve, é ainda estar vivo. E nada parece mais desejável que o prazer sentido com a substância da vida, com a matéria da existência.

A célebre frase do momento derradeiro – "Um mundo de cada vez", respondida a um chato que se inquieta com o sentimento de Thoreau em relação à vida após a morte... – pode ser lida em vista desse método: se, por acaso, porventura – ou por infelicidade... – devesse existir uma vida após a vida, uma realidade após a morte, então sempre haverá tempo para se preocupar com isso quando a hora chegar. Pois essa hipótese de um futuro de vida eterna importa menos que a realidade do presente de uma vida magnífica – mesmo à beira da morte. O culto prestado por Thoreau à vida faz-lhe pensar que mais vale um segundo em um instante real do que uma eternidade no futuro. Entre os filósofos, parece-me que nunca houve um amante mais apaixonado pelo instante.

42

Uma máquina de produzir gozo. Observa-se várias vezes, na obra de Thoreau, esse desejo de não tomar o real senão em sua positividade. Diante do espetáculo de um abutre devorando sua presa, ele disserta sobre a vida que permite a morte pela reciclagem da matéria na natureza: o sangue quente do animal vivente que devora sua presa morta vale mais que o cadáver, que importa menos; quando cai uma chuvarada que impede a caminhada que havia previsto, ele suspira menos pela perspectiva de um passeio comprometido do que pela dádiva para as plantas, e conclui: o que é bom para as plantas é bom para mim...

Essa natureza voluntarista que quer o melhor contra o pior, que prefere a felicidade à melancolia, aspira à alegria e recusa as ocasiões de tristeza, escreve em seu *Journal*: "Deus não poderia ser mau para mim, mesmo que o quisesse." De passagem, meçamos quanto essa potente sabedoria humana permite dispensar Deus, sua potência, seu poder e sua vontade. A filosofia praticada por Thoreau não deixa nenhum espaço e nenhuma probabilidade à teologia dos cristãos. A superioridade da vontade de um pensador sobre os hipotéticos desígnios de Deus prova que Thoreau partilhava com o Emerson de *Self Reliance* esta ideia poderosa: "Nada fora de você mesmo pode trazer-lhe a paz."

43

As técnicas de si. Thoreau teoriza o funcionamento dessa máquina de produzir gozo ao extrair o positivo de uma situação para aniquilar a potência da negatividade. E ele pratica: na prisão, na situação de incendiário – que lhe poderia valer apreciar novamente o xerife... – ou em seu leito de agonia. Ou então: diante do espetáculo de um abutre, diante da chuva que obriga a renunciar ao desejo de caminhar. Porém, ele não convida a fazer como ele mesmo.

O homem que constata a abundância de professores de filosofia e, ao mesmo tempo, a penúria de filósofos ou a raridade do sábio, não vai posar de professor ensinando *ex cathedra*. A experiência das conferências não parece ter lhe deixado boas lembranças, e ele zomba tanto do conferencista quanto de seu público. Thoreau não ensina. A demissão de seu cargo de professor afigura-se premonitória e emblemática do desejo de não fazer carreira em uma sala de aula.

Desde a abertura de *Walden*, ele tem o cuidado em dizer que, ao contrário dos hábitos da corporação que desconfia do "Eu" e de toda narrativa em primeira pessoa, vai, justamente, recorrer ao "Eu" que ele reivindica. Não por narcisismo, egotismo, gozo obtido na relação consigo mesmo, mas por necessidade existencial: a escultura de si à qual convida exige um conhecimento de si, aquele que Sócrates propõe, não sendo Sócrates considerado o filósofo egocêntrico típico. Thoreau parte de um princípio simples para justificar esse *parti pris*: "No fim das contas, é a primeira pessoa quem sempre fala." Eu acrescentaria: inclusive entre aqueles que atacam o "Eu", como Pascal e outros apologistas cristãos.

Jocoso, Thoreau acrescenta que, se conhecesse melhor alguma outra pessoa, falaria de bom grado dela e se absteria de utilizar sua (pequena) primeira pessoa. O tipo de advertência ao leitor – que lembra aquele dos *Ensaios*, de Montaigne – que abre *Walden, or Life in the Woods* [*Walden ou A vida nos bosques*] permite-lhe admitir sua preferência não por aqueles que falam dos outros, mas de si mesmos. Ele aprecia o "relato simples e sincero" como uma ocasião filosófica essencial: nessa área, o testemunho vale tanto quanto o tratado, se não mais.

O livro obedece a uma razão simples. Assim como Montaigne – que confessa escrever para os amigos e seus próximos a fim de que saibam quem ele é, antes de descobrir, à medida que escreve, que seu livro faz tanto para si mesmo quanto para os outros –, Thoreau dá a explicação de seu texto. Inúmeras foram as pessoas que o questionaram sobre sua experiência de vida nos bosques durante vinte e seis meses. Sua alimentação, sua relação com a solidão ou o medo, seu investimento para com os outros etc. *Walden* responde a esses interlocutores.

O mesmo acontece com Thoreau: pelo tempo gasto ao elaborar o livro, pelas múltiplas versões, pelo trabalho de escrita, pela confecção do volume a partir das anotações feitas em seu diário, ou mesmo de conferências escritas anteriormente, o filósofo se construiu. A fabricação de *Walden* contribui para a fabricação de Thoreau, e vice-versa. A escrita é sempre escrita de si. O "Eu" narrado supõe um "Eu" fabricado, elaborado, pensado, analisado, circunscrito. A redação dessas trezentas páginas procede da postura socrática do "conhece-te a ti mesmo". Como Montaigne, Thoreau também poderia escrever que ele é a matéria de seu livro; e que, com essa matéria, um leitor pode encontrar um sentido para sua existência.

44

Não seguir, não guiar. *Walden* não pretende se tornar um livro de imitação. Thoreau não prescreve, não propõe que se viva como ele, não prega, não evangeliza, não milita. Não há nenhum espírito pregador nesse homem, para quem é tão odioso seguir quanto guiar. O livro não é um catecismo, um breviário, um manual da vida dos outros. Os transcendentalistas, e Thoreau com eles, celebravam o anticonformismo, o solitário que traça seu caminho ao inventá-lo. Como, então, poder-se-ia tolerar um conformismo do anticonformismo?

Thoreau escreve: vivi assim e aqui estão minhas razões. Não faça nada disso, não me imite, não me copie, mas, assim como eu, invente sua própria existência. Ela não se parecerá com a minha no detalhe, mas, no fundo, compartilhará do essencial: não é possível viver a vida de outra pessoa. Que sentido teria a visão de um homem que ensinasse a construir sua cabana de madeira, a viver de sua horta, a caminhar horas na natureza, a banhar-se todos os dias em um lago congelado, como ele, enquanto ordena que cada um siga sua própria natureza e realize aquilo para o que é feito?

Além do mais, a experiência no bosque de Walden não resume a vida inteira do filósofo, como alguns por vezes o creem. O próprio Thoreau não quer copiar a si mesmo, não pretende duplicar sua vida depois de ter descoberto uma receita prática reprodutível ao infinito. Dois anos e dois meses mais tarde, o sábio dos bosques interrompe a experiência e inventa em outro lugar e de outro modo sua vida. Outro período – o do engajamento político – se seguirá. E outros provavelmente ainda se seguiriam se o destino lhe houvesse permitido viver mais tempo que seus quarenta e quatro anos.

Enfim, Thoreau dissuade eventuais imitadores servis ao manifestar sua repugnância por uma sociedade em que todos se parecessem, vivessem a mesma vida, ainda que fosse a sua! Ele gosta da diversidade das existências, da variedade das trajetórias pessoais, da multiplicidade das experiências subjetivas. Sabe, certamente, que uma sociedade composta unicamente de filósofos não é pensável nem desejável, mas levar uma vida filosófica supõe a invenção individual de uma aventura própria.

45

Filho da antiguidade. A filosofia antiga não separa a doutrina da ação, a teoria não tem sentido a menos que desemboque em uma prática; as duas instâncias, o discurso e a existência, mantêm assim uma relação íntima de causalidade. Essa dialética supõe o exercício espiritual definido por uma prática capaz de encarnar o pensamento na vida cotidiana. Uma vez que não há filosofia, mas apenas provas de filosofia, o exercício torna possível a epifania da doutrina na materialidade de uma vida.

O triunfo do cristianismo oficial aniquila a filosofia existencial e entroniza a figura do professor de filosofia, do filósofo amador, do teórico aferrado a seu gabinete de reflexão. Mas essa corrente existencial perdura, apesar de tudo, na história das ideias. Com Montaigne, Nietzsche ou Kierkegaard, por exemplo; mas igualmente com Thoreau, que propõe com *Walden* um livro que traz à lembrança os *Ensaios*, a *Gaia ciência* e *Ou-ou, um fragmento de vida*.

Embora recusando a ideia de ter discípulos, e mais ainda de fazer escola, Thoreau apresenta as conclusões de sua experiência pessoal de vida nos bosques; e suas explicações oferecem mais que uma ocasião de caminhar em direção a si mesmo para encontrar seu caminho, instalar-se no seu âmago a fim de contemplar a realidade e a verdade de uma vida filosófica autêntica. A obra contém, como a areia tem pepitas, vários convites para pensar que constituem como que solicitações para se comportar ou para viver dessa ou daquela maneira. O objetivo sendo o de alcançar "a vida sublime" definida pela "felicidade absoluta" procedente do contato verdadeiro com a natureza.

Essa parte de sua obra mostra o parentesco de Thoreau com os grandes sábios da filosofia antiga. Muitas das receitas existenciais parecem, além disso, decorrer diretamente dos mestres da sabedoria antiga. É possível encontrar no filósofo americano alguns traços de *socratismo*: o elogio do "conhece-te a ti mesmo" e o convite a pôr em prática essa sentença; o reconhecimento da insciência a fim de arrefecer a soberba do filósofo que crê saber; a prática da meditação, como o ancião em Potideia; a prática do jogo de palavras, se não do humor, e até mesmo da ironia.

O *cinismo* de Diógenes poderia igualmente inspirar Thoreau: ele também procura um homem com sua lanterna, mas nas florestas e nos bosques de Concord. Não recua diante da rusticidade provocadora, sem, no entanto, chegar ao ponto de se masturbar diante da igreja do vilarejo. O despojamento lhe cai bem, e até a medula das coisas. A ânfora do homem de Sinope tem um parentesco na funcionalidade desprovida de ornamentos da construção: a cabana de tábuas equivale a domicílio cínico contemporâneo; a indexação da sabedoria à natureza e a busca de lições existenciais humanas na vida dos animais; a insubmissão política – Thoreau pede a todo político de seu tempo que se afaste de seu sol; a reivindicação da solidão e sua prática e desconfiança para com toda lógica gregária – uma parte da sabedoria do homem de Concord consiste em encontrar a medida certa para com o outro, e, se Diógenes utilizava seu bastão para manter os chatos a uma distância respeitosa, Thoreau, por sua vez, contentava-se em praticar a misantropia declarada e exibia sua rudeza sem reservas...

Por outro lado, o *epicurismo* fornece igualmente muitos traços à filosofia de *Walden*: a dietética dos desejos e a exclusiva satisfação dos desejos naturais e necessários – beber para matar a sede, comer para aplacar a fome; a felicidade definida como ataraxia, ausência de perturbação ou sofrimento devido ao desejo ou à carência; prática da frugalidade vivida no cotidiano – os célebres pedaços de pão e de queijo do banquete de Epicuro; celebração da continência e da castidade; utilização das lições da natureza – a física para os epicuristas – com objetivos soteriológicos morais.

Enfim, aflora também na obra um *estoicismo*: no panteísmo que identifica Deus à Natureza e à Força que o constitui; quanto à questão da moral ascética, principalmente a dor e o sofrimento como casos de representação; quanto à austeridade ética; ou ao problema do poder da vontade capaz de agir para modificar as representações; por fim, quanto à serenidade em face da morte – Thoreau age como os filósofos antigos ao misturar as soluções epicuristas às proposições estoicas –, que não destrói nada, mas transforma aquilo que resta no Grande Todo.

46

Os exercícios espirituais. À medida que se lê a obra completa de Thoreau, descobrem-se, portanto, as sabedorias antigas reformuladas e, sobretudo, praticadas vinte séculos mais tarde. A construção da cabana nos bosques de Walden, por exemplo, poderia ter sido um gesto filosófico cínico. Um Diógenes contemporâneo da Revolução Industrial procuraria em vão uma ânfora de azeite ou de vinho e construiria provavelmente sua habitação com tábuas de uma velha cabana abandonada à beira do lago.

O pensamento de Thoreau, como seria esperado, não assume de modo algum a forma de uma exposição didática, com capítulos que mostram uma construção em devida forma. A construção de *Walden* é uma aventura cujos materiais encontram-se no *Journal* ou em textos que serviram para conferências. A colagem frequentemente faz as vezes de método. As sete versões fabricadas para chegar ao manuscrito final constituem um pandemônio no qual se divertem os universitários, que só podem apreciar a construção da obra após terem-na cuidadosamente desmontado e reconstruído. Tentemos, assim, não dar uma forma sistemática à filosofia de Thoreau, mas fornecer um modo de acesso a ela a partir dos exercícios espirituais disseminados por toda parte.

Primeiro exercício espiritual: "explore-se a si mesmo". Emerson, em *Self Reliance*, já zomba dos grandes viajantes que têm necessidade de dar a volta ao mundo para tentar compreender alguma coisa da mecânica do real. "Viajar é o paraíso dos tolos", escrevia ele... Thoreau não está longe de pensar a mesma coisa e acha ridículo que pessoas partam para longe de sua terra natal para explorar o mundo. No lado oposto, cada um permanece consigo mesmo, como um companheiro indefectível. Daí a necessidade de partir em viagem não rumo ao exterior do mundo, mas ao interior de si mesmo.

Thoreau retoma pura e simplesmente o princípio e discurso de Sócrates: "Conhece-te a ti mesmo", mas formulando-o com a metáfora insistente da exploração: explorar-se em vez de explorar o mundo; partir em viagem para si mesmo em vez de ir em direção aos outros; visitar seu próprio continente em vez de organizar missões custosas para o fim do mundo; Concord de preferência ao Alasca. A época ainda permite descobertas de terras virgens. Procuram-se a fonte do Nilo, a passagem do noroeste, singram-se os mares do Sul para descobrir seus mistérios.

Ora, se ainda restam alguns espaços vazios nos mapas dos geógrafos, o mais urgente é acabar com aqueles que subsistem no mapa da alma em vez de fincar uma bandeira em um pedaço de terra até então desconhecido. *Walden* convida à exploração e não hesita em insistir na metáfora – correndo o risco de exagerar em suas ambições: cada um deve se tornar o Cristóvão Colombo de si mesmo, explorar seus próprios continentes, navegar em seus próprios mares... Ele escreve: "Vale a pena dar a volta ao mundo para contar os gatos de Zanzibar?" Não, é melhor "explorar seu próprio mar"...

47

Construir as fundações no final. *Segundo exercício espiritual*: "Viver a vida que se imaginou." Em outras palavras, caminhar na direção de seus sonhos, e com confiança. Exorta-se, normalmente, a não tomar os desejos pela realidade e a fazer a realidade triunfar à custa da renúncia ao desejo. Nesse ponto, o filósofo propõe o inverso: não se preocupar com o real, obedecer a seus desejos e visar, assim, a criação de uma grande liberdade, uma liberdade superior, desconhecida, imediata.

Fiel a seu gosto pelas metáforas, Thoreau escreve: "Se você construiu castelos nos ares, seu trabalho não estará necessariamente perdido; é exatamente lá que eles devem estar. Agora, só falta colocar as fundações por baixo." Começar pelo fim, terminar pelo começo, defender o imaginário, colocar o real em segundo plano, esse é o antimétodo do filósofo. Se a metáfora é aceita, vê-se o castelo que flutua nos ares, como uma aparição romântica, e imagina-se o que pode querer dizer construir *em seguida* as fundações... Eis um elogio das ficções, dos produtos do imaginário, em forte ruptura com a tradição filosófica apreciadora das coisas razoáveis.

Fiel ao seu modo de expor mais por alegorias do que por meio de análise e dedução, Thoreau produz o efeito esperado. Compreendem-se, sem dúvida, o fabuloso e o mistério da situação, assim como o desejo de inverter os valores, mas, em lugar algum, e sobretudo não no parágrafo que se segue ao uso da metáfora, Thoreau dá detalhes desse procedimento, ainda que de um modo mitológico... Uma história tão abracadabrante teria sido bastante útil para explicar como fazer fundações do edifício já construído!

Todavia, uma leitura atenta, ou até mesmo ruminante, regular, isto é, transformar *Walden* em um livro de cabeceira, permitirá um dia colocar em perspectiva esse castelo na Espanha com um método para levar a cabo a fundição do concreto das fundações sob uma casa construída no ar... Trata-se de momentos durante os quais Thoreau incita cada um a escutar sua natureza: a natureza não pode fazer as coisas errado, ela tem sempre uma boa razão para conduzir alguém a um lugar e não a outro.

Tenhamos confiança naquilo que deve acontecer. Ouçamos nosso gênio; ainda que tenhamos a impressão de ir em direção a um impasse, existe uma saída e ela será boa. Ter confiança em seus sonhos é viver segundo sua imaginação, que é a correia de transmissão dos desígnios da natureza. Deixemo-nos levar, como juncos crescem de acordo com a natureza. Uma vez as coisas feitas, isto é, uma vez o castelo construído no ar, encontremos para ele suas fundações. Em outras palavras, expliquemos suas razões. Razões essas que não são outras senão que a natureza dispõe de um plano ao qual é preciso entregar-se com confiança – a doutrina da predestinação do protestantismo não está distante.

48

A vida sem penitência. *Terceiro exercício espiritual*: "Ame sua vida." Esse imperativo hedonista vai de encontro à lógica cristã, que nos aborrece com essa vida ruim por ser a consequência trágica do pecado original... Toda vida cristã é uma expiação, deve tornar-se um eterno vale de lágrimas, ao menos enquanto durar esse mundo trivial, antes da chegada do reino de Deus e do Juízo Final. Essa leitura trágica infunde o Novo Mundo americano saturado de puritanismo protestante.

Thoreau não acredita na fábula cristã. Várias vezes, em sua obra, toma cuidado de assinalar que acha deplorável a ideia do pecado e da culpa, da celebração do sofrimento e da doença como oportunidades dadas por Deus para se aproximar dele e buscar a salvação. Não gosta do culto dolorista e o coloca em perspectiva com a genealogia da caridade. Em poucas palavras, encerra o assunto de sua relação com o cristianismo: "Nossos costumes se corromperam no contato com os santos"...

É verdade que seu trabalho inclui elogios a Jesus, mas louva igualmente os méritos de Zoroastro. Dois sábios, portanto duas sabedorias, igualados, segundo Thoreau. Ele fala bem das Escrituras, certamente, mas tem por elas a mesma consideração que tem pelo *Bhagavad-Gita*. Lê os Evangelhos, mas, ao mesmo tempo, Homero ou Shakespeare, todos pertencentes ao mesmo registro intelectual. As fábulas cristãs – entre as quais ele coloca a Bíblia e Adão – equivalem aos mitos normandos. Yahvé ou Thor? É tudo igual...

Posteriormente, quando se engajar na causa abolicionista, Thoreau protestará violentamente, e com razão, contra a implicação da Igreja na manutenção da escravidão. *Defesa de John Brown* contém linhas extremamente severas sobre o conluio do cristianismo oficial com a política de repressão dos negros e, ao mesmo tempo, algumas páginas mais adiante, exortações a vincular a política ao que há de melhor no ensinamento do Novo Testamento: o amor ao próximo. O cristianismo não traz a verdade, ainda que verdades se achem disseminadas pelos escritos testamentários.

Em seu *Journal*, em novembro de 1858, Thoreau apresenta a Igreja como um bando de covardes; reduz a casta de pregadores a uma classe de afeminados que usam vestido – "seus pensamentos mais belos saem de suas saias", escreve; o concerto de suas vozes misturadas não supera em bravura e em alegria aquele das rãs nos *pântano*s. Nada a esperar dessa instituição, não mais que da Escola ou do Estado; a Religião não merece ser defendida. Todas essas máquinas matam a liberdade individual cujo exercício proporciona a maior de todas as alegrias. Ora, a Igreja execra a alegria...

Muitas vezes, como foi visto, Thoreau apresenta a referência à filosofia hinduísta. Porém, desde as primeiras linhas de *Walden*, ele fustiga a arte de fazer mal a si mesmo que as religiões tanto valorizam. E a ascese masoquista do brâmane lhe parece tão ridícula quanto o gosto das pessoas pela sujeição ao trabalho, por exemplo. Por que razão fazer mal a si mesmo? Ou não resistir quando alguém nos faz mal? Ou consentir ao mal que nos infligem? Expor-se à queimadura do sol indiano; pendurar-se de ponta-cabeça acima de uma fogueira; contemplar o céu por cima de seu ombro até que a ancilose torne-se definitiva; chegar a ponto de danificar o corpo e incapacitá-lo para o resto da vida; ficar em pé sobre uma coluna tal como um estilita; são práticas tão tolas quanto "penitenciar-se de mil formas diferentes" nos escritórios, nas fábricas, nas manufaturas ou em qualquer outro local de trabalho...

Amar a vida é, portanto, virar as costas às pulsões mortíferas de onde quer que venham. Amar a vida é ter autoconfiança, que é também confiança na natureza, pois essa confiança conduz à perfeição daquilo que é. Amar a vida é dar a cada um de seus instantes a densidade do diamante, querer o melhor e o máximo de serenidade e de alegria para cada momento de sua existência. Amar a vida é querer aquilo que é, pois aquilo que é deve ser, segundo o mecanismo imutável do cosmo ordenado na mais perfeita harmonia. Em *Self Reliance*, Emerson escrevia: "Não desejo expiar, mas viver." Thoreau poderia ter escrito essa frase.

49

A ascese existencial. *Quarto exercício espiritual*: "simplifique, simplifique". Imperativo categórico da ascese existencial de Thoreau. A experiência de *Walden* resume-se, de fato, a essa palavra repetida. Pois os vinte e seis meses perto do lago elevaram à quinta-essência a simplificação em tudo: moradia, roupas, alimentação, atividade. Somos esmagados pelo supérfluo, pela abundância e assim dilapidamos nosso tempo, nossa energia, nossa força. Perdemos nossa vida ganhando-a e somos escravos do que possuímos. O que possuímos nos possui. Aquilo que temos, aquilo que queremos, aquilo que desejamos guardar quando o temos, eis os entraves a ser. Ora, é preciso *ser*, não há nada além disso que seja verdadeiro. Daí a experiência de Walden.

Simplificar a moradia, portanto: a casa é pequena, três metros por quatro e meio, ou seja, treze metros quadrados para uma altura de dois metros e cinquenta. As tábuas provêm de uma antiga cabana que desabou nas proximidades. O terreno pertence a Emerson, que o empresta. Ela foi completamente construída pelo filósofo. Seguindo o princípio de que uma casa é como uma toca que serve de abrigo contra as intempéries, protege do frio e do eventual perigo de animais, a habitação visa à pura funcionalidade – o arquiteto Frank Lloyd Wright invocará Thoreau –, o ornamento é banido.

Thoreau recusa o arquiteto. Para quê? O indivíduo pode muito bem pensar, conceber e construir sua casa, sem pedir a um pretenso especialista para fazer o trabalho por ele. Ainda mais que, do projeto à sua realização, constata-se sempre um abismo. Vive-se a vida de outro? Não. Então não peçamos a um terceiro para fazer o trabalho que apenas o usuário deve poder levar a bom termo porque sabe o que quer e o que lhe é realmente necessário.

Os estudantes deveriam até construir suas casas: em vez de aprender a "praticar a vida", melhor fariam se a vivessem. E construir é viver. O aluguel é uma escravidão inegável e duradoura; a construção do próprio local de moradia evita que se passe a vida trabalhando para ganhar com o que pagar os aluguéis sem nunca ter acesso à propriedade, que nem é tão desejável por ser uma posse, mas em razão da tranquilidade, serenidade e liberdade que proporciona.

Simplificar as roupas: para que servem as vestimentas? Como em relação à casa, para proteger do vento, da chuva, do frio, para dissimular a nudez e para conservar o calor vital. Nada além disso. A moda é uma perversão ridícula da sociedade que não é ainda chamada de consumo, mas a ideia já está lá. Ela avaliza o domínio do supérfluo enquanto o filósofo contenta-se com o necessário. Thoreau escreve: "Em Paris, o macaco-mor coloca um boné de viagem e todos os macacos na América fazem o mesmo." Cada uma dessas facécias tem um custo exorbitante. Muitas pessoas vendem a alma ao diabo para aparecerem enfiadas em roupas da moda; trabalham para ganhar com o que pagar os meios de se sujeitar aos caprichos dos vendedores de tecido.

O homem dos bosques exalta os méritos das vestimentas simples, funcionais, úteis, duráveis e pouco custosas. Vestido com as cores da natureza, para evitar perturbá-la, Thoreau usa o tecido grosso dos camponeses e o corte prático. Quando um fio de arame farpado arranca um pedaço de sua calça, manda remendar o rasgo. Quando um calçado se desgasta, repara-o e não o troca – lembremos da visita de Thoreau ao sapateiro no dia em que o interpelam para conduzi-lo à prisão.

Como explicar que pessoas ofendam-se por causa de uma roupa puída, rasgada, remendada, ou ainda suja, e que essas mesmas pessoas manifestem menos animosidade contra aqueles cuja alma é puída, rasgada, remendada ou suja? Afastam-se do caçador que exala um odor de rato-almiscarado, fazendo cara de nojo, mas conversam sem incômodo aparente, até mesmo com prazer, com uma pessoa cujo espírito cheira a gambá. Seguir a moda é tomar-se por um cabideiro. Não há um destino melhor para um ser humano?

50

Abstêmio e vegetariano. *Simplificar a alimentação*: comer é restaurar as forças perdidas. Nutrir-se de forma simples e saudável, e que não seja cara, esse é o objetivo do filósofo. Pode-se cultivar o trigo em sua horta, ao lado dos legumes, fazer seu pão, assá-lo, pescar seu peixe, apanhar uma marmota e grelhar o produto de sua caça ou de sua pesca sobre o fogo feito com madeira recolhida diretamente do chão.

O açúcar é fabricado a partir da beterraba plantada na horta. Pode-se até mesmo ficar sem essa substância que não é indispensável. A natureza, generosa, oferece frutos, bagas. Os famosos mirtilos do filósofo. Basta colhê-los. Caça, pesca e tradição...

Um dia em que Thoreau quebra sem querer o recipiente em que guardava o fermento, ele amassa o pão sem tal substância. Assa-o, come-o e acha excelente. Desde então, já não há necessidade de fermento. A historieta lembra aquela de Diógenes jogando fora sua tigela depois de ter visto uma criança beber água na fonte com as mãos. Nada de inútil, nada de acessório, guerra ao supérfluo: apenas o necessário deve imperar.

A carne? Não necessariamente útil. Thoreau não faz do vegetarianismo uma religião – ele execra todos os comportamentos sectários e não se sujeitaria por muito tempo a uma ideia, pois tem mais apreço por sua liberdade do que pelos dogmas que entravariam sua autonomia. Visemos o vegetarianismo, mas sem rigidez doutrinal. Os estimulantes? Inúteis. A água, única bebida simples e natural, bastará. Nada de álcool, evidentemente, mas tampouco café ou chá. Para que servem os estimulantes?

Passa-se fome porque se aspira a produtos requintados e a alimentos de preços exorbitantes. Quem se contenta com água para matar a sede e legumes para saciar a fome é um homem sábio, pois livre, autônomo e independente. O historiador da filosofia poderá reconhecer aí uma das temáticas epicuristas: a ascese alimentar faz parte da ascese geral. Diga-me o que tu comes etc. Para o filósofo, tudo é filosofia. Morar, vestir-se, beber e comer podem ser atos filosóficos. A maioria honra essas obrigações naturais de maneira trivial porque o faz de modo artificial, mundano, conformista, consumista, mas sua satisfação de um modo filosófico é aberta a todos – ao menos aos filósofos que vivem seu pensamento...

51

Trabalhar apenas no dia do Senhor. *Simplificar a atividade*: se a maior parte dos homens conhece a miséria, a melancolia, a tristeza, a preocupação ou a angústia, é por não viver a vida adequada. Se a pessoa perde dinheiro em aluguéis ou se aspira a uma casa abarrotada de ninharias e de coisas inúteis; se se sujeita à moda desejando trocar o guarda-roupa a cada estação para dispor das roupas mais vistosas; se come *foie gras* acompanhado de um vinho *sauternes* de boa safra e se não deseja senão esse tipo de iguaria; então parece bastante provável que, escrava de todas essas sujeições, ela venha a conhecer a angústia das dores existenciais. Mas não cabe senão à infeliz pôr um fim a esse tipo de infelicidade.

Querer conseguir todas essas coisas inúteis e supérfluas obriga a trabalhar muito e a dedicar a maior parte de seu tempo a uma atividade assalariada. Daí o mal-estar. Com que se parece uma vida consumida no trabalho? O cristianismo ensina que devemos nos entregar ao labor – uma punição devida ao pecado original, não custa lembrar... – seis em cada sete dias e descansar no último dia. Thoreau propõe que se faça exatamente o contrário: dispor de tempo livre. Em outras palavras, de liberdade total para fazer aquilo que se queira seis em cada sete dias e trabalhar no sétimo dia. É possível, ele diz, se o trabalho for regulado de acordo com a produção dos bens de primeira necessidade. Trabalhar para produzir apenas o necessário. Eis como pôr fim à escravidão no escritório, na oficina, na fábrica...

"Desfrute a terra", escreve ele em *Walden*, "porém sem possuí-la": esse desfrutar corresponde àquilo que os antigos chamavam o *otium* [ócio] e que a civilização judaico-cristã suprimiu ao celebrar o trabalho como um mal necessário, visto seu caráter expiatório. Thoreau dá as costas aos valores modernos: o dinheiro, a riqueza, a propriedade, os bens, o comércio, o gasto, a técnica, o trabalho, a economia, o mercado. A vida filosófica encontra-se no extremo oposto da vida mutilada dos miseráveis que a passam celebrando esses falsos valores.

O *otium* thoreauviano supõe outros valores: a leitura, a caminhada, a meditação, a herborização – o que supõe a alegria, a serenidade, o prazer, o júbilo, a tranquilidade, a quietude, a calma, o bem-estar e todos os valores eudemonistas da filosofia antiga ou da sabedoria oriental. A religião propõe a salvação para uma vida após a morte; a filosofia, uma sabedoria na vida antes da morte. Uma vende além-mundos; a outra exorta a desfrutar desse mundo aqui e agora.

52

O otium moderno. *Primeiro momento desse* otium: *a observação da natureza.* O *Journal* está repleto de páginas nas quais Thoreau consigna suas observações da natureza, mas também suas reflexões em relação a esses momentos de especial júbilo. Embora a filosofia não esteja ausente desse registro, essa é a parte naturalista propriamente dita do pensador. Cientistas doutos reconstituem hoje em dia a fauna e a flora de seus livros, repertoriam o pormenor de suas observações para compará-los aos tratados de especialistas. O nenúfar de Walden é do gênero *"alba"* ou *"lutea"*? O que, efetivamente, muda tudo...

Sem dúvida, todas as plantas, todos os pássaros, todos os mamíferos, todas as flores, todas as águas, todos os gritos, todos os odores, todas as percepções, todas as sensações possíveis e imagináveis do biótopo de Walden estão ali. Na primeira metade do século XIX, quando Hegel trabalha em sua *Enciclopédia*, Thoreau elabora pacientemente a sua. O primeiro visa o universal; o segundo, o local. Afinal, o mais universal não é aquele que se pensa...

Segundo momento do otium: *a caminhada.* Thoreau colecionou milhares de quilômetros completados no local, em um perímetro extremamente restrito. Seu horizonte? Concord e arredores. Mas em profundidade. Alguns percorrem uma grande área, como uma raposa que cobre espaços imensos, mas em detrimento da profundidade; outros contentam-se com uma sondagem profunda de um mesmo lugar, sem nunca se afastar do território, como os javalis. Thoreau não fica fuçando, ele cava fundo e quer estabelecer o mapa total de seu espaço vital.

Para fazer isso, caminha sem parar. Até se dá ao luxo de teorizar essa atividade em um texto intitulado simplesmente *Caminhando*. Seu objetivo? Elevar a caminhada à classe das belas-artes, o que pouquíssimos seres são capazes de permitir... Quatro horas por dia é a média. Essa prática é verdadeiramente uma ascese. Ela entra, de modo incontestável, na lógica dos exercícios espirituais.

Para se convencer disso, basta tomar conhecimento do estado de espírito necessário à caminhada, segundo Thoreau: "Se você estiver pronto a deixar pai e mãe, irmão e irmã, mulheres, filhos e amigos para nunca mais voltar a vê-los; se você tiver pagado suas dívidas, redigido seu testamento e resolvido todos os seus negócios; se, enfim, você for um homem livre, então, você estará pronto para caminhar." Significa dizer que, em vista da gravidade de tais condições, a caminhada torna-se uma atividade altamente ontológica em que não há lugar para amadores...

Evidentemente, está fora de cogitação comparar-se aos que flanam nos jardins públicos e a outros que perambulam nas esplanadas nas cidades... Nem mesmo aos tolos que deambulam nas estradas: as estradas são feitas para os cavalos e os homens de negócios – hoje em dia diríamos para os carros e para os representantes comerciais. O caminhante, segundo Thoreau, segue seu instinto e faz pouco caso das demarcações do território feitas pelos homens. Ele avança fora das trilhas batidas, como não conformista que traça sua rota em direção ao oeste, pois o caminhante digno desse nome dispõe de um tipo de bússola que o conduz infalivelmente nessa direção.

Por quais razões? Porque caminhar em direção ao oeste significa deixar a velha Europa para trás, abandonar o oceano, esse traço de união com o passado, para contemplar o futuro. O povo americano deve recuperar seu tropismo de descobridor de novos continentes e de terras virgens. Ora, elas se encontram em direção ao oeste. O faroeste. O Oeste, Thoreau escreve, "é o berço da raça". Vamos para lá caminhando sem parar para realizar o destino americano. À grama, ao jardim e ao campo cultivado, o filósofo opõe o pântano e o bosque escuro, lugares de meditação por excelência.

53

Estar onde seu corpo está. *Terceiro momento do* otium*: a meditação.* Observar a natureza e caminhar são duas maneiras de voltar a estar no centro de si mesmo. Pois a civilização descentra-nos. Deitado no fundo de um barco sem fazer nada por horas a fio senão meditar; subir no alto de uma árvore e desfrutar do espetáculo sublime oferecido por essa nova perspectiva; sentar-se no topo de uma colina – mesmo sem incêndio... – e contemplar o espetáculo a seus pés; achar-se bem no meio de um arco-íris; fundir-se com a natureza ao observar o infinitamente pequeno no microscópio – o célebre combate das formigas em *Walden...* – ou o infinitamente grande da abóbada celeste; não conseguir se desvencilhar da magia do reflexo da lua sobre a superfície escura das águas da lagoa... Thoreau relata vários momentos desse tipo ao longo dos quais conhece "horas de êxtase", segundo a expressão de seu *Journal* (setembro de 1851). O ponto da sabedoria derradeira? "Estar ocupado sem ter nada para fazer."

54

Homero contra os jornais. *Quarto momento do* otium*: a leitura.* A meditação pode ser feita em contato direto com a natureza, mas também com os livros e a mediação dos grandes autores. Thoreau dá algumas patadas na literatura da época – a "literatura civilizada" – e lhe opõe a "literatura selvagem" ou a literatura eterna. Os grandes antigos nunca decepcionam: Homero, em especial – cujo exemplar que ele possuía lhe foi um dia furtado do interior de sua cabana... A mitologia ou as Escrituras concernem igualmente ao selvagem: nelas pode-se ouvir o sopro daquilo que ele chama de "pensamento selvagem" e que não se encontra nos livros ensinados na escola...

Leiamos os livros edificantes e não distrativos. A leitura não é uma atividade de diversão, mas um exercício espiritual. A mitologia e os gregos oferecem modelos existenciais. Homero vale pela nobreza de Aquiles e pelas virtudes aristocráticas, selvagens e ascéticas do herói. Os clássicos registraram os pensamentos mais nobres dos homens. Não há necessidade de lê-los em grego, ainda que seja preferível, pois as traduções podem convir. E Thoreau gostava de passar os textos na língua da Grécia àquela da América. É preciso montanhas de livros para escalar o céu.

Não há necessidade de grandes e pesadas bibliotecas burguesas, de livros em abundância classificados sobre prateleiras e estantes em todos os cômodos. A leitura mantém uma relação íntima com a meditação. Edificante, pratica-se no cotidiano. Menos de uma dezena de livros, mas livros bons, que lemos, relemos, retomamos e tentamos viver. Homero, Platão, Ésquilo, as mitologias de todos os países, isso é tudo...

Evidentemente, evitar-se-á, com todo cuidado, a leitura dos jornais. Sabe-se que Hegel faz deles sua prece matinal e cotidiana, enquanto Thoreau pratica uma de outro tipo: o banho na água fria no lago de Walden, qualquer que seja sua temperatura. Em todas as suas obras, Thoreau fustiga violentamente jornais e jornalistas, culpados de escrever o que aqueles que os pagam esperam que seja escrito. O jornalista formata o pensamento e a inteligência de um número considerável de pessoas. Emburrece e embrutece seus leitores ao puxá-los para baixo: *faits divers*, ausência de análise e de reflexão, fofocas mundanas, mexericos, rubrica de cães atropelados, doutrinação política. Nunca se encontra nada de interessante num jornal.

Tudo já aconteceu, então para que saber dos detalhes de um naufrágio, de um descarrilamento, de um assassinato, de uma armação política, de uma catástrofe ecológica? O conhecimento do princípio dispensa buscar sua multiplicidade de aplicações... Com um pouco de espírito seria possível, sem muita dificuldade, escrever o jornal do dia seguinte doze meses antes, ou até mesmo doze anos antes, de tanto que o princípio é a repetição do mesmo. O importante não é o que passa e envelhece, mas o que perdura e desafia o tempo.

Quando abordar o momento político, no fim da vida, Thoreau será tomado de violentas cóleras contra jornalistas e jornais, principalmente por causa de seu papel de correia de transmissão da ideologia escravagista do Estado. Leiamos algumas frases extraídas de *Slavery in Massachusetts* para mensurar sua radicalidade: "Provavelmente nenhum país jamais foi governado por tão medíocre classe de tiranos como são, com algumas nobres exceções, os redatores da imprensa periódica neste país. E, como vivem e reinam por seu servilismo, apelando ao mais baixo – e não ao melhor – da natureza humana, as pessoas que os leem estão na condição do cão que retorna a seu vômito." E, algumas linhas adiante, fala do *Boston Herald*: "Quando peguei esse jornal, depois de ter dobrado os punhos da minha camisa, ouvi o borbulhar do esgoto através de cada coluna. Senti que tinha em mãos um jornal recolhido da sarjeta, uma folha do evangelho da casa de jogos, dos cabarés e do bordel, respondendo em coro ao evangelho da bolsa de valores." Thoreau tem razão: um jornal e um jornalista funcionarão sempre seguindo o mesmo princípio e segundo a mesma lógica: fortes com os fracos, fracos com os fortes. Voltemos a Homero...

55

Castidade, pobreza, desobediência. *Quinto exercício espiritual: "faça para você um corpo perfeito".* Esse novo imperativo supõe evidentemente os precedentes. A moradia, a vestimenta, a alimentação, a caminhada, a observação da natureza, a meditação, eis as atividades destinadas a obter, manter e conservar o famoso "calor vital" físico, intelectual e moral. Sobriedade, frugalidade, simplicidade, austeridade; o conjunto visa produzir um corpo são, limpo, puro e uma alma impecável. O sábio não teme nem o frio nem o quente, nem o vento nem a chuva, nem a sede nem a fome, nem o tédio nem a inquietação, nem a melancolia nem a angústia, nem o medo nem o desespero, pois sabe quanto os meios de alcançar essa serenidade são simples, pouco custosos e acessíveis a qualquer um, desde que tenha o desejo, o anseio e a vontade.

A essa panóplia do perfeito sábio antigo, Thoreau acrescenta outra recomendação, que foi também feita por vários filósofos...: a castidade, a continência. Sabe-se que o homem dos bosques não perdeu muito de seu tempo nem de sua energia com as mulheres. Os biógrafos registram algumas tentativas de sedução, uma espécie de amor platônico pela sra. Emerson – filosoficamente, a mulher do pai... – e nenhuma presença feminina ao seu lado. Silêncio sobre sua mãe em toda sua obra – sobre seu pai também...

Sem mulher e sem filhos, não terá utilizado sua substância vital, esgotado sua energia profunda em atividades existencial e ontologicamente dispendiosas... A continência, pensa ele, permite economizar forças animais úteis para a inspiração e o exercício místico pagão da contemplação da natureza. O animal é tão mais poderoso em nós quanto nossa inteligência renuncia. Como acontece com muitos membros da corporação filosófica, a vida sexual de Thoreau parece ter sido um deserto.

56

Onã, o eco sexual. Um deserto, pelo menos quanto a um terceiro... Pois a ausência de parceiro não impede a libido, e a libido satisfeita de maneira autônoma e natural – as virtudes preferidas de nosso sábio... – existe há milênios. Perguntemos, de fato, a opinião de Onã. Portanto, a sexualidade de Thoreau teria se realizado apenas com seu melhor amigo, ou seja, ele mesmo... Apesar disso, não se encontram em nenhum de seus escritos confidências sobre a possibilidade desse tipo de sexualidade! Um breve texto não permitirá concluir, mas emitir uma hipótese relacionada a seu forte componente narcísico.

Thoreau, que se exprime por metáforas dispersas na obra, que responde a quinhentas páginas de distância a uma questão feita bem lá no início, e de forma figurada, que semeia pequenas pedras alegóricas, talvez tenha semeado essa aqui involuntariamente, impulsionado pelo inconsciente que aflora; falando dos ecos que a montanha lhe emite, ele escreve: "Esse tempo livre, essa diversão, essa generosidade da natureza, esse apelo ao que há de melhor em mim, alguém com quem eu podia falar." E mais adiante: "Dir-se-ia a voz de alguém que eu sonhava ouvir, com quem eu podia me unir. Como eu gostaria de permanecer lá o dia inteiro lançando apelos ao vento e ouvindo minhas palavras sendo repetidas!" E enfim: "Fico surpreso por não apreciarmos mais os ecos. Eles são as únicas vozes amigas que ouço" (*Journal*, fevereiro de 1853). Hipóteses...

57

A vida libertária. Para concluir, destaquemos a dimensão libertária de Thoreau, provavelmente o conceito que melhor condensa aquilo que ele foi, viveu, pensou, escreveu, ensinou mais profundamente em sua vida filosófica. Do discurso do estudante rebelde de Harvard aos últimos textos em favor de John Brown, passando pela experiência de Walden ou pelo breve encarceramento, sem esquecer os milhares de páginas do diário mantido dos seus vinte anos até sua morte, Henry David Thoreau foi um libertário emblemático. Lembremos o sentido da palavra "libertário": o termo data do fim do século XIX e é definido assim no dicionário *Grand Robert*: "Quem não admite, não reconhece nenhuma limitação da liberdade individual em matéria social e política." A definição parece ter sido criada para ele...

Daí o *sexto exercício espiritual*: "Viva livre e sem laços." Thoreau define muito claramente o tipo de relação que cada um deve ter consigo mesmo – o prazer da solidão; com os outros – a excelência da distância apropriada; com o mundo, exceto com a natureza – a indiferença: "Eu não correria até a esquina para ver o mundo virar fumaça", escreve ele em *Life Without Principles*...

A domesticidade irrita-o tanto entre os homens quanto entre os animais: um animal selvagem é feito para assim permanecer; é uma vergonha transformar um lobo em animal de companhia tanto quanto transformar um cordeiro em lobo... Pensemos em todas as situações nas quais os homens renunciaram à sua parte selvagem para consentir a domesticidade no trabalho, na família ou na pátria. Thoreau não quer saber de trabalho exceto aquele para produzir os bens necessários à vida simples; nada de família; nada de pátria se for para usurpar a liberdade individual.

A solidão é o gozo supremo. Não depender de nada nem de ninguém, fazer o que quer, quando quer, livremente, sem ter de prestar contas a ninguém. Viver a seu modo; inventar sua vida; permanecer inteiramente dono do emprego de seu tempo; manter relações com quem quiser, sem nenhuma obrigação; poder interrompê-las a qualquer momento segundo seu desejo; escutar sua natureza, obedecer a suas inclinações, consentir a vida que o habita; viver seus sonhos; partir, voltar, ficar, demorar, segundo sua disposição; não obedecer a ninguém, não comandar ninguém; fazer de sua vida uma obra de arte...

58

Dar o braço a um olmo. O filósofo ama mais os bosques que os homens; sua rudeza é lendária; sua rusticidade deixou traços. Thoreau se comporta com outrem de maneira áspera. O episódio de uma tirada (emprestada de Emerson, que a atribui a um amigo...) que resume o caráter do filósofo faz parte da lenda: o amigo em questão – versão Emerson, se não, e para outros biógrafos, o próprio Emerson... – diz: "Gosto muito do Henry, mas ele não me agrada muito; quanto a lhe dar o braço, eu preferiria pegar o de um olmo"... Eis as coisas claramente ditas e perfidamente relatadas pelo pai do transcendentalismo. A perfídia poderia bem ser dele, pois outras, atribuídas a seu "amigo", lhe são devidas; o elogio fúnebre que pronunciou contém ao menos uma salva de acidez.

Assim, à beira da sepultura aberta, próximo do caixão do filósofo, Emerson diz: "Havia em sua natureza algo de militar e irredutível, sempre viril, sempre apto, mas raramente terno, como se ele não se sentisse realmente si mesmo a não ser em oposição. Ele precisava de alguma mentira para denunciar, de alguma tolice para pôr no pelourinho, um arzinho de vitória, um rufar de tambores para desenvolver plenamente suas faculdades. Dizer não não lhe custava nada, e achava isso mais fácil do que dizer sim. Seu primeiro movimento instintivo ao ouvir uma proposição era refutá-la, tamanha era sua impaciência com o que habitualmente limita nossas ideias. Esse hábito, naturalmente, acaba por esfriar as afeições sociais e, embora, em última análise, quem o encontrava não o acusasse nem de malícia nem de insinceridade, havia algo que perturbava a conversa. Semelhante franqueza desencorajava qualquer relação afetuosa." Com amigos assim, Thoreau talvez não estivesse errado em ser tão misantropo, a menos que sua misantropia tenha-o impedido de ter amigos. Ou as duas coisas...

59

O homem ferido. Thoreau nunca fez mistério de sua aversão pela filantropia. A obrigação de amar o próximo como a si mesmo não combina com ele. Alguns – no caso, um universitário que fez carreira com a esquelética tese de um Narciso em Walden, abundantemente regada de psicanálise de botequim – diriam que ele se amava tanto que não havia espaço para nenhum sentimento dirigido a outrem, mas isso é ler mal o *Journal*, no qual escreve explicitamente: "Se há pessoas que me acham vaidoso, que pensam que me coloco acima dos outros e canto vitória, saibam que eu poderia contar uma história lastimável tanto sobre mim quanto sobre eles, se eu tivesse coragem suficiente para fazê-lo; a lista de minhas fraquezas é longa o bastante para encorajá-los, e eu poderia enumerar faltas tão repugnantes quanto as que mais ofenderam o céu; que saibam que penso mais mal de mim do que jamais poderão pensar, pois me conheço melhor do que eles me conhecem. Manterei o mais possível a compostura. Eu lhes contarei esse segredo, se eles não o disserem a ninguém" (fevereiro de 1852). E em *Walden*: "Jamais conheci, nem jamais conhecerei homem pior do que eu." Ninguém nunca saberá o segredo dessa detestação de si mesmo...

Não se amar, não gostar dos homens em geral, da humanidade como um todo, e preferir a natureza, o contato com os animais, as plantas e as árvores; isso tem menos a ver com o narcisismo do que com a dor de ser. Pudico em relação à natureza desse sofrimento, Thoreau dirá, não mais que Kierkegaard, o que foi essa "farpa na carne" que nunca cessou de lhe causar tormentos. Culpabilidade do masturbador, diriam os cérebros que têm um verniz de freudismo, verdadeiro pesar existencial, parece-me, que conduz esse homem às margens de sua infância, à beira da lagoa para onde convergem as águas de seus primeiros anos.

De fato, ele não ama os homens, porém, entre aqueles com quem não é indulgente, também está ele próprio, Henry David Thoreau. Eis o motivo pelo qual afirma, ironicamente, ter sacrificado *igualmente* o prazer de fazer o bem... Cínico também – mas ironia, cinismo e humor constituem o refúgio das almas feridas... –, conta como cedeu às boas almas que lhe pediam que praticasse a caridade e a bondade cuidando de famílias pobres e como as viu fugir assim que lhes fez o elogio da pobreza voluntária, convidando-as a viver como ele mesmo o fez por vinte e seis meses em sua cabana...

O cheiro do bem "é aquele de uma carniça humana e divina". Ele diz que, se tivesse de encontrar um homem que veio para fazer o bem em sua casa, tentaria escapar sem pestanejar a fim de evitar a contaminação. Fazer o bem? Para quê? Eis uma perspectiva ao alcance do primeiro cão terra-nova que aparece. Dado que, redobrando as sofistarias, Thoreau acrescenta que fazer o bem é fazer (o) mal. De fato, a pessoa que pratica a caridade mantém a injustiça do estado de coisas, entravando o surgimento da justiça. Dar esmolas é habituar o pobre a viver com dinheiro e torná-lo mais dependente da inutilidade... A pessoa caridosa mantém o sistema que é preciso suprimir. De sua parte, o filósofo não se ocupa dos galhos, mas das raízes: combate as causas da miséria e não seus efeitos. Daí o interesse de uma revolução espiritual, mas a inutilidade total de uma prática infestada de "moralina", para utilizar a expressão de Nietzsche.

Fanfarrão, Thoreau afirma, radical e definitivo, que, se devesse fazer um gesto para impedir a humanidade de perecer, nada faria, pois seu destino é levar uma vida filosófica – o que supõe indiferença para com o resto do mundo –, da qual nada o desviaria. Ver-se-á, em breve, como essas declarações tonitruantes de mata-mouros permanecerão letra morta, pois seus últimos anos dedicados à luta pela abolição da escravidão manifestam – e pouco importa o que ele pudesse pensar a esse respeito – uma filantropia graças à qual seu nome ocupa um lugar importante na história das ideias políticas.

60

A conversão do último Thoreau. Os transcendentalistas reivindicaram o direito de mudar de opinião. O que constituirá em Baudelaire, admirador de Emerson, o famoso "direito de se contradizer" reivindicado em *Mon coeur mis à nu* [*Meu coração desnudado*]. Deve-se, então, pensar que Thoreau muda de opinião quando esse oponente da filantropia, esse misantropo assumido, esse inimigo declarado do gênero humano que ele execra tanto quanto venera as árvores, os animais e as plantas, esse filósofo que leva o desapego do sábio até o ponto de desconsiderar inteiramente a aflição do guarda-florestal cuja floresta ele acaba de reduzir a cinzas, esse homem que não se perturba com nada, de tanto que a serenidade lhe parece o bem mais precioso, esse estoico que experimenta o pensamento de Sêneca na era das estradas de ferro, esse homem, pois, torna-se o líder mais feroz da luta antiescravagista? Como conjugar os dois extremos, a misantropia ontológica e a filantropia política?

Em *Defesa de John Brown*, Thoreau fala em "crime contra a humanidade" para caracterizar a ação governamental contra os escravos. Tolerar, aceitar, legalizar a sujeição de uma raça a serviço de outra parece-lhe inaceitável. Para justificar sua entrada em outro campo diferente daquele do trabalho da construção de si, Thoreau explica que, ao agir como age, o governo usurpa sua liberdade e que um feroz defensor de sua própria liberdade como ele sempre foi não pode tolerar semelhante declaração de guerra contra si.

Como o governo usurpa sua liberdade? Ao perseguir os escravos fugitivos, ao solicitar aos cidadãos que não os ajudassem e os denunciassem. Quem não denunciasse se tornaria cúmplice do crime e seria passível de ser levado aos tribunais. Thoreau não aceita isso: ajudou escravos a atravessar a fronteira com o Canadá, acolheu-os em sua cabana em Walden, e até mesmo reuniões de abolicionistas foram realizadas lá – e isso durante seu período teórico antifilantrópico! De repente, parece-lhe ser a gota d'água e ele entra na arena política.

As coisas não mudaram de repente, assim, de uma só vez. Já na casa de seus pais eram realizadas reuniões de abolicionistas. Que ele tome como pretexto um fato – a saber, o caso Anthony Burns – para afirmar que, brutalmente, já não pode desfrutar do espetáculo da natureza, meditar, caminhar, pensar, que a perturbação impede-o de se dedicar doravante ao que foi a verdade de trinta anos de uma vida de quarenta, isso é surpreendente...

Parece-me que a brusquidão da interrupção da experiência de Walden e as duas linhas que, no livro, especificam que o segundo ano foi semelhante ao primeiro, sem que seja necessário acrescentar nada, mostram que Thoreau não quer tornar-se prisioneiro de nada nem de ninguém, nem de si mesmo! Daí sua arte de mudar, de improvisar sua vida, de escutar sua natureza, de obedecer a seus impulsos: o motor do libertário. Como o protestantismo e o transcendentalismo exortam a essa "autoconfiança" ao convidar a submeter-se àquilo que o instinto nos manda fazer, Thoreau abre uma nova página em sua vida a fim de escrever um novo texto.

A tuberculose, infelizmente, não nos permitirá ver a realização completa desse segundo momento na vida do filósofo: menos egotista, mais comunitário, menos solipsista, mais coletivo, unia o homem dos bosques ao homem das prisões, constituía a admirável figura de um ser que é autor tanto de *Walden* quanto de *A desobediência civil*, dois livros maiores na história da filosofia, um fazendo pensar nos *Ensaios* de Montaigne, o outro, no *Discurso sobre a servidão voluntária* de seu amigo La Boétie. Porém, mesmo inacabado, esse período intelectual é grandioso. O pensamento existencial libertário é acompanhado de um pensamento político libertário. Thoreau mostra como o indivíduo é a medida do ideal, verdade a construir e, em seguida, conta como essa subjetividade pode instalar-se entre os homens: do lado da verdade, portanto da justiça. Ou: da justiça, portanto da verdade. A mesma verdade que aquela de Walden.

61

Um pensamento político maior. Os grandes textos políticos são, com frequência, curtos: *O príncipe* de Maquiavel, o *Discurso sobre a servidão voluntária* de La Boétie, o *Manifesto do partido comunista* de Marx. *A desobediência civil* não foge à regra: cerca de quarenta páginas... O livro é publicado em 1849 e mostra uma consciência política anterior à experiência da floresta. A conversão não é, portanto, para Thoreau, a oportunidade de uma segunda vida que não teria nada a ver com a primeira – do tipo conversão de um ateu a uma ordem monástica –, mas aquela de uma mudança do foco para uma nova preocupação que, no entanto, já o habitava havia muito tempo. Uma mudança de prioridade, a passagem, ao primeiro plano, de uma preocupação que já existia, certamente, mas em segundo plano. Conversão conjuntural, portanto, e não estrutural.

Os casos Burns e Brown ocasionam essa mudança de perspectiva. *Defesa de John Brown* (outubro de 1859), depois *The Last Days of John Brown* (1860) e, enfim, *Remarks after the Hanging of John Brown* (dezembro de 1860) lembram o episódio da prisão contado em *Walden* (1854) e em *A desobediência civil* (1849). Assim, o oponente da filantropia, o misantropo assumido se parece mais com um homem que vive na dor de estar no mundo com outrem do que em uma repulsa visceral e radical daquilo que acontece a seu próximo. Quando para de caminhar, Thoreau milita, no sentido nobre do termo.

Eis, basicamente, o pensamento político de Thoreau. O melhor governo é aquele que governa o menos possível e deixa os cidadãos viverem como quiserem. Os governos exercem seu poder não porque são legítimos, mas porque dispõem do monopólio da coerção legal: a polícia, o exército, a prisão, a caserna. O respeito à lei vem depois daquilo que nossa consciência nos dita: antes de tudo, somos homens; em seguida, cidadãos. Tornamo-nos cúmplices da injustiça sempre que não a denunciamos ou não lutamos por sua abolição; não impedi-la significa ser tão responsável e culpado quanto aquele que a comete. O Estado considera inimigo quem pensa, reflete e julga antes de obedecer. Não existe nenhuma boa razão para pactuar com um governo que defende a escravidão. As petições são uma boa coisa, mas a insubmissão cívica é melhor: não pagar os impostos é uma excelente maneira de exprimir sua discordância, pois a cobrança desse dinheiro é o único modo sob o qual o Estado nos aparece. Devem-se transgredir as leis injustas; a ação de um indivíduo é o melhor dos contrapoderes em face de um governo iníquo; não se espera que ninguém faça tudo sozinho, mas deve-se ao menos fazer alguma coisa. A minoria é incontornável quando pratica a obstrução; como o Estado não pode encarcerar todos os cidadãos refratários, necessariamente cederá. Uma vez que o Estado abdica da luta, "a revolução está completa"...

62

A radicalidade militante. Nessa época, Thoreau fala em "revolução pacífica". Seu discurso sofre uma nítida inflexão quando aborda o problema de John Brown, pois, naquele momento, o filósofo justifica o recurso às armas, legitima a violência e chega a dar seu aval ao assassinato político. Em *Defesa de John Brown*, Thoreau de fato escreve: "Não desejo nem matar nem ser morto, mas posso imaginar que chegará um momento em que ambas as coisas serão inevitáveis. É por atos de violência cotidianos que salvaguardamos a pretensa paz reinante na comunidade. Basta olhar para o cassetete e as algemas do policial"...

E, mais adiante, elogia os méritos de John Brown, que se tornou sob sua pena uma figura heroica – "um anjo de luz", um novo Cristo, um transcendentalista por excelência... Em seguida, justifica as maquinações violentas da dúzia de amigos que combatem com ele, principalmente o assassinato de cinco colonos escravagistas desarmados... Enfim, o filósofo que deixou para trás a concentração em sua mera pessoa, conclui: "ao nos ensinar a morrer, esses homens nos ensinaram ao mesmo tempo a viver".

Estamos distante do contemplador do camundongo que escala sua roupa – ou, nas palavras de Emerson, da cobra que se enrola ao longo de sua perna... –, que medita ao observar combates de formigas ou ao ver surgir da mesa um verme que esperara pacientemente dezenas de anos, aninhado no buraco da tábua da mesa, antes de se exibir sob a luz do sol de Concord. O vegetariano que recusa substâncias excitantes escreve páginas inflamadas e defende um homem que afirma suas ideias de armas em punho. Eis o filósofo da natureza agora guerrilheiro e herói intelectual da luta contra a escravidão.

63

Thoreau, anarquista? Seria o caso então de alistá-lo nas fileiras do exército anarquista? Os historiadores dessa corrente política não hesitam e o integram aos grandes nomes dessa tendência, entre Proudhon e Bakunin, seus contemporâneos. Ora, não existe nele nenhum projeto de sociedade igualitária, comunitária ou comunista. Ele não crê na revolução social, menos ainda na socialista, e convoca, antes, a uma revolução espiritual. Em nenhum lugar esboça uma sociedade ideal. Sua preocupação jamais foi a comunidade. Permanece um individualista obcecado.

Ele próprio declara que não milita pela abolição do Estado. Se ele se acha encarcerado, é explicitamente por protestar contra a política escravagista do governo. Além disso, admite pagar as taxas para a manutenção das vias públicas, como todo bom cidadão e como o bom vizinho que pretende ser. Em *A desobediência civil,* chega a afirmar que procura ocasiões de se conformar às leis do Estado. O mesmo rebelde faz em outro lugar de seu texto o elogio da Constituição, das leis, dos tribunais, do Estado e até do governo. O que, convenhamos, esboça o retrato de um estranho anarquista. Em conclusão, Thoreau confessa sua aspiração: "Um Estado ainda mais perfeito e glorioso." É anarquista, realmente, o homem que visa à perfeição e à glória do Estado?

Thoreau não é um anarquista porque é libertário: o primeiro crê nos ideais progressistas do século XIX; comunga na religião otimista do homem naturalmente bom que uma nova sociedade tornaria culturalmente superior; imagina que uma revolução social induzirá automaticamente uma revolução espiritual; crê na possibilidade do paraíso sobre a Terra e na erradicação de toda negatividade graças à magia de uma nova ordem econômica; pensa que um dia o exército, a prisão, a polícia, a autoridade, a ordem, a disciplina, a hierarquia, o trabalho, o salariado, a exploração e o racismo desaparecerão como num passe de mágica de uma súbita revolução popular, fraterna e generosa...

O segundo não segue esse ideal infantil. O libertário Thoreau tem os pés no chão, não sonha, conhece o real; passou três quartos de sua vida a examiná-lo com uma lupa. O libertário não coloca nada acima de sua liberdade: em Walden, ele vive sem coerções e organizou para si a vida adequada. Em seu combate pelo capitão John Brown, age segundo os mesmos princípios: não quer que o Estado faça dele um colaborador de suas maquinações iníquas. Assim, toma partido dos rebeldes.

Sua aversão ao Estado não é visceral, radical e catequética ou questão de dogma, como entre os anarquistas; ele combate o Estado se, e somente se, este se coloca no meio de seu caminho, impedindo a expansão de sua liberdade – como no caso da incitação a denunciar os escravos fugitivos. Sua luta é *conjuntural*, e não *estrutural*, como para os anarquistas, tão próximos nesse aspecto (será que eles se dão conta disso?) dos liberais. Essa luta conjuntural define a especificidade do libertário e marca a diferença em relação ao anarquista.

64

Uma derradeira alegoria. Thoreau, como se sabe, gostava de exprimir-se por imagens, símbolos, alegorias e parábolas. Ele, que celebra a casinha à beira do lago, fala também de outra casa, com a qual sonha; ela poderia funcionar como a estrutura de uma organização societária e comunitária ideal... Seu casebre de treze metros quadrados pode acolher apenas ele mesmo e dois ou três amigos. Porém ele se deixa levar pelo sonho de um tipo de casa primitiva, construída em uma era dourada, e que bem poderia ser local de uma utopia possível...

Essa casa seria, portanto, maior e mais povoada que sua cabana – que alívio!... Seria feita de materiais sólidos, e a ornamentação e o floreado não teriam vez. Teria apenas um cômodo, amplo. Essa sala primitiva, rude e sólida não teria teto nem estuque. O madeirame estaria descoberto e sustentaria uma "espécie de céu" em cima do topo a fim de proteger das intempéries. Profunda como uma caverna, para ver o telhado seria preciso entrar com uma tocha na ponta de uma vara.

Nessa casa, alguns viveriam junto à lareira, outros, no vão de uma janela ou em bancos. Estes se encontrariam em um lado da sala, aqueles, no outro extremo. Se alguém desejasse viver como uma aranha, poderia viver sobre o madeirame se isso lhe apetecesse... As pessoas viriam quando quisessem, seja porque estariam cansadas e desejariam repousar, seja para lavar-se, comer, dormir, conversar. Um abrigo para todos. Os objetos estariam pendurados em ganchos, visíveis. Todos poderiam utilizá-los de acordo com sua necessidade. Esse aposento único seria ao mesmo tempo cozinha, escritório, sala, quarto, depósito e sótão. A lareira aqueceria o viajante; o forno assaria o pão que perfumaria o cômodo; um ragu ferveria no caldeirão. Nessa casa, tudo é visível, claro, transparente. Ninguém esconde nada de ninguém. Podem-se visitar todos os recantos. Normalmente, a hospitalidade consiste em fechar seu hóspede em um aposento reservado para esse fim e interditar-lhe todo o restante da casa. Lá, tudo seria de todos e cada um poderia ir e vir à vontade, segundo seu capricho. Thoreau, com suas velhas roupas remendadas, poderia encontrar um rei ou uma rainha que ali viveriam com toda simplicidade...

Não seria esse o local de uma comunidade ideal, de uma utopia que se organizaria segundo as virtudes pregadas e encarnadas por Thoreau: simplicidade, austeridade, funcionalidade, verdade, autenticidade, frugalidade, sobriedade, sinceridade? Às quais se poderiam acrescentar: felicidade, liberdade, alegria, quietude, bem-estar. A casa ideal primitiva como metáfora do político: um tipo de sociedade natural, aquela anterior à idade do ferro que se encerra conosco, desagregada, pulverizada, decomposta. Não há dúvida de que em semelhante local, em tal dispositivo hedonista, cada um poderia ser "o senhor de seu reino".

II

SCHOPENHAUER

e "a vida feliz"

1

A corte dos Milagres. Sabe-se – mais precisamente desde que Nietzsche estabeleceu a teoria no Prefácio de *A gaia ciência* – que a filosofia de um autor sempre se confunde com sua autobiografia; ela remete a incapacidades, forças, carências e riquezas, apoia-se também em emoções de infância e em toda uma série de causalidades obscuras e misteriosas a partir das quais um ser constitui-se tal como é.

Com Schopenhauer, porém, essa hipótese mostra-se mais acertada do que com qualquer outro autor: seu pensamento trágico parece uma confissão de suas dores pessoais, uma tentativa de sublimar sofrimentos existenciais e um esforço de transformar suas aflições de criança e de adolescente, se não suas dificuldades de jovem adulto, em pensamento coerente e em sistema filosófico. Com o caos dos anos de sofrimento ele compõe uma visão de mundo que se apresenta como uma obra de arte, um tipo de ópera romântica com um baixo contínuo e um emaranhado de *leitmotiven* – muito antes de *O anel dos nibelungos*, do schopenhaueriano Richard Wagner...

Na biografia de Arthur Schopenhauer – o filósofo classicamente chamado "do pessimismo" – encontra-se, de fato, uma família patogênica com, do lado paterno, dois tios internados, uma avó louca, um pai depressivo que alterna períodos de violência inexplicáveis com longos períodos de mutismo autista, durante os quais não reconhece ninguém. O genitor de Arthur é um ser angustiado, com tendências suicidas que são consumadas. Schopenhauer escreverá frequentemente – um de seus inúmeros *leitmotiven*... – que o pai transmite o caráter contra o qual nada se pode fazer... Ou: como tornar-se um pensador trágico.

A esse tema recorrente da origem hereditária, acrescenta que a mãe transmite o intelecto. Johanna foi uma esposa medíocre, uma mãe ruim, uma mulher histérica, agressiva e colérica, terrivelmente fútil, mundana. Sua irmã mais nova será tentada mais de uma vez pelo suicídio; viverá toda sua existência sob as saias da mãe, sem marido, sem amores, sem filhos, sem família, feia e rejeitada por todos. Ou: como tornar-se um filósofo misógino.

Tendo começado mal na existência, mal-amado, portanto mal amante, Schopenhauer faz-se notar por seus professores, seus próximos e seus colegas ao desempenhar, mais do que seria desejável, o papel do personagem detestável: rabugento, agressivo, cínico, irônico, peremptório, defensor dos fracos e oprimidos e inclinado a dar lições. Amou mulheres que não o amaram; acostumou-se às conquistas fáceis, às criadas, às camareiras, às semimundanas e às atrizes ligeiras. A universidade não lhe festejou, ao passo que celebrava Hegel mais do que seria razoável. Ou: como tornar-se um resmungão misantropo.

O trágico, a misoginia e a misantropia de um ser não são suficientes para fazer um filósofo desse calibre. Para isso, é preciso outras operações existenciais misteriosas cujo segredo até o momento nada nem ninguém consegue penetrar. Pode-se, contudo, observar o modo pelo qual Schopenhauer fabrica sua teoria como uma máquina de guerra para viver com esses demônios e tentar fazer algo daquilo que tentaram fazer dele – definição sartriana da construção de uma identidade.

A filosofia de Schopenhauer propõe uma visão de mundo pessimista que irradia de uma escuridão magnífica o grosso volume intitulado *O mundo como vontade e representação*. Porém, o que é mais raramente dito, ela é composta igualmente de uma luminosidade que transpassa essa escuridão e impede que a negatividade tome conta de tudo. A leitura dos *Aforismos para a sabedoria de vida*, uma parte importante dos *Parerga e Paralipomena*, outro livro volumoso, assim como de um texto desconhecido e singularmente negligenciado, *A arte de ser feliz*, atestam isso... A obra compõe-se, portanto, de dois momentos, e seria prejudicial dissociá-los, pois esses dois momentos permitem ao filósofo pensar um mundo (trágico) e também viver uma vida (feliz).

2

Arthur, o cosmopolita. Arthur Schopenhauer nasce em Dantzig em 22 de fevereiro de 1788, ano em que é publicada a *Crítica da razão prática* de Kant. O pai, Heinrich Floris, é atacadista, a mãe descende de uma família de magistrados renomados. Vinte anos separam o marido de sua jovem esposa, que tem dezoito anos na época do casamento. Um casamento que não é por amor. Johanna pretende aproveitar sua situação de esposa para levar uma vida de burguesa mundana facilitada pela fortuna acumulada por Heinrich Floris.

O pai planeja o nascimento do filho em Londres, onde, acredita, a carreira do comércio é facilitada pela nacionalidade inglesa. O casal parte, então, para a capital. A futura mãe alegra-se com o que apimenta um pouco sua existência monótona à sombra dos armazéns. Heinrich Floris parece suportar mal o clima de Londres e sua perpétua neblina que o deprime. Pode-se vê-lo no cais do porto experimentar uma poltrona sustentada por cabos, antes de convidar sua mulher para se instalar nela a fim de içá-la para o barco que os levará para o outro lado da Mancha. Todo o mundo zomba dele, inclusive sua mulher.

O comerciante lera Rousseau e queria fazer do filho um cidadão do mundo. Nessa perspectiva, chama-o de Arthur porque esse nome pronuncia-se mais ou menos do mesmo modo na maior parte das línguas da Europa. A preocupação com o passaporte inglês e o nascimento sob os auspícios cosmopolitas não enganam: Heinrich Floris destina Arthur aos negócios da família. Não há necessidade, portanto, de longos estudos inúteis. Basta o primário. Schopenhauer assentiu à vontade do pai.

Em 1797, ele tem dez anos quando uma irmã chamada Adèle chega à casa. Naquele ano, ele viaja com o pai a Paris e ao Havre, onde fica sozinho por dois anos como pensionista. A família que o hospeda cerca-o de afeição, ele cria laços de amizade com o menino da casa, aprende francês rapidamente, esquece o alemão, escreve aos pais e depois retorna a Hamburgo, para a casa da família, onde, aos doze anos, descobre a irmã...

Na falta de escola secundária, a educação passa por uma viagem pela Europa. Com quinze anos de idade, o rapaz está na estrada com os pais e a irmã: Alemanha, Holanda, Inglaterra, França, Silésia, Suíça e Áustria. Ele começa um *Diário de viagem* no qual mostra uma bela capacidade de observar o mundo e de descrevê-lo. No fim do caderno, inventa o guia gastronômico e faz avaliações acerca dos albergues em que sua família hospedou-se. Sua prosa simples vai direto ao ponto. Ela será a mesma em sua obra filosófica: eficaz, elegante, direta.

3

Enforcados, surdos e mudos. Em seu *Diário de viagem*, Schopenhauer não se contenta em fazer anotações sobre os albergues ou contar o cotidiano de cada deslocamento em detalhes. Ele conta como é tomado pelo sublime durante a visita ao Hôtel de Ville, em Paris, os espetáculos a que assiste: pela manhã, assiste ao enforcamento de três homens; à noite, a um espetáculo de ventriloquia. Em outra parte, fala de um zoológico e de um jardim botânico. Em Amsterdam, em uma loja de porcelanas, depara com uma imagem de Buda, que faz sorrir quem o vê, diz ele, ainda que esteja de mau humor. No Louvre, vê a tapeçaria da rainha Matilde; considera-a mal executada e conclui que é autêntica. Na Ópera, nota Bonaparte na sala.

Sébastien Mercier, o autor do *Tableau de Paris* [Retrato de Paris], serve de guia à sua família na capital francesa. O rapaz está entre os espectadores quando as tropas são passadas em revista nas Tulherias; no dia seguinte, encontra Bonaparte no teatro uma segunda vez. No Instituto de Surdos-Mudos, assiste a uma aula pública do abade Sicard e descreve em seu jornal o método que permite ao padre ensinar a comunicação por gestos. Na Suíça, vai ao Instituto Pestalozzi e estuda atentamente o novo modo pedagógico de aprender sem a ajuda da memória. Em Viena, interessa-se pelas gemas do gabinete de mineralogia do imperador; depois, de lá vai às salas onde estão as coleções de animais. Na cidade de Mozart, considera ruim uma representação de *A flauta mágica...*

Em todas as cidades, visita os monumentos, vai aos museus, aos espetáculos: o adolescente constrói então sua visão de mundo. Nada em seu diário deixa transpirar dor, sofrimento ou tédio. Não há nada que mostrasse algum desentendimento entre o pai e a mãe, ausente de suas anotações – uma vez ela está doente e ele sai com o pai pela cidade. Naquele período de sua vida – quinze anos –, acumula conhecimentos que serão reunidos em *O mundo como vontade e representação*: a música e o teatro, a arquitetura e a pintura, o *Laocoonte* e Rafael, a mineralogia e as ciências naturais, Mozart e Rossini. E sempre sem nenhum traço de melancolia.

Dois momentos são igualmente importantes na formação intelectual e espiritual de Schopenhauer: a visita às galés de Toulon, onde se amontoavam seis mil condenados, e a escalada de alguns picos dos Alpes. Pois daí extrairá duas metáforas vivas para seu pensamento: aquela da miséria da condição humana e da necessária piedade; aquela da altitude, dos cumes e do sublime consolador oferecido pelo espetáculo da natureza. O sublime como remédio para a miséria, opção romântica ideal.

4

Galerianos e geleiras. Nos *Pensamentos*, Pascal fazia uso de uma imagem violenta e eloquente para narrar a miséria do homem sem Deus: homens acorrentados condenados à morte viam a cada dia um carcereiro retirar um deles para degolá-lo à vista de todos; depois partia e retornava no dia seguinte para cortar a de outro, ao acaso... Cada um deles vê seus companheiros de infortúnio com dor e sem esperança, aguardando sua vez que não deixará de chegar. Essa é, diz Pascal, a condição humana.

Schopenhauer, esse Pascal sem Deus, visita o arsenal onde os condenados são forçados aos trabalhos mais penosos. Os barcos desativados nos quais trabalham equivalem à prisão ou calabouço pascaliano: repugnantes de tanta imundície, as galés não oferecem ao infeliz senão uma tábua de infortúnio que lhe serve de assento para remar, dormir ou comer uma ração asquerosa. Acorrentados uns aos outros, correntes nos pés, tratados como burros de carga, pagam ali uma pena de um quarto de século sem esperança de abrandamento das condições de detenção. Apenas a morte os liberta. O sofrimento, a dor e a morte como libertação: eis uma síntese daquilo que espera os homens desde sempre e para sempre...

Por outro lado, Schopenhauer relata alguns passeios nas montanhas, escaladas, espetáculos magníficos quando se chega ao cume das montanhas, e o estado de beatitude no qual se encontra o caminhante liberto de si mesmo, cansado, certamente, mas inteiro ao desfrutar do espetáculo de um vale, de um céu puro, de um pôr do sol, de uma cadeia de montanhas percebida ao longe. Inúmeras cenas vividas no caminho que leva ao alto das montanhas marcam seu espírito: cascatas que se precipitam em riachos, reflexos das montanhas sobre a superfície lisa da água de um lago, torrente que jorra dos rochedos, ravinas sem fundo e cascatas escumantes, cumes perdidos nas nuvens, cimos nevados, caminhos escarpados ladeando precipícios, florestas de pinheiros negros vislumbradas mais abaixo, neve sobre os picos, estrondo de cataratas, luzes dos arco-íris, fusão da neve, fissuras das geleiras, neves perpétuas, branco azulado do gelo, montículos deixados pelas avalanches, riachos de gelo derretido, vales sob a luz do luar, céu coberto de estrelas, montanhas transformadas em muralhas que, à noite, escondem metade do firmamento, sem falar na qualidade do silêncio...

Em julho de 1796, Hegel também experimentara o sublime das montanhas e relatara suas impressões em um *Diário de uma viagem nos Alpes berneses*. O exercício podia ser apenas a prática do turismo, cujo início data dessa época, mas também a experiência filosófica do sublime. A montanha aparece como o lugar da pureza preservada, a anticivilização. Lugar da simplicidade, da verdade, da autenticidade. Esse pensamento desembocará em uma interpretação da montanha que, via Martin Heidegger de *Caminho do campo* e o nacional-socialismo, confiscará o imaginário montanhês para finalidades *políticas*.

Schopenhauer, por sua vez, serve-se da montanha como *romântico* fascinado pelo sublime. Experimenta esse período de sua existência como um momento de graça: sem saber, vive os melhores anos de sua vida. Seu *Diário de viagem* não apresenta nenhum traço de pessimismo. Seu encontro com as montanhas lhe fornece as sensações com as quais produzirá mais tarde sua teoria da contemplação estética, principalmente do sublime, como consolação à miséria dos homens no mundo. A geleira como antídoto às galés.

5

A promessa penosa. A viagem acaba; durou quase um ano e meio, de 3 de maio de 1803 a 25 de agosto de 1804. Schopenhauer, portanto, aprendeu no grande livro do mundo, o que vale tanto quanto as balelas repetidas nas escolas, se não mais... Aprendeu línguas e lerá no original os textos, desprezando os tradutores e os intermediários – para não falar das glosas universitárias! –, dos autores que o marcam: Shakespeare, Gracián, Helvétius, Chamfort... Viu pinturas dos mestres nos maiores museus europeus. Assistiu a espetáculos: teatro clássico e peças de bulevar, concertos e óperas. Mediu-se fisicamente com as grandes arquiteturas das capitais das velhas nações. Viu a diversidade dos povos e dos costumes, observou sua relatividade ao atravessar os países. Testemunhou a miséria de seu tempo: enforcamentos em Londres, galés em Toulon, pobreza em Bordeaux. Ei-lo então conhecedor do mundo, do melhor assim como do pior. De volta a Hamburgo, ele tem quinze anos.

Terminadas as férias, o trabalho volta a se impor. Heinrich Floris deseja que o filho, agora consciente do verdadeiro movimento do mundo, comece a trabalhar e entre como aprendiz no negócio de um de seus colegas comerciantes atacadistas. Arthur prometeu ao pai que abraçaria a carreira do comércio, mas sem esclarecer que seria contra a sua vontade: em seu íntimo, Schopenhauer gostaria de enveredar pelos estudos científicos. O pai escolheu. A mãe dirá mais tarde que sua opinião não era levada em consideração e que o destino dos negócios, reservado ao filho, era uma decisão tomada apenas pelo chefe da família.

O pai cobre-o de recomendações e enche a correspondência que troca com o filho de conselhos para tornar-se um bom comerciante. Schopenhauer dissimula livros entre seus cadernos de contabilidade e prefere a companhia dos autores antigos à de seu patrão e seus empregados. Sob falsos pretextos, ausenta-se da manufatura para seguir as aulas de frenologia de Gall. A fisiognomonia interessa-o há muito tempo. Em seu *Diário de viagem*, anota que o fácies dos condenados às galés oferecia uma excelente base de dados para uma análise morfopsicológica...

Deveria surpreender que, nessa época, obrigado por uma promessa feita contra sua vontade, Schopenhauer manifeste os primeiros sinais de desgosto pela existência? De fato, como viver em harmonia e em paz consigo mesmo, com os outros e com o mundo quando seu sonho é penetrar os mistérios da natureza e é obrigado a passar a vida com o nariz enfiado nos cadernos de contabilidade, tentando ganhar o máximo de dinheiro possível vendendo de tudo? Que adolescente – Schopenhauer tem dezesseis anos – pode sentir-se bem consigo mesmo quando se vê obrigado a uma carreira que execra e imagina que assim será pelo resto de sua existência? Essa promessa penosa, feita de obediência ao pai e de renúncia a si, coloca a vida sob auspícios sinistros...

Por volta da idade de dezessete anos, ele confidencia que compreendeu, como Buda, que a miséria, a doença, o sofrimento, a velhice e a morte constituem a essência de toda existência e que por trás dessas verdades cruéis e trágicas seria inconcebível a existência de um Deus bom ou de um Deus *tout court*... Schopenhauer fala claramente da religião cristã como uma mitologia, um amontoado de fábulas e de falsidades, depois se enfurece contra os "dogmas judeus", isto é, a visão judaico-cristã do mundo.

6

A fortuna de um suicídio. Um drama vai libertá-lo de sua promessa: ele deverá sua liberdade recuperada, e a possibilidade de um verdadeiro futuro de acordo com sua escolha, ao suicídio do pai, encontrado morto por afogamento no canal que passa atrás de seus entrepostos. Naquele 20 de abril de 1805, àquela hora matutina do dia, Heinrich Floris não tem nenhuma razão para estar no local onde seu corpo foi achado. Nada é dito no momento; a coisa toda virá à tona sob forma de recriminações feitas à mãe: o pai, de fato, voluntariamente pôs fim a seus dias. O filho entra na vida real ao alto custo da morte do pai. Culpabilidade garantida...

Havia algum tempo Heinrich Floris acumulava sinais inquietantes: uma séria icterícia que se arrasta, contas no vermelho desde o retorno da viagem pela Europa, a recrudescência dos períodos depressivos, um declínio fisiológico evidente, longos períodos de prostração numa poltrona durante os quais não reconhece as pessoas, sem falar da vacuidade de seu casamento, a passagem da barreira dos cinquenta e cinco anos parece difícil.

Enquanto isso, sua mulher, Johanna, continua a levar uma vida mundana, como se nada estivesse acontecendo. Enquanto o pai afunda-se progressivamente, decompõe-se e encaminha-se lenta mas certamente para a saída, ela dá festas e diverte-se, enquanto, no cômodo vizinho, alguém se ocupa dos sofrimentos do velho prematuro. Schopenhauer jamais perdoará a mãe pela indignidade de seu comportamento naquela época. O pai morre quando o filho acaba de fazer dezoito anos.

Muito antes da morte do marido, Johanna tomava o filho por testemunha em cartas nas quais, a despeito de sua idade e de ser seu filho, confessava seu tédio, a falta de interesse de sua vida, sua renúncia e o sacrifício de sua existência ao lado de Heinrich Floris, o temperamento insuportável do esposo, sua vida modorrenta... Significa dizer que, desprovida de tato ou de delicadeza, agora como antes, manifesta sua alegria recuperada com a viuvez. A esposa apática torna-se então uma viúva alegre, cuja alegria não cessará de aumentar com o passar dos meses...

Fiel à palavra dada ao pai, agora obrigado a ela para além da morte, Schopenhauer continua sua aprendizagem. Sua vida mutilada torna-o execrável. Sua existência fragmentada e despedaçada de aprendiz de comerciante que negligencia as faturas para devorar os grandes autores pesa-lhe. Essa esquizofrenia deixa-o rabugento e agressivo. Transfere seu descontentamento consigo mesmo para o mundo que o cerca e fica bravo com o planeta inteiro. Suas cartas estão repletas de observações desiludidas e desesperadas. Para que serve esse destino contra o qual já não pode lutar sem cometer perjúrio?

Enquanto o filho sofre com esses conflitos existenciais – parentes daqueles de um Kierkegaard que em breve publicará *O conceito de angústia* (1844) –, a mãe não tem nenhum escrúpulo: quatro meses após o enterro, vende a casa da família, liquida os fundos de comércio, encontra um apartamento em Weimar, muda-se, deixa o filho sozinho em Hamburgo, leva a filha consigo e inaugura um salão mundano ao qual convida a burguesia local para se reunir em torno de uma xícara de chá e biscoitos. A viúva ri, rodopia, mostra seu contentamento, brilha... A morte do marido alimenta sua alegria de viver.

Um ano mais tarde, Schopenhauer conta à mãe os detalhes de sua vida de sofrimentos atrás do balcão. Ele gostaria de retomar os estudos. Johanna evita uma resposta clara, direta e imediata. Prazer de usufruir de um poder cujo exercício adia a fim de medir sua miserável extensão... Outra carta contendo um pedido repetido vale ao filho uma resposta que muda repentinamente toda sua existência. Johanna concorda e o libera da promessa feita ao pai. Ela desobriga-o do juramento, é verdade, mas ele lhe deverá uma liberdade que não soube conquistar sozinho, e um ser que recebe deve sempre pagar a seu benfeitor o presente dado... Lágrimas de alegria de Arthur, que se demite na mesma hora. A vida do filho também começa com a morte do pai.

7

Um dândi glacial. Para coroar a liberalidade consentida ao jovem filho de dezenove anos, Johanna tem o cuidado de esclarecer que, se ele deseja retomar os estudos, tudo bem, mas não em Weimar, onde ela mora. Arthur ficar em Hamburgo é uma boa coisa. Longe dela, assim lhe convém; sob seu teto, em hipótese alguma. Schopenhauer terá razão de escrever várias e várias vezes que o caráter de um ser lhe é dado para a vida inteira e que nada é capaz de mudá-lo. Johanna oferecerá muitas variações sobre esse tema da recusa do filho enquanto lhe restar um sopro de vida. Último suspiro exalado, ainda dará um jeito de lhe prejudicar *post mortem* ao deserdá-lo...

Enquanto toma o cuidado de mantê-lo longe de sua casa, Johanna enche suas cartas de pedidos interesseiros: quer quinquilharias, produtos, roupas, chapéus e pede que o filho disponha-se a arranjar tudo isso para ela, a experimentar os chapéus sob o pretexto de que têm a cabeça do mesmo tamanho – ao menos um ponto em comum... – e a lhe enviar pelo correio no menor prazo possível. Em suas cartas, não deixa de acusar o pai para importunar o filho, dizendo que este deve seu caráter difícil àquele.

Schopenhauer abandona Hamburgo e entra no colégio de Gotha para uma atualização de conhecimentos fácil de obter. Seus conhecimentos acumulados em história, geografia, línguas e belas-artes dispensam-no de assistir a alguns cursos. Sarcástico, irônico, cínico, praticando um humor mordaz, ele agrada a alguns de seus colegas aos olhos dos quais passa por um dândi glacial. Mais rico e mais culto que alguns de seus professores, às vezes dá lições a um ou outro diante da classe... Um poema que ridiculariza um deles chega à sala da diretoria. Os professores unem-se contra ele e recusam-se a lhe dar aulas. Mandam-no embora.

Johanna não vê com bons olhos a expulsão do filho: não por ele e seu futuro, que pouco lhe importam, mas porque teme que o rapaz volte a Weimar, onde ela não tem vontade alguma de dividir com ele o que quer que seja. A correspondência fica tensa, as relações, agressivas; as relações pessoais sob o mesmo teto, quando das raras visitas, revelam-se sempre uma catástrofe que acaba em gritos, portas batendo, insultos e ameaças...

Ela o acusa de ser vingativo, chicaneiro, trocista, de sempre querer ter razão, de criar polêmicas infindáveis com os convidados de suas reuniões, de estragar todas as suas relações masculinas, de sabotar seus jantares, de agredir seus hóspedes, de procurar pelo em ovo... Ao que acrescenta que o caráter trágico, pessimista, negativo e catastrofista do filho lhe escurece os humores e que ela custa muito a se restabelecer depois da mais breve de suas visitas...

Ele insiste em ir a Weimar a fim de tentar obter, mesmo assim, seu diploma de *baccalauréat*. Ela bufa, mas termina por aceitar, sob certas condições: está bem, mas ele viverá em seu próprio apartamento; poderá visitá-la, porém em um estrito limite diário de duas horas, entre treze e quinze; poderá ainda vir em outros momentos, contanto que sejam seus dias de recepção e com a condição expressa de não fazer nenhum reparo nem nenhuma objeção; poderá às vezes ficar para o jantar, contanto que não se lamente a respeito do "mundo estúpido e da miséria humana". Sob essas condições, sua vinda a Weimar é concebível... Em 23 de dezembro de 1807, com dezenove anos, Schopenhauer chega à cidade em que vive sua mãe. Tem aulas particulares e consegue evidentemente seu diploma.

8

Epicuro, o Kant da razão prática. Em 1809, ele entra enfim na faculdade de medicina de Göttingen. A mãe para de lhe depositar uma pensão a partir do capital deixado pelo pai porque, chegando à maioridade, ele herda a parte que lhe é destinada – no entanto, ela continua a administrá-la. Seu filho usufrui do dinheiro à maneira de um filisteu, uma noção que ele desenvolverá posteriormente para fustigá-la – com conhecimento de causa, portanto... – e que caracteriza o hedonismo burguês: gosto por belas carruagens, paixão por jantares finos, hábito das reuniões mundanas e toda a parafernália do estilo de vida dispendioso...

Johanna refreia os ardores esbanjadores do filho. Teme a dilapidação da herança. Obriga-o a pensar em seu futuro e lhe descreve o fim de sua própria vida, quando viverá com ele e sua nora, cercada de crianças que ele não deixará de lhe dar... Em resposta a essa correspondência inepta, o filho também se inquieta com as despesas extravagantes da mãe. Admite ainda não ver com bons olhos os homens que a cercam. Também receia a dilapidação da herança...

Entre dois prazeres consentidos ao corpo, ele lê Platão e Kant, dois abalos intelectuais relevantes que arrebatam outras partes de sua carne. Esses dois amores de juventude, diz ele, terão um papel importante na elaboração de seu próprio pensamento, mas é muito mais como um salteador atrevido, ou então como um dândi glacial, que ele emprestará deste ou daquele uma série de conceitos para alistá-los no regimento de seu pensamento, que vai além tanto de Platão e do platonismo quanto de Kant e do kantismo!

Em 1810, em um caderno de anotações, escreve: "Epicuro é o Kant da razão prática, assim como Kant é o Epicuro da razão especulativa." Uma frase que escandalizará os funcionários da filosofia que ele tanto detestava, mas que mostra em operação a singularidade de um pensamento que se constrói e desbrava um caminho emprestando da história dos clássicos da filosofia para traçar uma via realmente pessoal. Aos vinte e dois anos, Schopenhauer formula o aforismo que resume sua vida e sua obra. O restante de sua existência, ele se contentará em comentá-lo...

Pois se encontra, de fato, nessa frase inesperada, a verdade da articulação da vida com a obra, da teoria do filósofo com sua prática, de seu pensamento com sua ação: a visão de mundo do pensador – isto é, o produto da razão especulativa – desembocará na escuridão sideral do *kantismo* do *Mundo como vontade e representação*; a prática efetiva do homem se apoiará no "eudemônico" (sic) de um *epicurismo* reivindicado como tal em *A arte de ser feliz*, um texto inédito que é esquecido por equívoco, mas também em *Aforismos para a sabedoria de vida*, capítulo importante de *Parerga e Paralipomena*.

9

Filosofar com uma pistola. Schopenhauer frequenta o curso de Fichte em Berlim (1811). Inicialmente entusiasmado com a ideia de encontrar um filósofo falado e que é o centro das atenções; depois, intimidado no anfiteatro; em seguida, lúcido quando assiste às verbigerações do filósofo; por fim, zombador, e investindo contra o charlatão, o presumido, o demagogo, o ilusionista do idealismo alemão. A carga contra o "sofista" anuncia aquela que ele dirigirá em breve contra Hegel...

Seria preciso tomá-lo ao pé da letra quando afirma ter desejado matar Fichte? Figura de estilo, efeito de retórica: diz, de fato, que ao final do curso teve vontade de lhe colocar uma pistola na garganta e lhe perguntar: "Você vai morrer agora, sem misericórdia, mas pelo amor de sua pequena alma, diga se pensou algo claro nesse seu charabiá ou se simplesmente zombou de nós." Schopenhauer não correu o risco de fazer nada a não ser produzir essa bela imagem, que inaugura o *western* filosófico no qual desempenhará o papel do justiceiro que persegue sem descanso os bandidos do conceito, a canalha da obscuridade, o submundo do despistamento verbal...

Na margem de seu exemplar de *A doutrina da ciência*, encontram-se exclamações do gênero "loucura furiosa", "palavrório demente". Ou ainda um burro com grandes orelhas belamente desenhado com pena... Abandona o curso de Fichte e começa a alimentar uma saudável cólera contra os filósofos que trazem ainda mais obscuridade ao mundo. Nesse sentido, ele, que escreveu "a luz é a coisa mais agradável que existe", pode ser compreendido como *um pensador das luzes românticas* que luta *contra o obscurantismo do idealismo alemão*, esse romance filosófico oco que esconde, sob palavras bombásticas que iludem, os ridículos pensamentos pequenos da ideologia dominante, isto é, cristã.

10

Uma filosofia de dentista. Depois da enésima briga com sua mãe, Schopenhauer deixa Weimar por um pequeno albergue de Rudolstadt, onde se tranca por meses, de meados de junho a meados de novembro de 1813, para redigir sua tese de filosofia. No concerto em uníssono do idealismo alemão, pretende que ouçam uma voz dissonante ou pelo menos uma outra melodia, a sua. O combate passa por algo além de invectivas e insultos, ainda que ele prime nesse terreno, e requer a proposição de uma teoria que se oponha às nebulosidades de Fichte, Hegel e companhia. Daí o interesse de se munir de um passaporte para a universidade sob a forma de um diploma. Ele tem vinte e cinco anos e redige *Sobre a quádrupla raiz do princípio de razão suficiente*.

Por causa da guerra com os exércitos de Napoleão e da desordem provocada na administração universitária, ele obtém o título de doutor sem a defesa da tese. As felicitações da banca lhe são concedidas. Publica, do seu bolso, quinhentos exemplares de seu trabalho e os envia a alguns de seus conhecidos, entre os quais o antigo comerciante atacadista do qual foi aprendiz... Em 5 de novembro de 1813, Schopenhauer retorna à casa da mãe.

Desde que ficou viúva, Johanna multiplicou as festas e as oportunidades de divertimento. Goethe frequenta seu salão e aproveita para ignorar soberbamente Schopenhauer enquanto aceita com prazer conversar com sua irmã, Adèle. A dona da casa tornou-se uma autora de sucesso e, durante cerca de dez anos, tem uma posição de destaque midiática com seus relatos de viagem – nos quais recicla o diário do filho... – e romances vagamente crípticos, nos quais coloca em cena jovens malcasadas que mofam ao lado do esposo enquanto gastam o dinheiro que ele traz para casa...

A jovem que outrora esposara um homem de idade mantém então uma relação com um homem doze anos mais jovem. Eles misturam seus textos, ela integra alguns de seus poemas em seus romances, eles trabalham juntos, e é possível vê-lo com frequência na casa dela, o que Schopenhauer tolera mal. Ele dá um jeito, pode-se imaginar, para estragar o ambiente ao multiplicar as ocasiões de conflito com a mãe e seu pretendente.

Vendo, um dia, *Sobre a quádrupla raiz do princípio de razão suficiente* sobre a mesa, Johanna diz ao filho: "É um treco para farmacêuticos..." Ele retorque: "Esse livro ainda será lido quando não se puder achar nem mesmo num sótão um exemplar dos seus." Sem perder a compostura, a mãe responde: "Mas dos seus será possível encontrar a edição inteira"... Esse diálogo maldoso contém vários ensinamentos: a natureza agressiva de sua relação, evidentemente; a presciência a longo prazo do filho, lúcido sobre a obra da mãe; aquela de Johanna, igualmente, a curto prazo, por cerca de trinta anos, pois a história tem agora Schopenhauer por um nome maior enquanto o de Johanna perdeu-se no tempo.

11

Da mãe ao gosto pelo nada. Em 17 de maio de 1814, com vinte e seis anos, Schopenhauer recebe uma carta da mãe na qual ela o manda embora definitivamente. Expulso de Weimar, nunca mais voltará a vê-la...

Ela morrerá vinte e quatro anos depois, em 1838, quando o filósofo tem cinquenta anos. As páginas misóginas dispersas por sua obra, seu pensamento sobre o amor, sua metafísica da esterilidade, assim como sua incapacidade para conhecer uma verdadeira história de amor durante toda sua existência, enraízam-se nessa relação entre uma mãe e seu filho, a primeira infligindo a vida a um ser que não pediu nada e a quem se deixou claro durante o primeiro quarto de século de sua existência que ele era tão pouco desejado em princípio quanto nos pormenores da vida cotidiana... Nietzsche dirá a verdade quando escrever em *Humano, demasiado humano*: "Cada um traz em si uma imagem da mulher derivada da mãe: é em razão dessa imagem que se está determinado a respeitar as mulheres em geral, ou a desprezá-las, ou a ser totalmente indiferente em relação a elas." Páginas que Freud lerá, evidentemente...

Depois de Weimar, ele se instala em Dresden. Faz-se notar por seu comportamento grosseiro, o que lhe vale uma má reputação. Chega atrasado ao teatro, resmunga, comenta em voz alta a atuação dos atores, deixa a sala antes do fim, insulta aqueles que, como ele em outras ocasiões, saem durante o espetáculo. No restaurante em que faz suas refeições cotidianamente, intervém nas conversas para dar lições, corrigir erros, admoestar.

Regularmente e de modo ostensivo, é visto desdobrando uma nota de dinheiro de alto valor, que tira da carteira, e colocando-a diante de si sobre a mesa. Fica assim por um bom tempo, sem nada dizer, e, por fim, pega a nota e a coloca de novo na carteira, levanta-se e deixa o estabelecimento. Quando um dia alguém lhe pergunta o que se esconde sob aquele estranho ritual, responde que todos os dias diz a si mesmo que deixará a nota sobre a mesa se nas conversas não se falar mal de tal ou tal pessoa. E que em meses jamais teve a ocasião de se desafazer de seu dinheiro...

Naquela época, mantém uma relação com uma criada que engravida acidentalmente. Resolve o assunto pagando à futura mãe. A criança morrerá algum tempo depois. É durante esse mesmo período que, com raiva de sua mãe, agressivo com as pessoas, insuportável com o mundo, encrenqueiro com todos, ele descobre a filosofia indiana e o ideal de impassibilidade do sábio, a ascese intelectual para fugir do mundo, o pensamento da piedade universal e o gosto pelo nada, uma sabedoria que o fascinará intelectualmente, mas que ele evitará cuidadosamente praticar...

12

A grande obra. Em 1815 ele começa a redação de sua grande obra: *O mundo como vontade e representação.* A obra desse jovem de vinte e sete anos – trinta quando da publicação – contém todas as teses, todas as intuições, todos os temas de seu pensamento. O que virá em seguida serão apenas acréscimos sem os quais o livro, de qualquer forma, resiste soberbamente. *Parerga e Paralipomena* não acrescenta nada quanto ao fundo, mas apenas quanto à forma "popular", uma opção filosófica possível naquela época da história das ideias. Tudo está lá, em um único volume.

Um editor aceita publicar o manuscrito. A correspondência mostra um Schopenhauer seguro de si e de sua genialidade, certo de que sua obra abre uma nova página na história da filosofia e que esse livro gerará centenas de outros. Ele pede dinheiro e salienta que a soma é ridícula em vista da importância de seu talento. Faz exigências em relação à tiragem, à tipografia, ao papel, às correções das provas, às datas de publicação do livro. Impõe que o editor renuncie aos direitos para uma segunda edição. Declara que lhe seria inapropriado fingir-se de modesto.

Uma segunda carta a seu editor Brockhaus, datada de 3 de abril de 1818, permite-lhe precisar que com habilidade o livro não ataca frontalmente nem o governo, nem o Estado nem nada ligado à religião, mas ainda assim adverte que "toda a filosofia que está exposta no livro move-se em contradição – em nenhuma parte explícita embora tácita e inegavelmente evidente – com os dogmas do ensino judaico-cristão". De fato, não há nenhum ateísmo professado abertamente no livro, mas uma visão de mundo radicalmente ateia, uma ética e uma política sem Deus, uma ontologia e uma metafísica sem transcendência, uma imanência total e um monismo irrepreensível: uma verdadeira máquina de guerra lançada contra o cristianismo...

Com pressa para partir para a Itália, uma viagem que adia desde que foi absorvido pela escrita do *Mundo*, ele endereça a seu editor cartas que atestam seu nervosismo e lhe pedem para enviar rapidamente as provas do livro. Schopenhauer quer o livro publicado para a feira de São Miguel, isto é, exige prazos extremamente curtos... Chega o primeiro conjunto de provas. As cartas do filósofo a seu editor foram ameaçadoras, polêmicas, exigentes, duras e sempre repletas de sua enfatuação: livro considerável, direitos autorais irrisórios, de forma alguma à altura do conteúdo revolucionário do texto ou do tempo gasto ao trabalhá-lo etc.

O livro é publicado em janeiro de 1819. Naquela época, o banco em que os Schopenhauer mantinham seu capital quebra. O filósofo, matreiro, soube negociar bem com o banqueiro que, além do mais, trapaceou a mãe e a irmã ao propor acertos que Schopenhauer rejeitou. Fez bem: as duas mulheres viram sua fortuna consideravelmente amputada, e o filósofo, rentista desde a mais tenra idade, pôde continuar a se entregar a uma vida de ócio e de escrita. Rapidamente, Schopenhauer deixa a Itália para retornar à Alemanha.

Boa nova: Goethe leu *O mundo como vontade e representação* e declara que o apreciou. Até então, as relações entre os dois homens jamais haviam sido verdadeiramente boas. No salão de Johanna, o autor de *Fausto* nem ao menos nota o jovem. Ao longo do ano de 1813, um Schopenhauer de vinte e cinco anos tentara discutir a *Doutrina das cores* com seu autor, Goethe. O veterano consentira em uma troca de palavras sobre o assunto, mas a forma em que se deu a conversa não agradara ao jovem impetuoso. A história não foi muito longe. Mas, dessa vez, tudo se anunciava sob melhores auspícios...

13

Uma vida filosófica? Munido com seu doutorado e confiante com a publicação de seu *opus magnum*, Schopenhauer pretende declarar guerra a Hegel, a estrela do momento no céu filosófico das Ideias. Na universidade de Berlim, propõe um curso sobre a totalidade da história da filosofia, e isso – ciúme derrisório – bem no horário em que Hegel ministra seu curso principal. Pouco importa, as coisas se passam segundo o desejo de Schopenhauer, ao menos quanto à faixa horária. Pois, enquanto Hegel enche um anfiteatro de duzentas pessoas, ele apresenta seu curso diante de cinco alunos... No semestre seguinte, ele põe fim às suas aulas. Fracasso doloroso que fornecerá a acidez e o fel das páginas de *Parerga* intituladas "Sobre a filosofia universitária".

No segredo de sua intimidade, Schopenhauer escreve páginas éticas para tentar levar uma vida filosófica. Sua preocupação com uma "eudemônica" acompanha-o o bastante para que ele preencha regularmente cadernos sobre o tema. A reivindicação de uma vida filosófica não se encontra explicitamente na obra, mas transparece ainda assim em filigrana no conjunto das mil e quinhentas páginas de *O mundo*. A ontologia sombria é acompanhada de consolações possíveis no uso da vida cotidiana. Uma filosofia empírica e pragmática com objetivos existenciais encontra-se de fato no *corpus* da obra completa.

Em razão disso, Schopenhauer tem o cuidado de esclarecer em *O mundo* que nada obriga o filósofo a viver em uma espécie de santidade. Acha estranho que se possa pedir a um pensador que pratique a virtude que ele ensina e considera que o filósofo deve limitar-se a oferecer um quadro preciso do mecanismo do real. Dar uma descrição fina e precisa do mundo, fornecer os conceitos de sua lógica, eis o essencial. Não existe nenhuma obrigação, por exemplo de praticar efetivamente tais virtudes, para o filósofo que, como ele, ensina a piedade e a necessária compaixão para com toda criatura vivente...

14

As "três vagabundas". Uma história célebre na vida de Schopenhauer mostra que ele frequentemente faz parte dos filósofos que estimulam a fazer mais aquilo que dizem do que aquilo que fazem. Pois o teórico da compaixão universal lida mal com a compaixão puramente local; no caso, com a que poderia manifestar por uma modesta costureira, Caroline Marquet. Com mais duas colegas, Caroline instala-se no corredor de seu imóvel com sua costura enquanto o filósofo, que aliás ensina a excelência da castidade e da abstinência sexual, espera a visita de uma jovem de dezenove anos que coleciona mais aventuras amorosas que papéis no teatro, com que ela sobrevive.

Digamos nos termos da filosofia schopenhaueriana: o falso sábio que exalta os méritos da extinção da espécie pela celebração da castidade espera a oportunidade de gozar da afirmação do querer-viver*, enquanto a costureira, discípula sem saber de Schopenhauer – que ela não leu –, impede esse consentimento à Vontade de se manifestar ao obstruir a passagem da encarnação fenomenal da coisa em si sexual. Em outros termos: a costureira impede um momento de descontração em sua vida de meditação.

---

* *Vouloir-vivre* [querer-viver] é uma tradução francesa possível para a palavra alemã *Wille*, vontade, tal como é empregada na filosofia de Schopenhauer. É uma variante estilística menos escolástica da tradução mais imediata, *volonté*, vontade. O verbo *vouloir* [querer] e o substantivo *volonté* [vontade] têm a mesma raiz etimológica, que se perde na tradução para o português. Ver página 208 *infra*. (N. do T.)

Em um depoimento feito à polícia, o filósofo dá sua versão: as três mulheres obstruem o corredor, elas não têm o direito de fazê-lo; ele pede polidamente que deixem o local; duas delas o fazem, mas não a terceira; pede mais uma vez polidamente que saia e, com a bengala em uma das mãos, oferece seu braço para acompanhá-la para fora; ela recusa; o tom se eleva; ele a retira bruscamente, ela volta sob o pretexto de pegar um objeto esquecido; recusa-se novamente a sair; ele a pega pela cintura, levanta-a e carrega-a para fora; ela despenca no chão e sua touca cai; insultos.

Ele afirma que não a chamou de "velha imbecil", mas admite ter dito uma vez "velha vagabunda", o que muda tudo, efetivamente... Caroline Marquet afirma que ele lhe desferiu bengaladas, socos e pontapés; o filósofo nega essa versão. Um atestado médico confirma equimoses e uma verruga arrancada. Ele diz que ela se machucou sozinha quando caiu, mas alega que tudo isso poderia ter sido evitado se ela obtemperasse. Em uma carta em que conta a história, Schopenhauer fala de "três vagabundas"...

Caroline Marquet presta queixa e torna o caso mais grave ao comparecer diante do tribunal e explicar que, em razão dos golpes, perdeu parte do movimento de um dos braços. A instrução do caso dura cinco anos. Houve processo. O filósofo, considerado culpado, foi obrigado a pagar uma pensão indenizatória vitalícia à senhora. A costureira viveu ainda vinte anos. Schopenhauer, que era mão-fechada, nunca conseguiu digerir direito esse episódio.

Ler-se-ão com um sorriso divertido as páginas do *Mundo como vontade e representação* em que Schopenhauer elogia os méritos do sábio liberto do querer-

-viver que suporta a injúria com paciência, mostra uma suavidade inesgotável, faz o bem a quem lhe faz mal, não se deixa levar pela cólera ou ódio, recebe toda ofensa, todo insulto e toda injúria como uma bênção, não se opõe a que lhe prejudiquem e que aceita tudo com o sorriso impassível de Buda. Da colher à boca se perde a sopa...

15

A mecânica do sábio. O emprego do tempo do filósofo é extremamente regrado. Pode-se procurar nos pormenores dessa *vida vivida* a resposta à questão filosófica: como levar uma *vida filosófica* quando se propõe uma teoria de um mundo governado pelo absurdo e que se dirige constante e inteiramente para o nada? Uma vez que o abismo é metafisicamente indubitável, como viver empiricamente? Em outras palavras, se o pior é sempre certo, o apocalipse permanente, o sofrimento e o tédio inevitáveis, a morte por trás de cada coisa, por que não meter uma bala na cabeça?

A biografia atesta: existem dois registros, aquele da ontologia e aquele da vida, a metafísica e a existência, a teoria e a prática, e meditação e a ação. E se Schopenhauer consagrou o essencial de suas análises à *teoria do mundo* ainda assim escreveu análises e livros – *A arte de ser feliz* e *Aforismos para a sabedoria de vida* – sobre a questão da *salvação existencial.*

Schopenhauer leva uma vida solitária, longe do mundo; entre os homens, por exemplo em albergues ou em espetáculos, mas exilado no interior desses grupos. Desde Plutarco, a vida solitária parece a melhor fórmula de vida filosófica. O que supõe, pode-se imaginar, um celibato determinado e uma metafísica da esterilidade: nada de mulher, nada de filhos. Poucos amigos, ou até mesmo nenhum, pois eles raramente são eternos e as confidências que poderíamos fazer-lhes um dia, os segredos que seríamos tentados a lhes confiar seriam então rapidamente trazidos à praça pública... A correspondência atesta, Schopenhauer abandona a ideia de amizade no sentido romano do termo. Nenhum La Boétie para esse Montaigne rabugento.

O filósofo se preocupava muito com um estilo de vida no sentido amplo: nenhum excesso e o culto da medida em tudo. Não passar tempo demais trabalhando: três horas pela manhã e não mais. Não dedicar energia em demasia a um trabalho cerebral; o cérebro é um órgão filosoficamente maior, é preciso poupá-lo. Não dormir nem muito nem pouco, pelas mesmas razões de uma saudável economia do cérebro: esse órgão funciona à noite e produz efeitos durante o dia e necessita também da reparação que apenas a noite pode lhe proporcionar. Não ficar tempo demais fechado e obrigar-se a pelo menos duas horas de atividades ao ar livre por dia.

Acrescenta ainda a prática da música, no caso a flauta transversal que ele toca desde a mais tenra idade. Ele dispõe de todas as partituras de Rossini adaptadas para flauta e coloca Mozart acima de tudo na companhia do compositor italiano. O concerto e a ópera, o espetáculo à noite é sua ocupação rotineira após o jantar – um hábito adquirido no ambiente familiar ao longo de sua juventude.

Encontram-se em sua obra prescrições em matéria alimentar, no caso um elogio do vegetarianismo, após explanações dedicadas à necessária piedade universal para com todas as criaturas vivas. Não se tem notícia de que ele tenha comido apenas legumes... Faz suas refeições fora de casa, e algumas pessoas testemunham que comia com bastante apetite, sem deixar nada no prato e que podia demorar-se à mesa durante o almoço...

16

Os caprichos de um hipocondríaco. Nas ruas das cidades em que vive, conhece-se sua silhueta. Ele se veste com roupas fora de moda, pretas, e passeia indefectivelmente acompanhado de um *poodle*. A máscara mortuária de um deles ladeava o retrato de Goethe em uma parede. E o último cão será objeto de menções especiais no testamento do filósofo. O teórico da compaixão universal esmera-se mais em sua fórmula animalista do que em sua fórmula humana.

Como um misantropo arquetípico, às vezes encontra-se sob sua pena a ideia de que, quanto mais conhece os homens, mais ele gosta dos animais; e de que, quanto mais se preocupa com estes, menos próximo se sente dos seres humanos... Em companhia de seu cão chamado Atma – a alma do mundo, para os hindus –, vai à tarde à biblioteca. Senta-se à mesa para ler jornais e revistas. Na rua, fala sozinho e as crianças riem dele quando passa.

Hipocondríaco, tem medo de doenças, sofre de dor de ouvido, de paralisias passageiras... Angustiado, inventa rituais de esconjuração de todas as catástrofes possíveis e imagináveis: nunca se separa de um copo que utiliza para beber fora de casa; tem uma pistola carregada ao alcance da mão e a coloca sob seu travesseiro quando vai dormir; anota suas despesas em sânscrito para evitar que saibam o quanto gasta; redige falsos títulos em seus manuscritos a fim de enganar um ladrão em caso de roubo; vive sistematicamente em apartamentos no andar térreo a fim de poder fugir pela janela no caso de algum problema; criptografa seus papéis para evitar que eventuais curiosos os leiam...

Em *Parerga* descobre-se um estranho personagem: o ruído o perturba visceralmente e ele faz disso uma teoria em "Sobre o barulho e o ruído". Os poetas, os artistas, os filósofos – sempre generalizações que escondem defesas *pro domo*... – não suportam o ruído. Aqueles que, em contrapartida, causam-no têm um cérebro obtuso... O grande espírito desviado de seu gênio pelo barulho acha-se rebaixado ao nível banal. Schopenhauer queixa-se do estalar do chicote, dos charcuteiros – provavelmente um vizinho – que elevam ao mais alto grau o desprezo dos que trabalham com as mãos contra aqueles que trabalham com a cabeça...

Ainda nos *Parerga*, pode-se ler um "Ensaio sobre visões de espíritos e temas relacionados": Schopenhauer retoma sua teoria da vontade e explica que ela permite explicar por que os espectros e os fantasmas existem, e segundo quais princípios as mesas giram e os espíritos se comunicam! O sonho, o magnetismo, o sonambulismo, o espiritismo, a transmissão de pensamento, a intuição adormecida, a comunicação direta, o sonho perceptível e a clarividência intuitiva preocupam o filósofo que explica como a coisa em si pode existir em estado puro – a vontade, portanto – e como isso tudo pode ser explicado segundo a ordem racional! Como tudo são representações, o conjunto desses fenômenos depende dessa ordem e o mecanismo desses fatos estranhos depende da fisiologia – gânglios, cérebro, cerebelo...

17

Matador de insurgentes por procuração. Em 1836, Schopenhauer publica, à sua própria custa, um novo livro: *Da vontade na natureza*. Cento e vinte cinco exemplares serão vendidos em um ano... A Academia real da Noruega faz um concurso cujo tema é a questão: "O livre-arbítrio pode ser demonstrado pelo testemunho da consciência?" Schopenhauer envia sua contribuição, *O livre-arbítrio*, e ganha o primeiro lugar. Nesse ensaio, desenvolve sua teoria dos motivos e explica, sempre remetendo ao cérebro, como se dá o processo que conduz à volição.

As insurreições de 1848 lhe dão medo. O filósofo, que vive da renda de seu capital, não lida bem com nenhuma perspectiva de mudança política, principalmente socialista. Schopenhauer faz do Estado o fiador da ordem social necessária para conter a violência humana. Ele é legitimista e conservador, de acordo com a boa lógica misantrópica e pessimista. O povo, eterno menor de idade, necessita de guias e mestres porque é incapaz de exercer a soberania. Ele precisa de uma "tutela eterna" que disponha da força capaz de fazer com que o direito seja respeitado: a monarquia parece ser a melhor forma política para garantir essa ordem social.

Essas são as razões pelas quais ele abre a porta de seu apartamento aos soldados que perseguem os trabalhadores rebeldes e empresta-lhes seu binóculo de teatro para que a soldadesca possa fazer pontaria na "turba soberana"... Quando da abertura de seu testamento, além das disposições referentes a uma antiga amante e ao futuro de seu cão, descobre-se a atribuição de uma soma às vítimas do fogo das barricadas e a suas famílias. Outra ocasião perdida de praticar uma compaixão ampliada às vítimas da máquina capitalista! Quando o metafísico escreve que, do ponto de vista da Vontade, nada distingue o carrasco de sua vítima, pois ambos são objetos da Vontade cega, professa uma verdade que o homem, uma vez mais, tem dificuldade de praticar...

A metafísica da piedade para com os cães que justifica o violento combate de Schopenhauer contra a vivissecção não se estende até a piedade pelos explorados da modernidade – os *proletários*, para usar a palavra adequada –, pois o filósofo, vegetariano em princípio, dá a mão aos esfoladores de carne humana que são os soldados do exército alemão durante aquelas semanas sangrentas...

18

Filósofo de sucesso. Em 1850 – ele tem sessenta e dois anos – são publicados os *Parerga e Paralipomena*, um grande livro no qual trabalhou durante seis anos. Título estranho que merece explicação: seria possível propor um tipo de tradução francesa que seria algo como *Prolégomènes et Suppléments* [Prolegômenos e suplementos]. As mil páginas poderiam ter sido acrescidas ao *Mundo como vontade e representação*, o qual Schopenhauer descrevia como sendo uma "Tebas das cem portas". As considerações sobre a sabedoria na vida, o ruído, as aparições, as mulheres, o suicídio, a filosofia universitária aparecem junto com capítulos sobre a oposição entre fenômeno e coisa em si, a doutrina do nada e da existência, do ideal e do real.

Assim, não há nenhuma razão para opor *O mundo* aos *Parerga* como a filosofia aos ensaios ou o sério ao frívolo, não tendo o livro para o concurso de *agrégation** nada a ver com o livro destinado à distração nas praias. Essa mania de universitário passa ao largo da obra, que se constitui *também* das mil páginas de correspondência – a ler comparando com a biografia... Schopenhauer afirma que ele exprime a mesma coisa, mas em estilo e tom diferentes: aqueles da "filosofia popular", o pecado mortal dos profissionais da filosofia, guardiões do templo que lhes serve de ganha-pão.

O sucesso chega. Schopenhauer sempre acreditou que ele viesse um dia. Daí por que assiste a tudo como um sábio, uma vez não é sempre... E com um verdadeiro júbilo. Pessoas acorrem à sua casa; visitam-no; frequentam o mesmo restaurante que ele tentando vê-lo; compram *poodles*, como ele; fotografam-no; pedem que autografe os daguerreótipos; uma jovem instala seu ateliê na casa dele para imortalizar seu busto em mármore; ele toma café com ela e confidencia com satisfação que tem a impressão de estar casado; consta como autor no programa da universidade; compram seus livros, que provavelmente não são lidos, e a mania schopenhaueriana contamina a burguesia, que faz de *Aforismos para a sabedoria de vida* seu livro de cabeceira. O nirvana dura dez anos...

A velhice faz seu trabalho. Schopenhauer sofre crises de falta de ar. Provavelmente angina do peito.

---

* Concurso de seleção de professores para o ensino médio e para alguns cursos superiores. (N. da R.)

Fim de 1860, ele tem setenta e dois anos e prevê alguns suplementos aos *Parerga*. A morte terá de esperar, pois ele quer acrescentar portas suplementares à sua Tebas. Porém, se tivesse lido *O mundo como vontade e representação*, Schopenhauer saberia que o pior é sempre certo... Gostaríamos que tivesse havido acréscimos feministas, pois a frequentação, *enfim*, de mulheres que leem seu trabalho com inteligência lhe faz, diz-se, rever um pouco suas posições misóginas. Ele não terá tempo de acrescentar esses apêndices corretivos.

A metafísica sombria, mas lúcida, do filósofo o conduzia a encarar a morte com serenidade. Ele fez seus, há muito tempo, os argumentos epicuristas sobre a matéria. Sua ontologia faz com que acredite que o fim do fenômeno – Arthur Schopenhauer – não é o fim da "coisa em si" – a Vontade que o constitui... – e que ele entra na eternidade da vontade livre de seu invólucro terrestre. Um tipo de imortalidade apaziguador.

Schopenhauer não temia que os vermes devorassem seu cadáver, mas temia, e muito, que os professores universitários se apoderassem de sua obra. Estrago efetivamente muito mais grave... E, infelizmente, inevitável. Os mortos são todos boa gente. Em 21 de setembro de 1860, sua governanta o encontra morto no sofá, sob o retrato de Goethe – e sob a máscara mortuária de um de seus *poodles*. Seu rosto parece impassível e sereno. Já era hora...

19

Ontologia sombria, ética luminosa. A obra do filósofo tornava-se, então, a casa da sogra, na qual todos podiam entrar. Os mundanos abriram o baile: em toda a Europa, houve uma voga inacreditável de uma espécie de vulgata schopenhaueriana. Ele se tornou o pensador decadente de uma época fatigada que procurava boas razões para se desesperar e para se entregar a um culto do nada que permitisse ainda assim passar tranquilamente seus dias como esnobes, mundanos, dândis sempre à beira do abismo, mas com uma taça de champanhe na mão. Catástrofe que o filósofo não previra, embora fosse tão lúcido: tornar-se o pensador de referência dos filisteus! O Inferno...

Nietzsche, como se sabe, cai de amores por Schopenhauer ao descobrir *O mundo como vontade e representação*. Em 1876, Nietzsche escreverá uma famosa Consideração intempestiva intitulada "Schopenhauer como educador". Freud tomará emprestadas inúmeras teses e construirá sua pulsão de vida, sua pulsão de morte, sua teoria do sonho, seu pessimismo, sua misoginia, sua metafísica do amor em relação à obra do solitário de Frankfurt. O que significa que o meio século do pensamento europeu vindouro alimenta-se de Schopenhauer. E que esse meio século fornece a matriz de nossa modernidade crítica...

Deixemos de lado as diversas recuperações. Wagner enviara *O anel dos nibelungos* ao velho filósofo tornado célebre. Este último respondera-lhe que o futuro sacerdote da religião de Bayreuth não era talhado para a música... Mesmo assim, Wagner se inspirará no "budismo" de Schopenhauer, exatamente em um projeto de ópera sobre Buda, mas também, e principalmente, na metafísica posta em música em *Tristão e Isolda*. Os naturalistas franceses invocam-no. Maupassant o ama. Huysmans é seduzido. Zola o lê.

Gourmont escreve seu magnífico *Physique de l'amour* [Física do amor] quase como se fosse ditado por Schopenhauer...

Tanto sucesso atrai leitores imerecidos. Schopenhauer era tomado por uma cólera furiosa quando interpretavam mal seu pensamento. Em sua correspondência com seu editor transbordam manias e escrúpulos em relação ao estabelecimento do texto: a menor vírgula torna-se um monumento impossível de deslocar, a menor correção efetuada sem seu consentimento valeria, se lhe fosse permitido, uma condenação à morte... Deseja afastar um revisor que, segundo ele, faz seu trabalho de modo inapropriado. Deseja dispensá-los em massa...

O que ele teria dito, feito ou pensado ao constatar que se tornara pretexto para tudo e qualquer coisa, em nome de sua obra – a qual, evidentemente, não tiveram o cuidado de ler integralmente tal como o autor desejava? Bengaladas, processos, ameaças de tiros, provavelmente. Porém, desaparecido o fenômeno, a coisa em si tem dificuldade de mirar um dos inúmeros chatos que desnaturam seu pensamento. Foi preciso transigir com a catástrofe que o sucesso sempre representa. E ainda transigimos.

Pois, aos olhos dos professores de filosofia – ao menos quando o conhecem ou falam dele –, Schopenhauer passa por um filósofo pessimista, discípulo de Platão, de Kant e da filosofia indiana. Sim, é verdade. Porém, também seria possível mostrar que o mesmo pensador é um filósofo otimista, discípulo de Helvétius, de Cabanis e de Bichat. E que ao mesmo tempo martiriza Platão e Kant para que digam coisas que nenhum dos dois teria nem ao menos sonhado pensar...

A historiografia dominante defende, portanto, a linha soturna da *ontologia sombria*, que existe evidentemente, mas negligencia a *ética luminosa*, que se encontra igualmente na obra. Essas duas instâncias não funcionam de maneira contraditória, mas de forma complementar. A oposição entre *O mundo* e os *Parerga*, uma cantilena universitária, não dispõe de nenhuma legitimidade: partes que se poderiam descrever como leves (contra as mulheres) encontram-se na obra maior, passagens mais pesadas (sobre a ciência da natureza) encontram-se no livro, que passa por ser uma concessão feita ao tempo.

O que chamo de ética luminosa está sempre disseminado na obra. Constitui, apesar da certeza metafísica do pior, uma proposta de várias consolações que, no terreno empírico, permitem vislumbrar uma vida filosófica livre o mais possível dos tormentos, sofrimentos e dores. Em outras palavras, uma vida feliz. Quem diria que Schopenhauer é *também* o filósofo da existência serena e daquilo que ele ousa chamar de "vida feliz"? Ninguém...

20

O otimismo de um pessimista. De fato, no terreno da metafísica pura, e não obstante a ética, a constatação da natureza das coisas obriga à conclusão pessimista: o sofrimento é o fundo de todas as coisas; quando não há sofrimento, o tédio toma conta; uma vontade cega e absurda é a razão de tudo o que é e de tudo o que advém; nada se pode fazer contra o caráter ou o temperamento que nos é dado por transmissão hereditária ao nascermos; um determinismo cego priva-nos totalmente de livre-arbítrio;

tudo aquilo que ocorre procede de uma simples necessidade; a causalidade mecânica explica tudo; o amor, a amizade, o altruísmo, a generosidade e a simpatia são ilusões; a felicidade não tem nenhuma existência positiva; o prazer é um impasse; o desejo orienta toda nossa vida e faz de nós almas danadas; somos vítimas de nosso instinto sexual, o lugar da vontade; a morte é a verdade de tudo... Aqui estão, em algumas linhas, as variações sobre o tema do baixo contínuo sombrio da filosofia de Schopenhauer.

Porém, sob esse belo negrume desesperador, descobrem-se figuras solares, luminosas, claras que ganham vida sobre o fundo infernal e abissal. As respostas da ética luminosa do filósofo, no entanto, se parecem com aquelas propostas por alguns passageiros lúcidos na proa do Titanic quando este começa sua descida ao fundo do mar: música e champanhe... Essa é ao menos uma possibilidade, uma saída, uma fissura nessa ontologia sombria que deixa passar um pouco da luz oferecida por Schopenhauer.

Examinarei, portanto, o *otimismo de um pessimista*, o que contribuirá singularmente para retirar o filósofo da categoria "filósofo pessimista e niilista", na qual ele definha desde sua morte. Será lido, por exemplo, um livro que a honestidade obrigaria ressaltar quando se fala dele e que tem por título, de forma inesperada, *A arte de ser feliz*. Veremos que existe nos *Aforismos para a sabedoria de vida* matéria para a ética luminosa, assim como em *O mundo como vontade e representação*. O pior é, pois, sempre certo, exceto quando se pode escapar dele. E Schopenhauer dá algumas receitas...

21

O pensamento único. Schopenhauer sempre afirmou que era o filósofo de um único pensamento e passara sua vida inteira propondo variações sobre um tema único. A imagem de Tebas das cem portas exprime a mesma ideia: cem entradas para uma única cidade. Encontra-se, alhures, outra metáfora, a de um cristal cujos raios convergem para um mesmo centro (o adolescente demorara-se longamente em uma montanha sobre um cristal natural e também no gabinete de mineralogia imperial em Viena. Encontram-se igualmente em sua obra considerações sobre o trabalho da Vontade no mineral).

Qual é esse pensamento único? Com que se parece essa cidade na qual se penetra por tantas aberturas? Não é possível fazer muito mais do que transformar sua tese, sua única tese, em título daquilo que poderia ter sido o único livro. Pois *O mundo como vontade e representação* diz de forma clara e nítida: *o mundo é minha vontade e minha representação.* Eis as três mil páginas do pensador resumidas em uma única e curta frase. Polidez de filósofo...

A palavra francesa *volonté* [vontade] traduz o termo alemão *Wille*. Será preciso evitar confundir a acepção do termo em Schopenhauer com seu sentido geral, até mesmo filosófico. No caso de *O mundo como vontade e representação,* o querer [*vouloir*], ou a vontade [*volonté*] ou o querer-viver [*vouloir-vivre*] significam mais e além do que a definição que caracteriza habitualmente o poder de fazer ou de não fazer. A faculdade interna do sujeito não tem muito a ver com aquilo que é nada menos que: a essência de toda realidade.

Schopenhauer fornece várias definições da vontade que estão enfiadas em toda sua obra. Elas acabam por constituir um retrato. Ela é a coisa em si propriamente dita. Porém, seria um erro crer que Schopenhauer respeita a estrita definição da coisa em si em Kant. Os kantianos podem sufocar-se ao lerem sob a pena de Schopenhauer que Kant não terminou seu trabalho, que não levou seu pensamento às últimas consequências, mas que ele, Schopenhauer, encarrega-se de conduzi-lo até o ponto em que não poderia ter deixado de ir...

Uma vez que existe independentemente dos fenômenos nos quais se encarna, a vontade pode ser chamada de coisa em si. Ela é também esforço sem fim, eterno vir a ser e fluxo perpétuo. Seu objetivo supremo? A realização do desejo. Ela ignora aquilo que quer, ela não tem causa, não tem objetivo e não tem razão. É una na condição de coisa em si, mas diversa e múltipla no terreno empírico, pois organiza a estrutura regular do cristal, anima o mineral, está onde cresce uma planta, giram os astros, agem as marés, deslocam-se as correntes marítimas; ela explica a atração universal, dá ao leão sua força, à minhoca sua natureza, aos mamíferos seu cérebro, aos humanos sua especificidade. Fora dela, nada existe, pois ela é o fundo de todo fenômeno.

Desejo insaciável, ela quer sempre a vida. Eterna, indestrutível, inesgotável, é a força vital que visa sua produção e sua autoconservação. Age com a força de um elemento primitivo. A saúde se mantém e se recupera graças a ela. Ela é a matéria e também o corpo. O instinto sexual é sua sede. Como coisa em si, é livre; como fenômeno, está submetida à necessidade. Em poucas palavras, tal como está em *O mundo*, a Vontade é o "impulso cego e irresistível dos seres". Encarnada, está no tempo; sem seu substrato material, ela lhe escapa, pois preexiste e sobreviverá a ele.

Schopenhauer retém da coisa em si kantiana que ela é incognoscível, mas apenas pensável. O objeto transcendental kantiano remete a um idealismo por vezes distante daquele de um Schopenhauer, que, não esqueçamos, estudou medicina, leu os livros de Cabanis e Bichat e é bem mais *vitalista*, no sentido biológico do termo, que *idealista*, no sentido filosófico da palavra. O numenal kantiano é destinado para assim permanecer; aquilo que poderia parecer o numenal schopenhaueriano não permaneceria como tal se a ciência progredisse o bastante para dar dessa vontade uma acepção racionalizada.

O idealismo kantiano supõe o dualismo e o espiritualismo, um tipo de inteligível e de sensível, um numenal e um fenomenal. Schopenhauer, por sua vez, não é nem dualista nem espiritualista, tampouco idealista e muito menos materialista, mas seu pensamento é inteiramente monista. De nada adianta o mundo ser vontade do ponto de vista da coisa em si e representação da perspectiva do fenômeno, são duas formas de abordar uma mesma realidade, um mesmo mundo: *o* mundo, diz o título...

Eis as razões pelas quais ele escreve, em *Da vontade na natureza*: "Minha metafísica afirma-se, portanto, como sendo a única que possui uma fronteira verdadeiramente comum com as ciências físicas"... Eis por que Schopenhauer tem em alta estima o *Rapport du physique et du moral* [Relação entre o físico e o moral], de Cabanis, o qual não cessa de homenagear, ele que é um crítico severo e não elogia com facilidade. Eis a razão de seu entusiasmo por Bichat, o autor das *Recherches physiologiques sur la vie et la mort* [*Observações fisiológicas sobre a vida e a morte*]. Eis as razões por que se inscreve em medicina na universidade de Göttingen e frequenta-a com assiduidade por dois anos inteiros. Eis por que a metafísica de Schopenhauer não é nem idealista, como a de Kant, nem materialista, como a de D'Holbach, mas *vitalista*. Física da metafísica...

22

O mundo é representação. O mundo é, portanto, vontade. Mas também representação. Ora, o que é uma representação? Aquilo que me aparece como tal. Aquilo que me é dado pelos sentidos sob a forma de uma imagem, de uma noção, de uma existência concreta. Aquilo que é percebido. No vocabulário de Kant, Schopenhauer responde: o fenômeno. O autor da *Crítica da razão pura*, porém, não teria apreciado muito estar sob a bandeira de um filósofo que, em vez de apelar à estética transcendental, remetia explicitamente... ao cérebro. Consequência das peregrinações vitalistas do filósofo.

Pois as coisas encontram-se explicitamente ditas em *O mundo como vontade e representação*: o cérebro produz o tempo, o espaço e a causalidade. O encéfalo é o "ministério das relações exteriores", um tipo de sentinela rendido pelo sono. Ele desempenha no conhecimento um papel idêntico àquele do estômago na digestão. Durante o sono, ele continua a ter um papel importante, pois a vontade leva adiante seu trabalho sem descanso. Os sonhos são fabricados ali. Lá se organizam as percepções que lhe chegam sem parar.

O mundo é, assim, representação; e a representação, produto do cérebro. O mundo é, portanto, criação do cérebro, se não sua secreção. Nenhuma forma *a priori* da sensibilidade kantiana nessa física schopenhaueriana na qual a representação não cai do céu das ideias, mas decorre diretamente de uma matéria neuronal, de uma fisiologia na qual os gânglios acham-se convocados, o que, convenhamos, contrasta com a razão pura do precursor invocado...

Assim, não existe nenhuma objetividade do mundo. Pois há tantos mundos quantos são os sujeitos que o percebem e o concebem. Triunfo absoluto do indivíduo! O gênio não vê as coisas como o cretino, o filósofo como o cocheiro, o pensador como o açougueiro. O poeta concebe-o de modo diametralmente oposto ao do retardado. Apenas existe aquilo que é representado. Antes de mim, depois de mim, independentemente de mim, nada é, pois sou aquele que dá o ser às coisas. Sou meu cérebro, meu cérebro é o mundo, sou o mundo... Porém, o essencial é vontade, não o esqueçamos.

O mundo é, portanto, a ideia que faço dele como fenômeno e representação, mas pura vontade do ponto de vista da coisa em si. Eis a tese posta. Ela é dita da forma mais simples possível no título. O livro propõe-se, portanto, desde a primeira edição às tiragens seguintes, passando pelos acréscimos regulares de suplementos – ao todo, por mais de quarenta anos –, examinar as consequências dessa verdade metafísica. Uma vida quase não será suficiente para dar a lista mais exaustiva possível dessas consequências.

23

Teoria dos motivos. Primeira consequência: uma vez que a vontade é cega, que tudo quer e produz o conjunto daquilo que é, a doutrina de Schopenhauer apresenta-se como um estrito fatalismo. O determinismo dita a lei, o livre-arbítrio é uma total ilusão. Tudo aquilo que ocorre supõe séries de causalidades: uma causa produz um efeito que, por sua vez, torna-se causa e induz um novo efeito que... etc. Nessa cadeia em que tudo é necessário, não existe nenhum interstício que permita um leve jogo, no sentido mecânico do termo, no qual a liberdade poderia se mover um pouco. Tudo aquilo que ocorre acontece necessariamente.

Por que, então, uma coisa e não outra? Um gesto em vez de outro? Uma palavra em vez e no lugar de seu contrário? Por causa da teoria dos motivos. O que é um *motivo*? Uma representação que nasce devido a excitações externas dos órgãos dos sentidos e se encontra, portanto, sempre no cérebro. Na matéria neuronal, motivos disputam entre si a prioridade a fim de prevalecer sobre todos os demais. O motivo representa uma força que trabalha o ser em meio a forças de intensidade e natureza diferentes. Tendo saído vencedor dessa luta, um motivo torna-se a causa que obriga a agir, falar, seguir em uma direção. O impulso decorre assim de um motivo que dominou os outros.

A liberdade não existe, o livre-arbítrio é uma ficção, uma ilusão. Cada um dispõe de um cérebro informado por uma multidão de causas externas. A natureza da volição é o motivo que se torna a causa excitatriz. Porém, tampouco as volições são livres:

nessa dinâmica dos motivos, trata-se de um jogo de forças cegas. Entre os motivos possíveis: o passado, a história, a educação, a admiração, o hábito... Tudo isso entra em colisão, e o desfecho ocorre com o triunfo inexplicável de um deles, aquele que foi o mais poderoso. A vontade conhece apenas o triunfo de forças. Pode-se fazer aquilo que se quer, entretanto não se pode querer outra coisa... Ninguém escolhe, todos somos escolhidos.

24

Caráter e temperamento. Segunda consequência da tese colocada no título: nosso caráter é herdado, provém diretamente do pai. A mãe, por sua vez, transmite o intelecto. Schopenhauer não apresenta nenhuma justificação para essa hipótese, apenas se contenta em repetir o que sua mãe não parou de dizer desde que ele era criança. Sua melancolia, sua angústia, seu temperamento, sua predisposição à tristeza são de Heinrich Floris. O intelecto? O pensador, o pensamento, o filósofo? Um presente da mãe, autora de livros de sucesso... O particular tornado universal, sem sombra de dúvida, isso nos dá o que pensar...

Eis, portanto, outra variação sobre o tema do fatalismo a acrescentar à lista que se enriquece das razões de nos encaminharmos para o trágico: a vontade governa tudo; os motivos engrenam nossos modos de ser e de fazer em séries causais; a liberdade não existe; o caráter se herda e não se pode fazer nada contra... Pelo simples fato de que o mundo é minha vontade e minha representação, a cada minuto o céu fica mais escuro...

Um pequeno desanuviamento: podemos, com o passar do tempo, efetuar sobre nós mesmos um tipo de trabalho de introspecção que nos permitirá ver aquilo que fazemos, o que volta a acontecer – a compulsão à repetição em Freud... –, como nos comportamos, o que fizemos. Desse modo, terminaremos por entrever um pouco o mistério de nosso caráter e de nosso temperamento. Mais seguros com esse conhecimento, poderemos elaborar uma estratégia eudemonista no terreno da sabedoria prática ao trabalhar para a construção de motivos mais fortes, capazes de vencer aqueles que nos conduziram até então. Porém, para apreender intelectualmente a natureza mágica dessa liberdade possível em um mundo de pura necessidade, é preciso mudar de registro, abandonar aquele da coisa em si, no qual nada é possível, para se instalar no terreno do fenômeno, em que é possível arranjar-se um pouco no incorrigível...

Pois, embora o caráter seja inato, existe também um caráter adquirido pela educação, pela instrução, pela transmissão, pela infância, pelo meio. O conjunto produz uma compleição fisiológica particular, um corpo singular, um cérebro único. Pode-se ainda, evidentemente, agir de um modo em vez de outro para produzir em um ser motivos capazes de inflectir a natureza violenta e imperiosa da parte hereditária. Nesse aspecto, também, a ontologia sombria segue a par com a ética luminosa.

25

O desejo está em toda parte. Outra ocasião de uma visão trágica do mundo, essa verdade de que o desejo está em toda parte, que o que constitui o próprio fundo do ser é aquilo que não se chama ainda libido. Porém, o instinto sexual conduz o mundo. Schopenhauer afirma claramente que a vontade tem sua sede nos órgãos genitais. A vontade é antes de tudo o querer-viver, o desejo e a necessidade, o desejo de (se) reproduzir e de continuar a espécie, o desejo louco de obedecer aos poderes genesíacos que fazem conosco o que querem.

Na grande tradição filosófica, Schopenhauer afirma que o desejo é falta, portanto sofrimento, dor. O desejo supõe algo de que carecemos e cuja obtenção poderia nos preencher, nos acalmar. Ora, o desejo transforma-se em prazer que é acompanhado sempre de uma depressão, de um desgosto, de uma tristeza logo substituída por um novo desejo. O ciclo infinito do desejo como falta, da falta como dor, da dor acalmada por um prazer, que se torna por sua vez dor, antes de se metamorfosear novamente em desejo, nos determina uma residência ontológica.

O sofrimento? Um desejo entravado. A tristeza? Uma vontade entravada. Ninguém escapa desse eterno retorno das coisas, dessa lógica trágica. Daí essa imagem eloquente para explicar a condição humana: o balanceiro. Schopenhauer nos diz: a vida é uma perpétua oscilação entre o sofrimento e o tédio. Ou há sofrimento ou há tédio. Sofrimento do desejo insatisfeito; tédio do desejo satisfeito. Como bom conhecedor do modo de vida inglês, o filósofo acrescenta que o tédio tem sua representação social no domingo, e o sofrimento, no resto da semana...

26

O sofrimento, palavra-chave de tudo. "O sofrimento é o fundo de toda vida", escreve Schopenhauer com apenas trinta anos de idade. Se os otimistas recusam essa verdade evidente, então que sejam conduzidos ao redor do mundo onde verão: doentes deitados em seus leitos de morte nos hospitais, lazaretos repletos de condenados à morte, blocos cirúrgicos com cirurgiões que mutilam corpos, prisões com condenados à pena capital, câmaras de tortura nos porões de castelos, galpões para escravos, os famosos canteiros dos condenados às galés em Toulon, a forca em Londres, pardieiros e lugares miseráveis, pessoas que trabalham e mal ganham com o suor do rosto o suficiente para sobreviver, e isso durante a vida inteira.

Pode-se também perguntar a esses otimistas o que pensam dos terremotos que ceifam centenas de milhares de vítimas, das catástrofes naturais, das epidemias – febre amarela, cólera, peste negra, que de uma só vez riscaram do mapa milhões de habitantes de um país... –, dos maremotos, dos deslizamentos de terra e dos vulcões que destroem cidades inteiras. O melhor dos mundos, realmente?

Se nos colocamos sob a perspectiva das relações humanas, as coisas não são muito melhores: nenhuma bondade, nenhuma gentileza, nenhum altruísmo, nenhuma generosidade, apenas egoísmo por toda parte, invejosos, ciumentos, malvados, briguentos, hipócritas, orgulhosos, vaidosos que tornam a vida impossível e acrescentam mais negatividade a uma negatividade já extrema. Nos *Parerga*, aquele que tanto sabia sobre bengaladas e outras vias de fato, escreve: "o homem é um animal que bate"...

AS RADICALIDADES EXISTENCIAIS

Além disso, não se pode omitir a angústia, o medo, os temores, os tormentos, a inquietude e tudo aquilo que se chamaria hoje em dia de estados depressivos e suicidas. Mais uma vez, de novo, Schopenhauer sabe do que fala... Enfim, a morte: a morte como verdade de tudo aquilo que vive, como finalidade inelutável do que habita esse planeta, como destino individual. Todos sabem que devem morrer: como viver ainda, apesar de tudo, com essa certeza encravada na alma?

27

O pior dos mundos possíveis. Schopenhauer recusa, portanto, Leibniz e seu otimismo. Não estamos no melhor dos mundos possíveis; nenhuma teodiceia justifica o mal; a negatividade não tem razão de ser para compor um mundo do qual, se fosse excluída, seria imperfeito; o desígnio de um Deus que não existe não pode explicar, legitimar e, menos ainda, justificar o quadro dessas misérias esboçado por um filósofo como Dante ao descrever o Inferno. A única desculpa de Leibniz é ter tornado possível o genial *Candide* [*Cândido*] de Voltaire...

Nós estamos de fato no pior dos mundos possíveis. A prova: apenas um pouquinho mais de negatividade e ele desmoronaria definitiva e lamentavelmente. O mundo não é feito senão para continuar a ser. Consequentemente, dos mundos possíveis, ele é o pior. Pois uma ligeira alteração de temperatura, uma pequeníssima variação no eixo de rotação da Terra, ínfima, ridícula, derrisória, um grau de diferença na trajetória de um planeta, um único grau, uma ligeira alteração da atmosfera, e tudo desapareceria:

as geleiras derreteriam, o nível das águas subiria, as águas recobririam todas as terras habitáveis, o frio congelaria o planeta ou o calcinaria, os astros colidiriam, as espécies animais desapareceriam de imediato... O melhor dos mundos, esse mundo aí? Tenha dó...

Os animais e os homens devem lutar diariamente para viver e sobreviver. Brigam por comida. Tudo isso é uma imensa farsa trágica. Schopenhauer apela à tradição da filosofia antiga: todos os grandes pensadores foram pessimistas, diz ele. Segue uma litania de nomes convocados para o processo do mundo. Um olhar lúcido concluiria que teria sido melhor não ser, pois o não ser é preferível ao ser. Mas é tarde demais... O pior dos dias para um ser é aquele de seu nascimento. O melhor momento em uma vida? Quando se está adormecido. O pior? Quando se acorda... O cotidiano é atormentado pelas ilusões, e Schopenhauer concebe o trabalho filosófico como uma arte de levantar os véus da ilusão...

28

Um pensamento existencial. Schopenhauer coloca-se no campo dos filósofos existenciais, isto é, do lado dos pensadores para os quais a filosofia não é uma profissão, um ofício, uma atividade assalariada, um trabalho jornalístico ou de revista, mas uma vocação, uma terapia, uma ética aplicada, uma consolação para o mundo tal como ele é, como ele caminha. Daí, filosoficamente, suas razões para atacar Fichte, Schelling, Hegel e congêneres do idealismo alemão, culpados de sofistarias e de viverem não *para* a filosofia, mas *da* filosofia.

A essas razões nobres provavelmente se misturam outras, menos nobres, que supõem o ressentimento de um homem que não teve sucesso algum antes de uma idade avançada e assistia ao estrelato das "hegeliarias" – como ele diz –, ao passo que seus livros não vendiam, que a quantidade de ouvintes de seu curso cabia nos dedos de uma mão enquanto, em outra parte, na mesma hora, na mesma universidade, os anfiteatros abarrotavam-se para ouvir perorações sobre o Espírito Absoluto...

Porém, independentemente das razões baixas – ciúme, inveja, ressentimento, orgulho ferido... –, os argumentos filosóficos de Schopenhauer para fustigar o bando dos filósofos assalariados, dos professores de filosofia dóceis, servis, pagos pelo governo, universitários que travestem o velho conteúdo judaico-cristão em fórmulas conceituais que iludem, fazedores de livros para o sucesso, pensadores de biblioteca e de gabinete, tudo isso valia para o seu tempo – como para o nosso e para os séculos futuros, provavelmente...

O filósofo deve, primeiramente, oferecer as chaves do mundo. Schopenhauer define a disciplina como "a ciência do mundo". De fato, *O mundo como vontade e representação* obedece a essa concepção das coisas: encontram-se nele a desmontagem de todas as engrenagens da máquina e uma análise da Vontade, seu combustível perpétuo. Nesse sentido, *Da vontade na natureza* estabelece bem os fundamentos e funciona como filosofia primeira em sua visão de mundo. Sua obra fornece o código do universo que, caso contrário, permaneceria cifrado. Da formação do cristal da rocha à homeostasia do sistema planetário, passando pela natureza dos campos magnéticos, nada escapa à sua análise. Tudo vai à, vem da e retorna à Vontade.

Porém, esse primeiro momento não é suficiente, senão os cientistas seriam filósofos, e, além do mais, seriam os únicos. Do mesmo modo que as cartas a Metrodoro e Pitocles não seriam suficientes para constituir a obra filosófica de Epicuro. A metafísica – se não a física vitalista... – de Schopenhauer descreve o mundo, mas, além disso, fornece seu modo de utilização, no caso as técnicas de negação do querer-viver. Nesse segundo momento, o pensamento do filósofo revela-se verdadeiramente existencial: ele convida a se conduzir de uma maneira e não de outra, a fazer isso em vez daquilo, a agir de tal forma e não de outra.

Esse pensamento é construído, portanto, em um duplo movimento: em um primeiro momento, desmontagem e compreensão do real; depois, num segundo momento, usos desse mundo. Em outras palavras, uma metafísica acompanhada de uma ética. Se a metafísica propõe uma ontologia sombria, a moral, uma vez que prescreve, oferece uma ética luminosa, isto é, uma sabedoria empírica eudemonista. Aquilo que os professores universitários não fazem...

29

Os funcionários da filosofia. Schopenhauer é um autodidata em filosofia. Ele começa, como se sabe, uma carreira de comerciante. Frequenta dois anos de medicina, depois filosofia, mais tardiamente. Aprende grego e latim, depois sânscrito – ele praticará sete línguas –, mas fora dos percursos habituais. Eis por que não brinca com a disciplina como com um brinquedo facilmente adquirido ou ao modo de uma prebenda herdada de família. A filosofia parece tirá-lo do sofrimento que o atormentava desde a adolescência. Ela oferece uma abertura de claridade possível na obscuridade do caráter. Essas são as razões pelas quais Schopenhauer pragueja contra a filosofia dos funcionários da universidade que aviltam a disciplina, ridicularizam-na e afastam dela uma parcela importante daqueles a quem poderia prestar serviços de consolação ética consideráveis.

Precaução e entrada na matéria: Schopenhauer afirma que não é obrigatório entrar na disciplina pela universidade, pois existem outros caminhos – bem mais interessantes, aliás – para chegar a esse castelo magnífico. Por exemplo, a leitura direta dos autores, sem os cursos, sem os anfiteatros, sem os professores, sem a mediação de um glosador pago pelo Estado ou de um historiador das ideias que vive da reciclagem dos pensamentos de outrem. Ler, ir diretamente ao texto, evitar a instituição e os institucionais.

Em seguida: os professores recebem um salário do Estado para realizar seu trabalho. Como poderiam ser livres? Pensar de maneira autônoma? Analisar e refletir soberanamente? Por outro lado, consequentemente, um governo não pode pagar um salário a um personagem que ensina doutrinas que estão em contradição com sua orientação. Um Estado cristão e monarquista não pagará um professor para ensinar a excelência do ateísmo ou da república. Os problemas de Fichte, acusado de ateísmo, demonstram isso. Seu realinhamento, em seguida, também. *Discursos à nação alemã* terminará por provar sem sombra de dúvida a excelência e a pertinência da análise de Schopenhauer...

Em consequência: os professores de filosofia não ensinam filosofia, mas um tipo de catequismo conformista, judaico-cristão, que envolvem com um excipiente conceitual capaz de transformar os conteúdos gastos da moral bíblica em proposições geniais, uma vez aureoladas de cintilações, rutilações e brilhos mágicos que fascinam o público como prestidigitadores fazendo o falso passar por verdadeiro e a ilusão por realidade. Na universidade, vendem-se mercadorias alteradas, avariadas, adulteradas, contrabandeadas, sob a aparência de produtos frescos, novos e originais. Ensina-se aí uma paráfrase do catecismo e nada além disso.

(Schopenhauer evidentemente não está errado, mas seria de esperar que suas análises tão justas não poupassem Kant, uma vez que ele também usa e abusa de um vocabulário próprio para confundir e que, no mínimo, com seus três postulados da razão pura prática – a afirmação da liberdade, da imortalidade da alma e da existência de Deus – funciona como professor emblemático: a *Crítica da razão pura*, máquina filosófica capaz de pulverizar a metafísica ocidental, torna-se um tedioso texto pietista assim que Kant postula os três pilares do monoteísmo cristão. Ele faz com que entre pela porta aquilo que havia tão genialmente contribuído para que saísse pela janela... Ver a confissão no Prefácio da segunda edição: "Tive, pois, de abolir o *saber* a fim de obter um lugar para a *crença*." Porém, quando Schopenhauer ama e decide absolver ou não ver, ele não vê. Mesma coisa quando decide não gostar ou detestar!)

Por outro lado: o professor de filosofia não tem o que fazer com a verdade, aquilo que procura é um salário para manter sua família e seu estilo de vida.

O filósofo visa à verdade; o professor, a sua remuneração. O primeiro vive *para* a filosofia, o segundo vive *da* filosofia e ilustra o adágio, mas de uma maneira estranha: primeiro viver, em seguida filosofar. Quanto a essa questão, Schopenhauer reuniu seu pensamento e sua vida em uma fórmula certeira: "Procurei a verdade, não um emprego." Adágio impossível de ser endossado por um professor, qualquer que seja a época...

Essa filosofia que se paramenta com as mais belas indumentárias da disciplina e se contenta em vender bugigangas judaico-cristãs não deveria ser admitida. Pois uma filosofia cristã não faz mais sentido que uma matemática ou uma aritmética cristãs nas quais seria necessário que dois mais dois fossem cinco. A religião é uma metafísica para o povo, mas a filosofia não deve se propor esse tipo de desígnio: ela se dirige ao saber, à razão, à inteligência, e não à fé, à crença e à credulidade. A filosofia quer a clareza, a religião mantém a obscuridade. Eis por que Hegel torna-se o bode expiatório de Schopenhauer.

30

Queda de um cavalo na rua. Os dois homens também diferem quanto à teoria dos motivos, e a natureza do encontro de ambos, em Berlim, pode ter constituído um... motivo de ódio. A crença cristã de Hegel obriga-o a se sujeitar à existência do livre-arbítrio para que possa entrar no jogo da Igreja que justifica assim a responsabilidade, portanto a culpabilidade, portanto a possibilidade do castigo. Isto é, a ascendência, se não o império, sobre as almas, portanto sobre os corpos. Dotado do livre-arbítrio, do qual fez mau uso no paraíso, o primeiro homem é, pois, responsável pela negatividade transmitida por efeito do pecado original. Posição cristã estrita. Sabe-se que Schopenhauer nega a existência do livre-arbítrio. A análise explicitamente consagrada a essa questão em seu ensaio *O livre-arbítrio* é clara.

Contudo, antes desse texto datado de 1839, Schopenhauer já defendera essa posição em sua tese, *Sobre a quádrupla raiz do princípio de razão suficiente*, em 1813. Ele explica, nesse texto, que há quatro formas universais de procurar razões. Interrogamo-nos, de fato, sobre a razão do *vir a ser*: por que aquilo que aconteceu no mundo físico aconteceu? Nesse caso trata-se da questão da causalidade. Interrogamo-nos sobre a *razão do conhecimento*: nós não nos perguntamos por que algo advém de um modo e não de outro, mas por que afirmamos que algo advém assim. Tentamos compreender o que é a *razão suficiente do ser*: no campo da geometria e da aritmética pura, por que, por exemplo, o 1 precede o 2 e depois vem o 3. Enfim, refletimos sobre a *razão de agir*: o que explica mais uma ação do que outra? E sabemos que, quanto a esse assunto, Schopenhauer defende sua teoria dos motivos. Agimos porque triunfa o mais poderoso dos motivos da volição.

Schopenhauer candidata-se a um cargo de professor na universidade de Berlim. O júri recebe-o para uma aula teste, e entre os membros da banca está um certo Georg Wilhelm Friedrich Hegel... Com *Sobre a quádrupla raiz do princípio de razão suficiente* em mãos, Hegel ataca Schopenhauer: "Se um cavalo deita-se no chão no meio da rua, qual é o motivo?" O candidato responde: o chão, o cansaço, a situação na qual ele se encontra, a saber, em uma estrada, pois à beira de um precipício o cavalo não se deixaria cair. Hegel: "O senhor conta as reações animais entre os motivos. Também os batimentos do coração, a circulação do sangue: motivos!" O postulante remete à fisiologia de Haller e distingue as reações vitais dos movimentos conscientes do corpo. Hegel retorque que Schopenhauer engana-se quanto ao sentido da expressão "função animal".

No júri, um professor de zoologia interrompe Hegel e explica por que este último se engana e afirma que Schopenhauer está certo... Esse homem providencial, Martin Heinrich Lichtenstein, Schopenhauer conhecera outrora no salão da mãe... Sabe-se que Schopenhauer foi aceito como professor, que ele desejou explicitamente dar seu curso no mesmo horário que o de Hegel e experimentou um fracasso doloroso ao constatar que o autor de *Fenomenologia do espírito* ganhou o sucesso que lhe faltava.

31

Morte às "hegeliarias"! Deixemos de lado as razões pessoais pelas quais Schopenhauer agride violentamente o autor de *Fenomenologia do espírito* em "Sobre a filosofia universitária", e vejamos o que separa filosoficamente os dois pensadores. Schopenhauer não faz um diagnóstico errado quando reduz a totalidade do sistema hegeliano a uma formulação nebulosa do velho conteúdo cristão... O julgamento é duro, severo, impiedoso, incrivelmente violento, mas tão justo... Lê-se, de fato, nos artigos póstumos de Hegel: "Sou luterano e quero continuar a sê-lo." E, acrescentando esta frase da *Enciclopédia*: "O conteúdo da filosofia e o da religião são os mesmos", tudo estará dito...

Em relação ao conteúdo: Hegel defende posições otimistas. O mundo é tal como deve ser, sua realidade é conforme a uma racionalidade definida pela conformidade do Real ao racional. É o melhor dos mundos possíveis, pois Deus o governa. *A razão na história* não cessa de proclamá-lo e afirma que o Real, a Ideia, a Razão e Deus são uma única e mesma coisa. O sentido da história confunde-se com o desígnio da Providência. A *Filosofia da religião*, por sua vez, enuncia que "a religião cristã é aquela da verdade". Desse modo, esse mundo é o melhor dos mundos possíveis, já que manifesta a vontade de Deus.

Não é preciso colocar em perspectiva essas teses com a posição de Schopenhauer, para quem a Vontade cega governa o mundo e para quem a própria hipótese de um desígnio, de um sentido, de uma finalidade, de um trajeto racional da história constitui uma imensa tolice filosófica. O otimismo do cristão que recicla a velha teodiceia de um Bossuet, por exemplo, não pode convir ao pessimismo do ateu que milita pelo puro absurdo trágico de todo acontecimento.

Hegel é igualmente célebre por sua análise da negatividade e seu papel fundamental na dialética que permite sujeitar-se à ideia de progresso e aperfeiçoamento, de trajeto para a realização do Absoluto: o momento negativo sempre tem um sentido, um papel, um significado, mesmo que não se compreenda qual nem por quê. As vias do Senhor são insondáveis e tudo faz sentido no curso da história, inclusive, e sobretudo, o Mal, no qual Schopenhauer esbarra. Momento em um movimento para Hegel, o cerne da questão para Schopenhauer, a economia do Mal não é de forma alguma a mesma nos dois pensamentos.

32

Contra a "colossal mistificação". Schopenhauer ataca igualmente Hegel em relação à forma: para poder vender velhas coisas fazendo-as passar por novas, é preciso a operação de mistificação que é a linguagem nebulosa, a verborreia engenhosamente orquestrada por discípulos, jornais e revistas úteis para provocar a alucinação coletiva. O autor do *Mundo* escreve em uma linguagem soberba, clara, viva, incisiva, frequentemente literária, por vezes poética, sempre elegante. Diante dela, a algaravia hegeliana, aquela também da cambada do idealismo alemão, tem por que desesperar para o primeiro leitor intimidado.

Bastante irritado, eis o que escreve Schopenhauer para caracterizar Hegel, as "hegeliarias", os hegelianos e aqueles que gravitam em torno dessa nebulosa: "fantasias absurdas", "palhaçada filosófica", "a verborreia mais oca e insensata com que já se deleitaram os imbecis", "mundo de pernas para o ar", "a galimatias mais repugnante e mais assombrosa, a ponto de lembrar os delírios dos alienados", "*filosofastro* grotesco", "grande farsa", "charlatão medíocre, sem espírito, repugnante, ignorante", "escrevinhador de absurdos", "barafunda de palavras vazias", "colossal mistificação", "pseudofilosofia", "o discurso mais vazio de ideias, o mais imbecilizante do jesuitismo protestante", "filósofo para rir", "um borrador de insanidades", "uma cabeça comum", "uma pantalonada filosófica", "*filosofastro* inepto". Em resumo, filósofo universitário...

O uso de um vocabulário incompreensível permite fabricar confrarias, camarilhas com turibulários dóceis, submissos e obedientes, aos quais se atribuem então cargos universitários que protegem e asseguram uma carreira. A obscuridade obriga à repetição, obriga a manusear um punhado de conceitos, sempre os mesmos, para impressionar o burguês: "o em si", "o ser para si", "o absoluto", "o universal", "a forma", "a negatividade", "o ser-aí", "a faculdade do suprassensível", "o Espírito Absoluto", "a essência", "o conceito", "a coisidade", "a Alma do mundo", "as determinações reflexivas" etc.

A leitura da correspondência de Hegel dá razão a Schopenhauer... Jacques d'Hondt, um de seus biógrafos, hegeliano convicto, assente à análise do filósofo de Frankfurt e explica que *A ciência da lógica* foi escrito por um Hegel casado, pai de família, que pagava uma pensão alimentar para um filho adulterino internado em uma instituição, procurando dinheiro e atamancando seu trabalho para receber o mais rapidamente possível o pagamento de seu trabalho assalariado e ao mesmo tempo encher seu currículo para a candidatura a um cargo acadêmico...

O jovem casado passa todas as noites a encher cadernos enquanto sua esposa ocupa-se dos filhos pequenos. Consciente de fazer tudo rápido demais e de sacrificar a elegância do estilo, a nitidez de expressão e a clareza da exposição, ele escreve a seu amigo Niethammer em 5 de fevereiro de 1812: "Para alcançar a forma devida, eu precisaria de ainda mais um ano; mas necessito de dinheiro para viver." É preciso aprofundar isso?

Os professores são também obrigados a esse uso da obscuridade para convencer de que não são o que são: propagandistas da ideologia oficial. Correias de transmissão do pensamento oficial: por mais que estejam carregados de conceitos, os *Princípios da filosofia do direito* defendem no fim das contas uma banal visão de mundo extremamente conservadora, legitimista e compatível com as exortações cristãs. Elogio do Estado, do Direito, da Lei, da Família, do Casamento, da Propriedade, da Religião, celebração da submissão do indivíduo ao coletivo. Um sermão cristão, uma coleção de virtudes imperiais.

33

O espírito de corpo filosófico. Os professores universitários reúnem-se para se solidarizarem e imporem mais facilmente sua visão das coisas. Para tanto, compreenderam como poderiam utilizar da melhor maneira possível as feiras, os jornais e as revistas... A instituição universitária permite ao instinto gregário funcionar plenamente e produzir os resultados esperados. Schopenhauer – que desejava que *O mundo* fosse publicado para a feira de São Miguel... – fustiga a mania que determina que um livro seja publicado... para uma feira! Diríamos hoje em dia: para a nova temporada literária. Em seu contrato com o editor, ele estipula que nenhuma publicidade será feita e que, caso seja necessário algum reclame, se limitará a fazer menção ao título e ao autor e nada mais.

A moda obriga à produção de livros ruins. A filosofia não escapa desse defeito da época em que o comércio dita a lei em inúmeras atividades, entre as quais a edição de livros. Esses livros lançados pelo atrativo midiático da feira são objeto de recensões elogiosas em jornais por medíocres que incensam outros medíocres como eles, mas, ao fazer isso, aumentam suas forças ao constituírem matilhas. Ora, a adição de nulidades produz apenas uma grande soma de nulidades...

A utilização das revistas permite também uma estratégia de dominação do campo cultural – universitário e filosófico – do momento. Professores sem pensamento – não raro, um pleonasmo – escrevem longos artigos para aclamar como gênio um amigo medíocre e obscuro, e praticam assim uma estratégia de intimidação: se professores diplomados que ensinam na universidade falam bem de uma obra da qual não se compreende nada, tamanha sua verborreia, então as pessoas se anularão em nome do argumento de autoridade e colocarão em dúvida não o livro ruim, mas sua própria inteligência. O professor recolhe os benefícios de sua operação de incensamento, e a aura que nimba o anão transformado em gigante ornará, por sua vez, o turibulário, que assim sai de seu anonimato. Mecanismo que opera a pleno vapor desde a época em que escrevia o solitário de Frankfurt...

34

Pensar por si mesmo. Schopenhauer parte para a guerra contra aqueles que pensam a partir de suas bibliotecas e fazem livros com livros e não com a liberdade de pensar. A técnica que utilizam assemelha-se a uma montagem de citações, uma colagem de parágrafos ou de ideias emprestadas de outros pensadores. A verdade não sai disso ilesa, e os erros cometidos por um encontram-se multiplicados pelos burros de carga atarefados em copiar e não preocupados em meditar e pensar.

O professor também não tem nenhuma preocupação com a verdade quando constrói seu discurso e o enuncia em público, pois sabe que precisa agradar e seduzir os estudantes. Ele preferirá sempre um erro que seja do agrado de seus ouvintes à verdade cruel, dura, contundente e que desagrada ao auditório. A continuidade de sua carreira obriga-o a agir como feiticeiro que encanta a plateia. A continuidade de sua carreira, com certeza, mas também a regularidade de seu salário, obtido a partir da filosofia transformada em pretexto.

Ora, um filósofo digno desse nome não pensa a partir de livros consultados em uma biblioteca, nem para os estudantes, mas tendo em conta o que a verdade exige. Ele deve, portanto, pensar *por* si mesmo e *para* si mesmo. Por si mesmo, isto é, utilizando não sua memória, mas sua inteligência; não um tubo de cola e uma tesoura, mas sua reflexão sobre o real, o mundo, as coisas. O lugar da reflexão não é a biblioteca, mas o grande livro do mundo tão caro a Diderot.

O filósofo adota a postura romântica do personagem do quadro de Caspar David Friedrich intitulado *O viajante sobre o mar de névoa*: solitário, longe da multidão variegada, a "vaca multicolor" de Nietzsche, em cima, projetando-se sobre o mundo, nos cumes, frente a frente com os elementos e a natureza, montanhas, cumes, rochedos, vales, nuvens. O jovem Schopenhauer fez, como dissemos, um estoque de experiências existenciais quando de sua viagem pela Europa; ele sabe que se aprende mais em albergues, tabernas, pelas estradas, andando, atravessando um país, encontrando pessoas, do que fechado em bibliotecas e coberto de pó dos velhos livros jamais consultados...

Pensar para si mesmo também: em outras palavras, não se preocupar com o universal, mas com o particular. Assim como a melhor maneira de proibir o acesso à felicidade é procurá-la com insistência, a melhor forma de produzir verdades válidas para todos é procurá-las para si. A lição de Montaigne e de seus *Ensaios* perdura na atitude schopenhaueriana: partir da introspecção, aumentar sua presença no mundo, experimentar, olhar, viver, sentir, meditar, pensar, observar. Aquilo que um filósofo termina por encontrar para si mesmo, em se tratando da verdade, tornar-se-á, de fato, mas de modo secundário, um Universal suscetível de verdadeira consistência.

35

Um catecismo misógino. De Platão a Freud, passando por Rousseau e Nietzsche, a filosofia ocidental dominante pretende falar para o universal, ao passo que, de fato, negligencia a metade da humanidade ao fazer das mulheres um subcontinente de seres irresponsáveis, fúteis, infantis. Nos *Parerga*, Schopenhauer escreve um texto intitulado *Sobre as mulheres* – embora o título mais adequado talvez fosse *Contra as mulheres...* – no qual dá a impressão de ter concentrado todos os argumentos do lugar-comum misógino que o precederam.

Decerto a crítica teórica faz pensar no acerto de contas prático com sua mãe, a partir do qual ele extrapola para a Mulher, que se torna então um pretexto para derramar todo seu ódio, desprezo e ressentimento. Contudo, para além do fator desencadeante autobiográfico, Schopenhauer faz de seu discurso sobre as mulheres uma das cem portas pelas quais se entra em sua Tebas filosófica. A tirada violenta contras as mulheres faz parte da economia de um sistema de pensamento no qual a Vontade desempenha plenamente seu papel.

Ora, sabe-se que, quando o sucesso chegou – assim como a idade que, como todos sabem, diminui as faculdades genésicas –, o filósofo encontrou mulheres que não limitavam seu mundo ao salão de chá nem suas conversas a fofocas e mexericos de cidadezinha do interior. Mulheres que não tinham como único objetivo na vida comprar chapéus, experimentar vestidos ou gastar o dinheiro dos maridos. Ou mulheres que não eram cortesãs volúveis, atrizes colecionadoras de amantes, ou prostitutas a cujos serviços recorreu com frequência.

Dizem que nesse período de sua vida sua misoginia atenuou-se. O encontro com a jovem Elisabeth Ney, que fez seu busto de mármore em 1859, foi fundamental. O mesmo se pode dizer das visitantes vindas de Roma, Hamburgo e Amsterdam, com as quais tem verdadeiras conversas filosóficas. A Malvida von Meysenbug, que será amiga de Nietzsche, confidenciará que ainda não disse sua última palavra sobre as mulheres e esclarece que, no caso de alguma conseguir elevar-se acima da massa, ela se colocará acima dos homens... Porém, seu desejo de acrescentar textos aos *Parerga* não terá tempo necessário para se concretizar; caso contrário, talvez dispuséssemos de considerações passíveis de tornar Schopenhauer menos ridículo em seu ressentimento...

Na época misógina, eis o que Schopenhauer pensa das mulheres: não são aptas nem aos grandes trabalhos corporais, o que seria compreensível dada sua fisiologia, contudo, nem aos grandes trabalhos intelectuais, pois sua inteligência limitada impede-as de se livrarem de sua condição, que é reproduzir a espécie. Elas pagam a dívida da vida pelo sofrimento do parto. Seu destino reside no casamento, em servir ao marido e à família e na maternidade... Devem obedecer aos homens e contentar-se com futilidades, eis sua única perspectiva.

Se reunirmos todos os motivos de queixa, eis a lista obtida: inferiores, ridículas, fracas, dissimuladas, mentirosas, pérfidas, interesseiras, ingênuas, esbanjadoras, caprichosas, inaptas à criação, fúteis, pueris, perdulárias, irritadiças, irrealistas, injustas, ardilosas, más, infiéis, ingratas, levianas, ciumentas, feias, vaidosas, arrogantes, incultas... Tudo em um ínfimo punhado de páginas. Além das mulheres, apenas Hegel recebeu tantos insultos...

36

Feias e tolas. Schopenhauer tem o cuidado de desenvolver tudo isso e, ponto por ponto, conduzir as mulheres diante de seu tribunal pretensamente filosófico. Daí considerações sobre a idade mental, que ele limita a dezoito anos, ou afirmações sobre seu estado intermediário entre a criança e o homem, que encarna o sucesso do gênero. Elas são, à maneira delas, inacabadas, incompletas.

A beleza feminina também é vítima da análise do filósofo: se são belas, isso dura pouco, e apenas o tempo da procriação. De fato, essa beleza é rara, pois, na maioria das vezes, se olharmos com atenção, como é possível falar do "belo sexo" sem medo do ridículo? Julguemos por nós mesmos: pequenas, pernas curtas, ancas largas, ombros estreitos, elas são "inestéticas"...

AS RADICALIDADES EXISTENCIAIS

Nelas, a natureza comanda, pois seu desejo confunde-se com a violência da Vontade que visa a reprodução e a continuação da espécie. A beleza é um artifício, um ardil da natureza que lhes permite alcançar sua finalidade. A prova, continua o anatomista das mulheres, é que após duas ou três maternidades a beleza desaparece e a feiura toma conta. Assim como os insetos que perdem o artifício das belas asas uma vez terminada a cópula. Além do mais, ele não poupa de seu ódio e de sua repulsa as mulheres velhas, isto é, mulheres em menopausa que já não podem desempenhar seu papel na natureza.

A visão feminina das coisas reduz-se ao presente; a falta de inteligência impede-as de se lembrarem do passado e dele tirar lições, bem como de prever as consequências de seus gestos ou de seus atos. Daí esta evidência: elas não consideram que o dinheiro de que dispõem possa desaparecer e compram a mancheias. Na maior parte do tempo, gastam o dinheiro que o marido ganha. Essa imprevidência deveria levar os homens a nunca permitir que elas herdassem um capital; seria preciso limitar-se a dar-lhes uma renda e deixar a gestão de seus bens aos homens, que sabem fazer essas coisas. O mesmo vale para o direito de tutela, que lhes deveria ser proibido.

Esse mesmo traço de caráter – a incapacidade de viver além do presente – faz com que se destaquem na injustiça. Faltam-lhes a razão e a reflexão, e, por isso, não imaginam as consequências de seus atos ou palavras. Assim, os homens só deveriam lhes permitir prestar juramento nos tribunais com parcimônia, se não com circunspecção.

A falta de força física obriga-as a desenvolver outra técnica para viver e sobreviver: a astúcia. Daí sua hábil arte de dissimular e seu incrível talento para mentir. Essas formas de ser, mais uma vez, deveriam levar os homens a não lhes dar espaço além do mínimo necessário nos assuntos humanos nos quais a justiça, a razão, a lucidez e a verdade desempenham o papel essencial. Nos tribunais, portanto; mas no mundo dos negócios também.

37

Promíscuos e monogâmicas. Os homens, constata Schopenhauer, são naturalmente levados a trocar de parceiras. As mulheres, por sua vez, não. Essa realidade tem raízes nos papéis que lhes foram designados pela natureza: os homens inseminam as fêmeas, vão procurar alimento, outrora caçando, hoje, trabalhando; enquanto isso, as mulheres carregam sua progenitura, permanecem em casa para se ocupar da alimentação do caçador que vai voltar e para dar comida aos filhos que ficaram com ela em casa, onde estão em segurança. Nomadismo do caçador macho e sedentarismo da mãe fêmea.

Assim que o homem obtém aquilo que quer sexualmente, as coisas estão resolvidas entre ele e sua parceira. Para a mulher, ao contrário, elas apenas começam. O reprodutor fez aquilo que tinha de fazer e sai para procurar outro ventre para fecundar. A mulher, por sua vez, também faz aquilo para o qual é programada: ocupar-se da gravidez que precisa levar a bom termo não a fim de obedecer a um hipotético instinto maternal afetivo, mas para permitir que a espécie se perpetue. Schopenhauer conclui que, dado esse estado de coisas, a infidelidade de uma mulher é muito mais grave que a de um homem...

O casamento, pode-se imaginar, não agrada ao filósofo... Nos *Parerga*, ele escreve: "Em nosso hemisfério monogâmico, casar-se é perder a metade de seus direitos e duplicar seus deveres." E, nos *Aforismos para a sabedoria de vida*, conclui com uma reviravolta o capítulo sobre "Daquilo que temos" ao escrever: "Entre as coisas que possuímos, não contei mulheres e filhos porque somos antes possuídos por eles"...

Daí o elogio do concubinato e também da poligamia praticada em toda parte, seja em países que a reivindicam claramente, seja naqueles que, hipócritas, celebram a monogamia, mas não a praticam. Portanto, o problema não está em instaurá-la, mas em estabelecer as regras de aplicação. Essas são as razões pelas quais um homem que tem uma mulher estéril, velha ou doente pode, legitimamente, arranjar outra companheira.

A vantagem da poligamia? A mulher desempenha aí seu papel natural que é o de obedecer a um homem, ser submissa, dócil, dedicar-se às tarefas domésticas, fazer comida para o marido, alimentar os filhos, ocupar-se com a manutenção adequada do lar. E, principalmente, não pensar, não refletir, não ter acesso aos assuntos do mundo nem às esferas espirituais e culturais, propriedade reservada aos esposos, maridos, homens, machos...

38

Um fogo de artifício sombrio. Essas páginas extremamente violentas contra as mulheres não são, evidentemente, como o florilégio de um filósofo misógino que acerta contas com a mãe, mas como uma parte de todo o sistema: a Vontade conduz o mundo;

o instinto sexual é identificado a essa Vontade cega; o querer-viver conduz todos, e particularmente quando se trata de sexualidade; o amor é uma ficção, há apenas artimanha da razão natural com o objetivo de fazer com que a espécie triunfe; nessa aventura, o indivíduo é tapeado; a beleza das mulheres mascara a trivialidade dessa verdade... Conclusão: o maior dano é ter nascido.

Consequência: o maior bem é não ter nascido. Daí a positividade desta proposição schopenhaueriana: paremos de assentir ao projeto da natureza, impeçamos as mulheres em sua loucura de se tornarem suas auxiliares cegas, e, seguros de nosso saber filosófico quanto à verdade das coisas, interrompamos esse movimento que leva a reproduzir indivíduos, portanto a propagar a negatividade.

Para continuar a ilustrar a oposição radical entre os dois filósofos, esclareçamos que Hegel provavelmente faria dessa negatividade um momento propedêutico de superação, uma etapa no caminho que, dialeticamente, levaria ao verdadeiro; Schopenhauer, por sua vez, faz dele a instância a negar: negação da negatividade, eis a palavra-chave da ontologia luminosa do filósofo. Matemos aquilo que nos mata, impeçamos aquilo que nos faz sofrer.

Concretamente: deixemos de assentir ao "amor" que não é aquilo que habitualmente se ensina. A concepção do amor propagada pelas mitologias – Tristão e Isolda, Romeu e Julieta... – dissimula uma questão trivial de querer-viver, isto é, uma fisiologia libidinal, uma secreção de glândulas sexuais. Anunciando as teses neurobiológicas contemporâneas, Arthur Schopenhauer propõe uma biologia das paixões e uma física do amor diametralmente opostas às fábulas e lendas do Ocidente cristão.

O império dos sentidos leva o apaixonado a fazer qualquer coisa com qualquer um. A sabedoria popular afirma que "o amor cega", ela formula simplesmente a metafísica do filósofo: o Querer-Viver conduz suas vítimas como um cego que leva outros deficientes visuais para a beira de um abismo. Sobejam as anedotas que relatam condutas irracionais dos apaixonados. Nada mais existe, nem sabedoria, nem razão, nem bom-senso, nem inteligência quando os órgãos genitais efetuam seu trabalho fisiológico.

O que querem os apaixonados é a união sexual, a pura e simples copulação, o engendramento de um novo indivíduo, a fim de permitir que a natureza desenvolva seu plano: alimentar com vítimas a mecânica da vontade. A coisa em si busca a encarnação fenomenal; ela ignora o cérebro, a cultura, a inteligência e manda para os braços uns dos outros vítimas que engendrarão novas vítimas que procriarão novas vítimas, e assim até o fim dos tempos. Eterno retorno cíclico dessa vontade e dessa máquina de reproduzir a vontade.

Os apaixonados são traidores porque perpetuam as misérias e os sofrimentos do mundo. O próprio ato sexual pelo qual cada um atinge o ser realiza-se às escondidas, na escuridão, e é seguido de um sentimento de abandono, de uma tristeza. O que mostra com toda clareza a perversidade da vida visto que o ato pelo qual se propaga está assim carregado de negatividades. O presente é insuficiente; o passado, irrevogável; o futuro, incerto; o amor, uma ilusão; a felicidade positiva, impossível...

Daí, em resposta a esse quadro sinistro das coisas, uma metafísica da castidade que supõe a abstinência sexual, a recusa da sexualidade. Sejamos kantianos e universalizemos nossa máxima: se cessarmos toda e qualquer união sexual, a geração seguinte não ocorrerá; asfixiaríamos então suavemente a humanidade em menos de um século. Desse modo, o querer-viver se extinguiria como um fogo que deixamos de alimentar. Assim, o não ser tomará todo o lugar do ser. Fim de jogo em um fogo de artifício sombrio...

39

Não amar ao próximo. Essa metafísica da esterilidade é acompanhada, como previsto, de uma profissão de fé misantrópica. Schopenhauer, prudente, não ataca frontalmente o cristianismo. Mas esclarece, repetidas vezes, em cartas enviadas a correspondentes em quem confia (ver a carta já citada a Brockhaus, seu editor, de 3 de abril de 1818), que sua metafísica contradiz não *explicitamente*, mas *tacitamente*, de forma definitiva, a visão de mundo cristã.

A inexistência de uma alma imaterial, a refutação de um destino *post-mortem* para ela, a recusa de um além-mundo, qualquer que seja sua forma – paraíso, inferno, purgatório –, a negação de qualquer tipo de imortalidade pessoal, inclusive sob o aspecto de um "corpo glorioso", a metafísica monista e totalmente imanente, a relegação da mitologia cristã ao lado das fábulas, a transformação de Jesus em sábio isento de natureza divina, a ausência na obra de um Deus ou até mesmo de um estratagema de filósofo para salvar as aparências ao conservar o Nome de

Deus; tudo isso mostra Schopenhauer como um companheiro de estrada discreto e silencioso do ateísmo. Silencioso e discreto, decerto, porém firme e determinado.

Algumas passagens salvam um pouco o cristianismo; trata-se de momentos em que retira, da Bíblia, tudo aquilo que lhe parece... bramânico e budista! Assim, o que ele chama de "verdadeiro cristianismo" remete à seita originária e aos Pais da Igreja que ensinam o celibato, a castidade, a virgindade, a maldade do mundo, o triunfo do sofrimento e a possibilidade de redenção pela negação do querer-viver. Na qualidade de... primeiro discípulo de Schopenhauer, Jesus mostra o caminho.

Os hereges parecem-lhe mais próximos ainda (gnósticos, tacianistas, encratistas, marcionistas, montanistas, valentinianistas, cassianistas...) desse espírito de negação do querer-viver ao qual os protestantes viram as costas, Hegel entre outros, para preferir uma religião da razão ao ideal ascético cristão. A religião oficial da Igreja, por sua vez, diminuirá esse radicalismo a fim de tornar compatíveis a mensagem cristã e sua inscrição na longa duração da História. Nessa perspectiva do direito de inventário, Schopenhauer critica as fábulas cristãs referentes a além-mundos, mas conserva o ideal ascético para buscar sua radicalização. No campo da ética, Schopenhauer pratica o mesmo direito de pegar o que lhe convém e descartar o que o atrapalha. Entre as exclusões está o amor ao próximo, do qual não entende grande coisa.

Na condição de discípulo de filósofos extremamente lúcidos quando o assunto é a natureza humana, tais como La Rochefoucauld, Chamfort e Gracián, depois Helvétius ou Voltaire, Schopenhauer sabe que o amor ao próximo é uma impossibilidade psicológica em razão da mecânica humana, que é essencialmente egoísta. O amor-próprio conduz o mundo, assim como o interesse, e nada é puro, nenhum sentimento é verdadeiro segundo esse ponto de vista. Tudo aquilo que se apresenta com um belo aspecto – amor, amizade, generosidade, gentileza, bondade, caridade, clemência e outras versões do altruísmo e da filantropia – esconde a mecânica cruel de uma individualidade dominada pelo poder de seu querer e leva a exprimir antes de tudo seu eu a qualquer custo.

40

Sobre a morte voluntária. Recapitulemos as ideias-força da ontologia sombria de Schopenhauer: o sofrimento está na base de todas as coisas; não somos livres; um querer-viver cego nos guia sem plano nem lei; a vida oscila sem cessar entre o tédio e o sofrimento; o tempo cíclico traz de volta indefinidamente o eterno retorno de todo sofrimento; o desejo nos impõe sua lei; o prazer é uma ilusão paga com o sofrimento que, no entanto, buscamos incessantemente; o caráter e o temperamento jamais se modificam; a beleza das mulheres é uma armadilha da natureza para nos transformar em cúmplices de seu desígnio funesto: reproduzir a espécie e gerar matéria para sofrer; o amor é uma ficção que nos faz comprar os gatos da Vontade por lebres sentimentais; o altruísmo é uma farsa que esconde o império do querer egoísta de todos os homens; a morte é o fim de tudo; o nada de onde viemos é o mesmo para o qual nos dirigimos; o não ser é preferível ao ser. Seguro dessas constatações impiedosas, o mais sábio, e para acelerar o processo, não seria suicidar-se?

Não, afirma placidamente Schopenhauer, que parece preferir o suicídio lento – provavelmente em razão do prazer masoquista que propicia... – ao suicídio rápido, franco e preciso. Afinal, que razões justificariam permanecer no mundo se ele está a tal ponto saturado de negatividade e se não é ontologicamente possível encontrar uma escapatória? Se o recinto está enfumaçado, escreveria um estoico, abandone-o sem reclamar nem recriminar, deixe o local, abandone a vida e não faça tanta cerimônia...

Schopenhauer não se suicidará e aparentemente nem tentou fazê-lo, ao contrário de sua irmã, que parece ter sido uma adepta da ameaça e, pelo jeito, várias vezes reteve sua coisa em si e seu fenômeno a um palmo de passar sobre o parapeito. Ela morreu em seu leito sem uma única cicatriz que atestasse uma defenestração em dia de psicodrama. Em contrapartida, e é preciso lembrar disso, Heinrich Floris executou o gesto e provou, antecipada e empiricamente, que seu filho teria razão ao escrever um dia que "a vida é um negócio cujos ganhos estão longe de cobrir os custos" – palavra de negociante...

41

Morrer em vida. Que razões esse ferrabrás do mundo oferece para justificar que não se o abandone simplesmente, ao modo antigo? Uma razão metafísica que prova que o filósofo não é avaro em novas portas para entrar em sua Tebas: suicidar-se é afirmar o querer-viver, ao passo que é preciso negá-lo. Como negá-lo? Não suprimindo-o, mas extinguindo-o.

Suicídio lento por meio de doses regulares de ideal ascético contra o suicídio rápido por extinção brutal do fogo...

O que significa afirmar o querer-viver ao se suicidar? O candidato à morte voluntária procura suprimir sua existência porque se decepcionou com ela: arruinado, afirma o desejo de conservar sua fortuna; abandonado por sua amada, afirma o desejo de permanecer em sua companhia; velho, afirma o amor pela juventude; doente, afirma a paixão pela saúde; desesperado, afirma a aspiração à esperança; desonrado, afirma o sacrifício ao ideal da honra; pessimista, afirma sua desilusão amorosa com o otimismo. Ora, a riqueza, o amor, a juventude, a saúde, a esperança, o otimismo são falsos bens que precisamos deixar de buscar, pois, diante do nada que nos espera, tudo isso não tem a menor importância...

O suicida afirma não que a vida é má em si, mas que desejaria ter vivido outra vida. Ora, viver outra vida é também uma ilusão, pois não é possível não viver a vida que se leva. Assim, embora renuncie à vida, o suicida não renuncia ao querer-viver, e é a este que é preciso renunciar... em vida, enquanto está vivo. O filósofo autêntico faz o contrário: renuncia ao querer-viver, mas não à vida. Schopenhauer propõe, portanto, *teoricamente* morrer em vida, mesmo que, *praticamente*, não faça nada disso...

Além disso, o suicídio não pode ser defendido, pois, embora negue o indivíduo, é a espécie que é preciso negar. O ser que escolhe a morte voluntária comete um ato inútil e absurdo, vão e insensato. Apesar de seu gesto, tudo continua como antes: a miséria, o sofrimento, o tédio e a negatividade nem por isso serão reduzidos. O pior persiste. A vida continua a oscilar entre o sofrimento e o tédio, e isso – por causa do eterno retorno das coisas – para sempre, se ninguém fizer nada a respeito. A vontade permanecerá incólume, intacta, pura. A coisa em si não perde força alguma, pois, com o suicídio, atacam-se fenômenos; é o mesmo que dar um tiro n'água.

42

Contra os contra, mas não a favor. Nos *Parerga*, Schopenhauer perde em veemência quando trata da questão do suicídio. As páginas que consagra ao tema em um texto explicitamente intitulado *Sobre o suicídio* atenuam a carga, ainda que a ideia permaneça a mesma. (Universitários, leitores apressados, escreveram que Schopenhauer condenara o suicídio em *O mundo* e o justificara nos *Parerga*, o que é inexato.) Schopenhauer retoma sua crítica ao suicídio como gesto que passa ao largo da negação do querer-viver ao produzir exatamente o inverso, sua afirmação. Ele chega mesmo a remeter explicitamente ao parágrafo do *Mundo* no qual desenvolve essa tese.

Schopenhauer analisa o suicídio e constata que todos os monoteístas o proíbem. A Igreja católica chega a recusar a sepultura e o enterro religioso aos autores de semelhante gesto. Por quê? Nenhum texto bíblico justifica essa condenação. Sendo assim, os cristãos terão de encontrar fundamentos razoáveis que apoiem suas teorias em vez de se contentarem em insultar os suicidas, tratando-os de covardes, loucos, doentes e criminosos, o que eles não são. O filósofo não defende, portanto, o suicídio, mas condena que se possa transformá-lo em ato criminoso ou covarde... Assim, opõe uma crítica falsa, aquela dos monoteístas, a uma crítica verdadeira, a sua.

O cristianismo proíbe o suicídio por uma razão que ele próprio (se) dissimula: ao suprimir sua existência, o suicida proclama perante Deus a imperfeição de sua criação, diz que sua criatura é malfeita, portanto que o mundo é ruim, o que um crente não pode aceitar, pois um criador perfeito não pode dar à luz uma criatura imperfeita. Deus viu que tudo isso era bom, diz o Gênese; o suicida retorque: não, tudo isso não é bom... E essa afronta não pode ser tolerada por um cristão. A religião ensina um otimismo obrigatório, o suicida denuncia esse otimismo.

Porém, as razões impróprias (religiosas) de ser contra o suicídio não fazem dele um ato defensável, pois existem boas razões (filosóficas) para ser contra: aquelas que mostram como opera o mecanismo desse ardil da razão da vontade que faz crer que se nega quando explicitamente se afirma. Schopenhauer persiste e endossa: o suicídio sempre é uma solução equivocada.

Então: o que fazer nesse mundo saturado de negatividade se não é possível escolher abandoná-lo com uma simplicidade romana? Schopenhauer dá a solução: "O querer-viver só pode ser suprimido por meio do conhecimento", escreve em *O mundo como vontade e representação*. Que a vontade torne-se consciente de si mesma (esse é o trabalho de toda filosofia teórica) e procure, em seguida, suprimir-se (o trabalho da filosofia prática). Eis, portanto, a chave da ontologia luminosa, ou a chave da *filosofia otimista do pensador pessimista*. E, secundariamente, as razões pelas quais Schopenhauer, tão desesperante em seus discursos, viveu toda sua vida uma existência em que a felicidade, o prazer, a alegria tinham seu espaço cotidiano. Não se escreve por acaso e sem motivo um livro intitulado *A arte de ser feliz* quando se é responsável pelas páginas mais sombrias da história da filosofia...

43

O otimismo de um pessimista. Na maioria das vezes, os filósofos pessimistas morrem na cama. Raros são aqueles que, como Otto Weininger ou Michelstaedter, escolhem a morte voluntária. Uma bela frase de Cioran talvez permita resolver esse enigma. Colocando em relação a tristeza e... as representações, para usar um termo de Schopenhauer, o autor de *Syllogismes de l'amertume* [*Silogismos da amargura*] escreve em algum lugar: "Não penso sempre, logo não estou sempre triste."

Em uma carta à rainha Cristina da Suécia, também Descartes colocara em perspectiva as conclusões melancólicas e as meditações que as precederam. A solução não consiste em fazer o elogio do fim de todo e qualquer pensamento, mas em saber que o desespero frequentemente procede de simples deduções intelectuais que nem por isso afetam o comportamento ou a sabedoria prática. Por um lado, penso (como trágico), por outro, sou (feliz)... O pessimista da razão é acompanhado de um otimista da ação. Desesperado no papel, o pensador revela-se em sua vida cotidiana um homem que vive fora do alcance de qualquer melancolia.

Essa provavelmente é uma hipótese para explicar como o filósofo cuja teoria é a mais mordaz em relação à vida pôde viver, na prática, sem nunca pensar nem um segundo em atentar contra a integridade de sua pessoa – e até se dar ao luxo de criticar o suicídio... E como, além disso, pôde redigir livros especificamente dedicados a dar receitas para a felicidade... Schopenhauer otimista, eis uma ideia que merece ser demonstrada.

O mundo como vontade e representação também afirma que toda consciência é consciência da dor. Assim, o pior pode tornar-se uma representação suscetível de ser combatida com a ajuda... de outras representações. Em seguida, uma força *metafísica* negativa à qual é possível se opor por uma força *empírica* positiva. Dito de outra forma: uma representação expulsa a outra. Daí o interesse de afastar a negatividade a fim de gerar uma positividade. Do esconjuro da infelicidade surgirá um estado negativo que será chamado apenas de felicidade.

O movimento, sagaz no conjunto, que opõe a metafísica ao empírico, permite ao filósofo escrever uma coisa e praticar outra. Em outras palavras, permite justificar o fato de não levar uma vida filosófica em seu grau mais elevado. Assim, o homem que teoriza a necessidade da piedade dá bengaladas em uma mulher que está no corredor no momento em que o teórico conhecido por seu elogio da castidade a fim de extinguir cosmologicamente o querer-viver espera seu encontro galante com uma garota fácil... O pensador do vegetarianismo come carne. O turibulário do sábio indiano inacessível aos insultos rega copiosamente com fel os filósofos que lhe fazem sombra. O moralista que demonstra por páginas a fio nos *Aforismos para a sabedoria de vida* que aquilo que importa é "o que se é" e não "o que se tem" é o mesmo que escreve a seu banqueiro pedindo que realize os melhores investimentos a fim de que seu capital gere a renda mais vantajosa possível. Em resumo: Schopenhauer levava uma vida muito pouco schopenhaueriana e, no fim das contas, bastante hedonista...

44

O artifício metafísico. Schopenhauer escreve uma coisa nos livros e sua vida ensina outra. A lição existencial desse trajeto de um romântico vale tanto quanto o discurso. Os livros esclarecem a vida, que esclarece os livros. Nesse jogo de luzes cruzadas, descobre-se outro mundo, mais sutil: aquele do corpo a corpo de um homem com sua existência, de um face a face de um filósofo com sua doutrina. Aqueles que gostam de dar lições de moral falam em contradições na vida de um homem. Quanto a mim, o que vejo são os movimentos de um ser, as sinuosidades dialéticas de uma tentativa de transformar em atos os pensamentos ou de pensar os atos.

Quando os hiatos podem se revelar flagrantes e a distância grande demais entre o ideal e a prática, resta encontrar um grande artifício metafísico capaz de justificar o conjunto. E essa oposição entre o numenal e o fenomenal, graças a Kant, salva Schopenhauer da situação difícil na qual corre o risco de se enredar. Longe de enganar a si mesmo, Schopenhauer abre os *Aforismos para a sabedoria de vida* com esta precaução bastante útil: "As ideias metafísicas expressas em *O mundo como vontade e representação* permanecem corretas – a vida feliz é impossível –, o que no entanto não impede que nos coloquemos em outro plano, que não invalida o precedente mas permite afirmar outra coisa sobre o terreno empírico: a vida feliz é possível."

Resta refinar esse artifício especificando que aquilo que se chamará de felicidade não será um estado positivo, sempre impossível, mas um estado negativo, dessa vez concebível: a felicidade torna-se assim ausência de sofrimento. Posição pragmática. Lembremos a frase escrita na juventude, em que se lia que Kant era para a filosofia teórica o que Epicuro era para a filosofia prática. Kantiano na análise metafísica, Schopenhauer torna-se epicurista na prática filosófica...

45

A vida como uma obra. Como Schopenhauer viveu sua vida quando se sabe o que pensava a esse respeito? O kantiano esmiúça as relações entre o mundo, a vontade e a representação; o epicurista pratica a sabedoria na vida. Os momentos felizes na vida de Schopenhauer são provavelmente aqueles de sua infância. A forte carga autobiográfica que se encontra por trás de cada ideia do filósofo age igualmente nas raras breves passagens em que apresenta a infância – e mais precisamente no primeiro quarto de sua vida... – como um momento feliz, porque apreciamos mais o conhecimento do que a vontade.

A fisiologia atesta: em uma criança, o sistema nervoso em geral e o cérebro em particular estão muito mais adiantados do que o desenvolvimento do sistema genital. As crianças são, portanto, naturalmente sábias, curiosas, dóceis e inteligentes. A teoria interessa-lhes mais que as paixões. Essas são as razões que fazem da infância "o tempo da inocência e da felicidade, o paraíso da vida, o Éden perdido para o qual, durante o resto de nossa vida, voltamos os olhos com saudade". A puberdade dá início a um movimento inverso, a adolescência marca o fim desse período feliz...

Um período que corresponde à formação essencial do ser. E lembremos que Schopenhauer foi iniciado na música, que toca flauta transversal desde sua mais tenra idade, que com os pais frequentou teatros, salas de concerto e óperas, que viu belíssimos monumentos na Europa, museus magníficos, obras de arte de qualidade, pinturas em grande quantidade. Não esqueçamos que ele avaliava os albergues em que ficava com sua família durante a viagem pela Europa, que ele sempre adorou comer. Nem que registrou em seu *Diário de viagem* grandes e belas emoções com a visão do espetáculo sublime oferecido pela natureza.

O adulto, o jovem adulto, cujas faculdades de conhecer foram suplantadas pelas faculdades genésicas, trabalha na confecção de sua obra maior, *O mundo como vontade e representação*. O monstro é publicado quando ele tem trinta anos. A criança, porém, poupada pela Vontade e inteiramente entregue ao prazer do conhecimento, indica o caminho: para se libertar da Vontade é preciso contar com o Conhecimento. Alegremo-nos, pois existem consolações que permitem que vivamos, tanto quanto possível, ao abrigo das chamas do inferno eterno da Vontade.

A filosofia teórica é, assim, a arte de descobrir as leis do pior; em contrapartida, a filosofia prática é a arte dessas consolações. O ódio aos professores de filosofia, aos universitários, aos borradores de revistas, aos jornalistas com um verniz de filosofia é acompanhado de um elogio ao sábio autêntico, cujas lições não envelhecem. A antítese do douto vestido com o barrete e com a toga de sua escola, tipo Hegel, é são João voltando do deserto com seus andrajos malcheirosos, alimentado de gafanhotos durante anos, mas repleto de sabedoria interior. Se lhe ocorresse a estranha ideia de ensinar em uma conferência as verdades que descobriu, os filósofos assalariados lhe interditariam o acesso ao estrado... Schopenhauer pretende-se o são João de Frankfurt...

Contra a filosofia dos professores, Schopenhauer ensina uma filosofia existencial, uma sabedoria terapêutica, uma arte da consolação, técnicas para uma pragmática. "O homem deve ser sua própria obra", escreve em *O mundo* aquele que, por outro lado, ensina teoricamente o fatalismo absoluto e a teoria dos motivos, e que nega que seja possível mudar de caráter ou temperamento e garante que a Vontade governa tudo sem que haja nenhum espaço para o livre-arbítrio. Teoricamente determinado, empiricamente livre: eis o grande hiato ao qual nos sujeita o mágico com seus artifícios metafísicos... Fatalidade da coisa em si no terreno da metafísica e liberdade do fenômeno no terreno da sabedoria prática.

46

Da felicidade negativa. Essa técnica empírica obriga a dominar os medos e os temores, principalmente os da morte. Em relação a essas questões, Schopenhauer sente-se próximo dos estoicos, mas reativa a totalidade das sabedorias antigas, em especial as técnicas de consolação epicuristas. Encontra-se igualmente, como sempre em Schopenhauer, uma combinação com receitas hinduístas e budistas cujo conjunto contribui para uma ética da serenidade capaz de contribuir para a felicidade.

Pois, lembremos, a felicidade é possível de um ponto de vista empírico para Schopenhauer, é o estado em que estamos quando não sofremos, quando evitamos, no presente ou no passado, um sofrimento. A busca positiva pela felicidade está destinada ao fracasso. Querer ser feliz é o caminho mais seguro para não sê-lo. A ausência de perturbações é o estado que define a felicidade. O metafísico garante que a felicidade não existe de modo positivo ou em estado puro, mas o empirista afirma, por sua vez, que é possível encontrá-la em estado impuro por meio do "não" – não se sentir mal, não ter dores, não sofrer. O que, convenhamos, refere-se à estrita definição epicurista da ataraxia, isto é, da felicidade definida pela ausência de perturbações...

Não ter medo da morte, não sofrer com a ideia de que morreremos um dia, não sucumbir ao desespero diante do nada que nos espera, não estragar a vida presente com o temor do futuro inevitável, não estragá-la mais ainda com a lembrança de um passado que já se foi e de pessoas amadas que já não existem, eis o que permitiria uma felicidade negativa. Não pensemos na impossível felicidade de jamais morrer, mas na felicidade de dominar a morte e conviver com ela, integrando-a como uma necessidade cuja natureza não nos deve inquietar. Pois a morte não é um mal; essa é uma ideia que Schopenhauer empresta de Epicuro. Mas por quais razões?

47

Aprender a morrer. Antes de examinarmos a relação de Schopenhauer com a teoria da morte em Epicuro, constatemos que ele empresta do *tetraphármakon* [quádruplo remédio], cujos ensinamentos são: a morte não é um mal; a felicidade é possível; não é preciso temer os deuses; o sofrimento é suportável. Velhas receitas filosóficas que valiam no tempo de Epicuro e valerão enquanto houver homens. Em um mundo sem Deus onde a felicidade se define pela ausência de perturbações, a morte pode ser dominada, portanto a principal razão de sofrimento desaparece. Esse é o viático schopenhaueriano.

Encontramos a análise epicurista em detalhes sob a pena de Schopenhauer, que a menciona explicitamente e manifesta seu pleno acordo: a morte não nos diz respeito, pois, quando ela está presente, nós já não estamos; e, quando estamos presentes, ela ainda não está. Portanto, é com uma ideia, uma representação, que precisamos lidar para dominarmos a morte. Sua realidade é menos problemática do que a ideia que se tem dela. À maneira dos estoicos, devemos lidar com aquilo sobre o que temos poder – a representação da morte – e deixar de lado aquilo que escapa ao nosso controle – sua inelugtabilidade. A morte nos causa menos sofrimento do que o medo dela.

Schopenhauer desenvolve uma teoria consoladora do tempo: ele é circular de um ponto de vista metafísico e, paralelamente, é apenas um ponto de um modo empírico. Circular, pois existe um eterno retorno das coisas: a vontade retorna indefinidamente, eternamente; ela é, era e permanecerá a coisa em si, suas manifestações fenomenais surgirão e desaparecerão, mas não devemos esperar nada de novo sob o sol. Há cães específicos, os *poodles*, por exemplo, de que o filósofo gostava: eles nascem, morrem, mas o *poodle* como tal é eterno.

O mesmo vale para os homens: os indivíduos passam, a espécie perdura e a vontade que constitui cada um deles também perdura. Apenas o fenômeno se decompõe, a essência que nos constitui permanece intacta. Trata-se, portanto, de uma espécie de "imortalidade no tempo". O nascimento não é o começo de nossa existência, nem a morte; esses dois momentos marcam apenas um acidente: o tornar-se matéria da coisa em si. Donde um tipo de eternidade: a indestrutibilidade de nosso ser em si oferece assim uma primeira consolação.

Ao mesmo tempo, a única modalidade do tempo é o presente: existe apenas um eterno presente. O passado e o futuro são ilusões. Por isso o interesse em saber habitar plenamente o instante presente, em não estragá-lo, pois ele não voltará; em não viver como se jamais fôssemos morrer e como se nosso tempo não fosse contado. Assim, em vista dessa importante verdade, a morte será apenas um mau momento em um instante presente que, não estando ainda presente, pertence a um futuro que deve ser deixado onde está, a saber, no registro das coisas em potência e não em ato. Eis, então, uma segunda consolação.

Terceira consolação: antes que nos tornássemos essa encarnação, esse fenômeno que tem uma forma individual, não éramos. Ora, esse nada de onde viemos não nos assusta, não temos nem receio nem medo da ideia de que um dia, antes de ser, não éramos nada. Logo que compreendemos que o nada de onde viemos é exatamente idêntico ao nada para o qual iremos, por que teríamos medo de reencontrar aquilo que já conhecemos e que não era de modo algum doloroso? O não ser de antes da vida não tem mais razões de ser aterrorizante que o não ser do pós-vida. Ainda mais que a dor não é algo que diga respeito ao nada, mas ao ser!

Quarta consolação: se morrermos de forma violenta, não nos aperceberemos de nada. Nenhuma dor, nenhum sofrimento. Em contrapartida, se morrermos de velhice, a extinção natural do querer-viver consubstancial ao processo de envelhecimento torna a passagem para o nada menos difícil. A velhice é um tipo de eutanásia natural suave do querer-viver. A natureza fez bem as coisas ao preparar a extinção do fogo por uma diminuição progressiva da incandescência.

48

A consolação do sublime. Uma vez que há apenas a Vontade, não há razão de temer os deuses. Primeira certeza. A morte não deve ser temida, portanto segunda certeza no caminho para a serenidade. O sofrimento é suportável, terceira certeza. A felicidade é acessível, quarta certeza. Mas como? Schopenhauer propõe três opções que constituem a *ontologia luminosa* – ou seu otimismo... – no próprio cerne de sua obra maior, *O mundo como vontade e representação*: a contemplação estética; a ética da piedade; a metafísica da negação do querer-viver. A finalidade? Alcançar a erradicação da Vontade, fazer com que ela desapareça, dizer-lhe um grande Não – na situação em que Nietzsche dirá um grande Sim... Eis, portanto, três modos de parar o perpétuo movimento de oscilação entre o sofrimento e o tédio.

Primeiro modo: a contemplação de uma paisagem sublime, de uma bela coisa, de um momento estético feliz, é isso o que suspende a tirania da Vontade. Schopenhauer enuncia uma ideia que fará muito por sua reputação em seu século: as belas-artes operam para resolver o problema da existência. Nietzsche e Wagner lançam-se nessa brecha, e inúmeros artistas com eles, principalmente músicos, pois Schopenhauer é o primeiro filósofo a dar um papel primordial à música.

A música é independente do mundo fenomenal, o qual ela ignora completamente. O universo poderia deixar de existir e ela ainda existiria, isto é... Evitaremos fazer coro à ideia falsa de que, para Schopenhauer, a música é a imagem do mundo, pois ela é por si mesma um mundo, uma cópia da vontade. Não há nenhuma necessidade, como em Descartes ou Leibniz, de ir procurar ciências, da acústica à aritmética, passando pelas matemáticas, para tentar explicar o que a música é: nenhum conceito será capaz de dar conta de sua especificidade. Apenas metáforas permitirão uma abordagem, e ainda assim... A música é um mundo em si. O mundo dos mundos. Quase a matriz de todos os mundos sem que, no entanto, nenhum mundo dela decorra...

Daí as correspondências estabelecidas entre os sons graves e a matéria orgânica, ou a massa planetária; os sons agudos: os vegetais e os animais; os intervalos da escala: os graus da vontade objetivada ou as espécies na natureza; a melodia cantada: a vida e os desejos mais conscientes do homem; a melodia tocada: a tristeza, o tédio, a dor; o ritmo: a felicidade e a infelicidade. Mesma coisa com as vozes: o baixo, o mineral; o tenor, o vegetal; o alto, o animal; o soprano, o homem.

A música mostra os movimentos mais recônditos de nosso ser, os mais íntimos, mais livres do fenômeno; oferece uma representação pura, independente de qualquer encarnação. A música encanta o indivíduo que a escuta, pois, assim que se absorve na coisa em si que contempla, o ouvinte se afasta totalmente do fenômeno. Em outras palavras, ele se torna música e esquece seu corpo.

Mesmo mecanismo diante de uma paisagem sublime, uma montanha cujo cume perde-se nas nuvens, uma torrente arrastando blocos de gelo, um céu crepuscular avermelhado – os temas do pintor Caspar David Friedrich. Lembremos que a consolação musical e a consolação pela contemplação de uma paisagem sublime levam Schopenhauer de volta ao momento em que realiza uma viagem pela Europa com os pais, quando assiste quase todas as noites a concertos, a óperas, visita museus, fica paralisado diante de telas de mestres ou experimenta o sublime de uma paisagem magnífica.

O romantismo percorre novamente a categoria do sublime outrora analisada por Longino. É sublime todo espetáculo que, por sua grandeza, sua magnificência e sua força compele o indivíduo a se sentir muito menor que ele. Diante do sublime, todo ser experimenta uma diminuição de si, uma redução de sua subjetividade ao mesmo tempo que o aumento daquilo que provoca esse sentimento: a imensidão do Mont Blanc, a pequenez daquele que o observa e o prazer sentido por esse homenzinho cujo interior torna-se imensamente grande. Essa operação aniquila a Vontade e manifesta o triunfo do Conhecimento. À maneira da criança ou do gênio, aparentados quanto a isso, o indivíduo que experimenta o sublime torna-se puro sujeito de conhecimento e deixa de ser tiranizado pela coisa em si.

49

Uma ética da piedade. Segunda consolação: a moral da piedade. O fatalismo que decorre da ontologia sombria de Schopenhauer poderia deixar-nos completamente desesperados: uma vez que não existe livre-arbítrio nem possibilidade de escolher, e que cada um se acha em uma incapacidade radical de preferir isso àquilo, ninguém é responsável e ainda menos culpado de ser aquilo que é. Metafisicamente, nada distingue o carrasco de sua vítima, o bom do mau, o canalha do herói, o predador da presa. Todos estão no mesmo barco, vêm do nada, vogam em sua direção a toda a velocidade, sem nenhuma possibilidade de intervir na corrente dessas corredeiras que levam ao abismo.

Assim, não há razão alguma para desesperar do delinquente ou celebrar quem salva um afogado; os motivos deram o tom, e nada daquilo que chamamos altruísmo, filantropia, bondade, generosidade foi levado em conta: cada um obedeceu à vontade que o fez ser de um jeito e não de outro. Ao que se pode acrescentar que, se não há razão para se desesperar, existe uma para se alegrar: a comunidade de destino nos leva a praticar uma ética da piedade que Schopenhauer chama ainda de "ternura pura".

Donde as lágrimas que assinalam essa compaixão com a dor e os sofrimentos de outrem. Schopenhauer não gosta do altruísmo, da filantropia; ele nega sempre a possibilidade de um sentimento puro desinteressado, mas, sem temer a contradição, celebra a piedade como uma virtude cardeal, um tipo de justiça espontânea capaz de permitir subir um degrau na direção da negação do querer-viver. A piedade é, escreve Schopenhauer, "o fundamento da moral", pois com ela experimento a unidade indivisa de tudo aquilo que é.

A piedade não necessita de uma educação prévia para existir: encontra-se naturalmente em todos os seres e nunca é uma questão de cultura ou de religião. É um sentimento espontâneo, imediato, da natureza que existe universalmente em todos os lugares em todos os tempos e por toda a eternidade. Contrário exato da inveja, a piedade libera uma compaixão para com toda humanidade que sofre. Incluindo aquela para com os animais.

50

Filosofia do **poodle**. Mais que as costureiras incômodas na entrada de seu imóvel, Schopenhauer amou os *poodles* a ponto de, como se sabe, fazer a máscara mortuária de um deles ao mesmo tempo que espancava a "velha vagabunda". Schopenhauer tinha piedade seletiva... Ele, que era um crítico severo dos humanos em geral, ou dos professores de filosofia em particular – Hegel, Fichte e Schelling, principalmente... –, nunca pôde ser acusado de falta de piedade prática... para com os animais. O parágrafo de seu testamento referente a seu cão atesta-o.

Com seriedade, Schopenhauer admite preferir, e de longe, a cauda de um cão que se agita para expressar sua felicidade às mesuras, boas maneiras e saudações dos homens. O cão é expressivo e honesto; não se pode dizer o mesmo dos homens. O cão em particular, mais que qualquer outro animal, pratica a amizade terna e a devoção de que a maioria dos homens é incapaz. Sua transparência é total, absoluta. O filósofo cai no habitual lugar-comum que diz que quem gosta de animais faz, com frequência, sua paixão pela raça canina – ou outra... – ser acompanhada de um ódio prejudicial pelos seres humanos. Ele escreve: "Se não houvesse cães, eu não gostaria de viver."

Com ainda maior seriedade, mais filosoficamente também, Schopenhauer ataca as "fábulas judias" – isto é, cristãs – que fazem dos animais uma parte inferior da criação e dos homens o coroamento da obra de Deus. Essa visão das coisas supõe que há uma inferioridade dos animais, uma superioridade dos homens, e a possibilidade, para os segundos, de explorar os primeiros para comê-los, vestir-se com eles, fazê-los trabalhar ou, em laboratórios, fazê-los sofrer.

Ora, toda a teoria de *O mundo como vontade e representação* é que não existe diferença de natureza entre os elementos do mundo, mas uma diferença de grau: a Vontade habita do mesmo modo um cristal de rocha e um poeta, um asno e um professor de filosofia, uma abelha e um cretino, uma papoula e um gênio, uma montanha e uma mãe de família. Embora a coisa em si, que é una, produza variações, a unidade conta mais que as variações. O homem e o animal pouco se distinguem. Schopenhauer não acredita que uns sejam desprovidos de alma e outros dotados de espírito imaterial, eterno, capaz de tornar possível a ligação com o divino. Dado que partilham uma mesma comunidade de destino por sua ligação com a Vontade, o homem e o animal merecem a mesma piedade, a mesma compaixão.

51

A negação do querer-viver. Terceiro grau e última libertação possível: a negação do querer-viver pela continência e pela castidade. Eis o remédio dos remédios. Pois a renúncia à sexualidade conduz rapidamente à extinção total da espécie, único modo de resolver definitivamente o problema da eterna oscilação entre o sofrimento e o tédio. Com essa solução radical, no sentido etimológico – pois ataca as coisas pela raiz –, o balanceiro desacelera, para e imobiliza-se definitivamente. E então, então...

O nirvana: sem mais dores, sofrimentos, misérias, tédio; sem mais tormento, sem mal; sem mais desespero, sem mais melancolia; sem mais ciúme, inveja, hipocrisia; basta de tirania da vontade, chega de sexualidade; sem mais desejo, sem mais prazer; já não há temores, já não há medo, já não há angústia; acaba-se o terror diante da morte; já não há apetite nem cobiça... Mas: quietude, paz, serenidade, alegria, felicidade, calma. O nada muda de campo: já não está para vir, já é. O não ser é. Porém, inconveniente maior: já não há nem mesmo ser para tornar possível a representação do próprio nada. De modo que o nada encontra-se aniquilado e que esse nada ninguém pode nem sequer declará-lo. Felicidade visível no sorriso de Buda; depois, nada de sorriso, nada de Buda. Nada.

52

Eu numenal, Eu empírico. Kierkegaard concorda que a obra de Hegel constitui um imenso e magnífico castelo, mas, irônico, admite preferir uma humilde cabana habitável, à sua, isto é, sua obra, a um edifício imponente mas inabitável... Pode-se imaginar que Schopenhauer teve essa mesma ideia ao observar sua fortaleza metafísica e ao considerá-la grande demais para um ser humano tão pequeno. A excelência de sua arquitetura metafísica não o convenceu a habitá-la, então, escavou fundações para outro edifício, dessa vez menos imponente e mais viável. Uma construção empírica...

Em *O mundo como vontade e representação*, ele já se diz preocupado com a "prática da vida". Mas sua fascinação pelo ideal do sábio estoico, ou melhor, pelo sábio hindu ou budista não chega ao ponto de produzir nele, em sua vida cotidiana, uma imitação em devida forma. De passagem, ele tem o cuidado de assinalar que esse estoico que supostamente atravessa, indene e intacto, todas as ciladas da vida, se parece muito com um fantoche inerte... E Schopenhauer foi tudo, menos um fantoche inerte. Creio, aliás, que ele nunca invejou a condição dessa marionete...

Como foi visto, é difícil a biografia do filósofo mostrar coerência entre sua doutrina e sua prática, sua teoria e suas ações, seus livros e sua vida. O pensador da piedade necessária devida à comunidade de destino sob o império da Vontade irrita-se e explode, bate em uma mulher, encoleriza-se, insulta, vitupera os jornalistas, cobre de insultos os professores de filosofia na universidade, espanca Hegel simbolicamente, agride gratuitamente as pessoas nos cafés, ajuda soldados a fazer pontaria nos trabalhadores rebelados; nada que mostre grande gosto pela compaixão. O filósofo que teoriza a fatalidade do caráter e a inelutabilidade do temperamento passou anos de sua vida guerreando contra o caráter e o temperamento de sua mãe. O teórico da castidade capaz de acabar com o problema da Vontade foi, por um tempo, decerto involuntariamente, pai de família e frequentava mais do que seria desejável os bordéis de Frankfurt. Também se apaixonou perdidamente por uma jovem atriz que deu à luz dez meses depois de sua partida para a Itália, mas foi magnânimo e lembrou-se dela em seu testamento. Previdente, entretanto, ou bastante lúcido em relação a si mesmo, espantava-se que se pudesse exigir do homem que fazia elogio de uma virtude que a possuísse. Isso seria, no entanto, o mínimo esperado... A proposição de um ideal de sabedoria não obriga a praticá-la. Mas, quem sabe, a tentar, talvez, apesar de tudo...

O Eu numenal não é o Eu empírico. A prática da estética como libertação, a música como consolação; pode-se imaginar que ele esteve à altura. A piedade, como foi dito, não foi sua virtude cardeal ou sua prática cotidiana – exceção feita aos cães. A negação do querer-viver pela castidade parece ter sido a proposta que menos tentou praticar. Faça o que digo, não faça o que eu faço, diria a sabedoria popular...

53

Uma felicidade empírica. Sem dúvida os *Aforismos para a sabedoria de vida* propõe um ideal menos inatingível, isto é, uma cabana mais facilmente habitável, porém as regras de vida parecem muito mais acessíveis ao homem comum do que ao santo visado pelo discurso metafísico. É melhor um homem realmente sábio do que um santo inexistente, isso é o que se poderia crer ao ler essa parte dos *Parerga e Paralipomena*.

A sabedoria, quando não é aspiração à santidade, ao heroísmo ou à genialidade, consiste em tornar sua vida a mais agradável possível. Na página introdutória aos *Aforismos*, Schopenhauer escreve: "Esse estudo poderia também se chamar eudemonologia; seria assim um tratado sobre a vida feliz." Esfregamos os olhos e quase não conseguimos acreditar: o filósofo da negação do querer-viver propõe, por não conseguir levar a termo seu projeto fabuloso de extinguir a Vontade do cosmo, acender uma pequena luz que permita, a despeito da catástrofe, ainda assim viver – e o mais feliz possível! Um tratado sobre a felicidade assinado por Schopenhauer? Sim...

O filósofo explica-se: de um ponto de vista metafísico, seu pensamento interdiz que se possa ser feliz, pois conclui pelo reinado generalizado da tirania de uma vontade brutal que impõe o sofrimento ou o tédio. Mas, mas, e há um mas: sua eudemonologia não o interdiz, pois se situa em outro campo, no mundo empírico. Desse modo, ao nos aproximarmos do fim desse trajeto na obra do filósofo, devemos concluir pela necessidade de uma leitura integral e de amostras.

A amostra faz de Schopenhauer um filósofo pessimista, sem mais aquela. A leitura integral mostra que o *pessimismo da razão* é acompanhado de um *otimismo da ação* e que ambos funcionam como duas faces de uma mesma moeda. Esse momento esquecido, negligenciado, raramente evidenciado, justifica que o filósofo não tenha sido um suicida, que o pessimismo não o tenha conduzido à beira do Estige e que, no fim das contas, tenha vivido uma vida filosófica eudemonista que merece ser contemplada teoricamente um pouco mais de perto.

Schopenhauer viveu, de fato, uma vida de homem livre, sem esposa, sem filhos, sem família, sem pensão alimentícia, sem patrão, sem superior hierárquico, sem profissão, tendo como única preocupação gerir seu capital, obter rendas que lhe deixassem tempo – o *otium* dos antigos – para escrever seus livros e trabalhar em sua obra. Uma vida filosófica, romântica e cheia de caprichos. A soberania adquirida sobre si mesmo e a independência em relação ao mundo permitem desprezar "aquilo que se tem", "aquilo que se representa" para se concentrar "naquilo que se é". Posições nitidamente antigas, as sabedorias cínica e cirenaica, epicurista e estoica formuladas na Alemanha da Revolução Industrial.

54

Uma antiga amante. A sabedoria prática e, mais especificamente, sua orientação eudemonista são uma velha amante na vida do filósofo. Ele não esperou a idade madura, ou passar dos sessenta anos, para dedicar-lhe tempo, leituras e energia. Pois desde os anos 1830, com então quarenta anos, preenche cadernos nos quais registra aforismos, textos, citações, adágios, máximas e regras de vida resultantes de leituras, traduções ou reflexões que tratam desta questão prática: como viver feliz num mundo no qual nada nos estimula a sê-lo? O título desses cadernos?

A arte de ser feliz... Bem ou mal, ele formula uma sabedoria que se assemelha àquela dos músicos que tocam no convés do *Titanic*...

Schopenhauer aprendeu espanhol para ler Baltasar Gracián. Na época em que ele traduz, o *Oráculo manual* faz parte de seus projetos. A obra do jesuíta é composta de cinquenta proposições, a de Schopenhauer também... Várias regras do espanhol são formuladas, em quase nada mudadas, sob a pena do alemão... Podem-se encontrar ainda alusões, citações, empréstimos, referências. O livro não tem método, não tem regras de composição, é fabricado no dia a dia segundo o princípio do acaso das livres associações. Posteriormente, *A arte de ser feliz* será parcialmente reciclada em *Aforismos para a sabedoria de vida*, eles mesmos parte dos *Parerga e Paralipomena*, que darão ao filósofo a felicidade e a alegria tardia da celebridade...

55

Da arte de ser feliz. No texto publicado sob o título *A arte de ser feliz*, Schopenhauer propõe-se evitar duas armadilhas: a primeira, a renúncia a si mesmo, aquela do sábio estoico; a segunda, aquilo que ele chama de "maquiavelismo" – que também poderia se chamar de cinismo –, que é a renúncia ao outro. Em outras palavras, nem renunciante nem cínico, mas sábio na perspectiva da justa medida. Nada de excesso no ideal ascético, nem no comportamento sem escrúpulos. Nem morrer para o mundo, nem a morte do outro. A perspectiva deixa de coincidir com a ascese do sábio indiano, ela se instala confortavelmente na sabedoria prática da moderação.

O metafísico, como foi dito, proclama alto e bom som o fatalismo, o determinismo e a negação do livre-arbítrio; o pragmático fala da "educação de si mesmo". O filósofo não se preocupa com a contradição que opera em seu *corpus*. Duas filosofias existem sob a pena de um mesmo pensador, com o artifício da mudança de registro – ontologia de um lado, sabedoria prática do outro. Porém, as instruções precisas e detalhadas dessa construção de si estão ausentes.

Nessa parte prática de sua obra, Schopenhauer resgata as boas e velhas receitas da filosofia antiga, principalmente as prescrições epicuristas. Lembremos uma vez mais que Schopenhauer coloca-se sob os auspícios da coisa em si kantiana para a metafísica, e ao mesmo tempo sob a lei da sabedoria eudemonista epicurista. Assim os pontos de união entre o pensador antigo e o filósofo romântico oferecem mais de uma oportunidade para falar de um *epicurismo schopenhaueriano*.

56

O epicurismo schopenhaueriano. O filósofo alemão empresta nitidamente do pensador grego sua teoria da classificação dos desejos em desejos naturais e necessários, naturais não necessários, não naturais e não necessários. Depois, conclui que o filósofo se contentará em satisfazer os primeiros e em desprezar os outros. Nesse plano estrito, o moderno coloca-se como discípulo do antigo e não procura escondê-lo. Se a coisa está formulada com exatidão em um predecessor, por que pretender fazer melhor?

Os desejos naturais e necessários definem as vontades que causam sofrimento em caso de insatisfação. Assim são a sede, a fome e nada além disso. Os desejos naturais e não necessários abrangem, por exemplo, a sexualidade. Não há nenhuma necessidade de lhe conceder aquilo que ela solicita. Sabe-se que o *nec plus ultra* da ontologia do metafísico consiste em jamais lhe conceder aquilo que ela exige, estágio supremo da negação da vontade. Enfim, vêm os desejos nem naturais nem necessários: o luxo, a abundância, o fausto, por exemplo. Estas duas últimas modalidades do desejo causam sofrimentos porque supõem uma dificuldade para obter aquilo a que se aspira e um sofrimento igual para conservar aquilo que se obteve. Além disso, esses desejos não têm fim. Ora, o desejo nunca cumpre suas promessas e é sofrimento como tal. Não há nenhuma necessidade, portanto, de alimentá-los... Uma vez que a felicidade empírica define-se pela ausência de sofrimento, como não reconhecer na *felicidade negativa* de Schopenhauer a *ataraxia* de Epicuro?

57

O hedonismo dos filisteus. O termo *filisteu* fez um sucesso considerável em meados do século XIX. Nietzsche também o utilizará com verdadeira voracidade para fustigar o prazer grosseiro e vulgar dos burgueses de seu tempo. O que é um filisteu? Uma criatura específica da época, presa à consistência espessa da realidade da qual não consegue se desfazer, uma realidade que, além do mais, não existe, pois ele ignora sua natureza filosófica – a subtensão da Vontade. O filisteu ignora as necessidades intelectuais e nem sabe que existem prazeres em refletir, meditar e pensar.

O que está por trás do hedonismo filisteu? O champanhe e as ostras... Pois lhe interessam apenas os prazeres grosseiros, toscos e vulgares. Na classificação epicurista, o filisteu obedece a todos os seus desejos e sujeita-se a todos os prazeres desde que afetem apenas a materialidade mais baixa de seu ser. Sua fascinação pelo inútil é lendária: o teatro, os jogos de cartas ou de azar, as corridas de cavalos, os bailes, a companhia de seus pares reunidos em cenáculo, os passeios mundanos, as coleções de aventuras amorosas, os vinhos, a mesa, as viagens etc. Seco, sombrio, triste, o filisteu ignora a emoção e refugia-se na vaidade ou no esnobismo. Eis sua relação com o mundo.

Sua relação com o outro é interesseira. Uma vez que é obcecado pela riqueza, pela posição social, pelo poder, pela influência, o filisteu mantém com outrem apenas relações que lhe permitam aumentar seu crédito social, sua zona de influência mundana, sua riqueza, seu poder e sua visibilidade. Nesse caso, vilipendia os artistas, os criadores, pessoas inúteis e demais apaixonados pelo absoluto. Baudelaire, escrevendo sobre o dandismo, relata em seus *Fusées* que o burguês não tardaria a pedir poeta assado para o jantar. Burguês é o outro nome do filisteu.

É possível distinguir sem muita dificuldade nesse retrato ecos de sua juventude perdulária, de seu tempo consumido em futilidades mundanas, assim como alguns detalhes referentes à biografia de sua mãe e da fauna dos frequentadores de seu salão... Lembremos, a título de informação, que *The Book of Snobs* [*O livro dos esnobes*], de Thackeray, data de 1846-1848 e que *O pintor da vida moderna*, de Baudelaire, que opõe o Dândi ao Burguês, data de 1863.

58

O eudemonismo filosófico. O empréstimo das sabedorias antigas supõe uma preocupação declarada de construção de si, de escultura de si que implica que cada um instale-se no centro de si mesmo, uma preocupação que também anima Thoreau em seu projeto existencial. Estar no centro de si mesmo, isto é, bem no meio do dispositivo de vida filosófica instituído, como objetivo central de uma intenção arquitetônica de si. Está fora de cogitação, portanto, ficar ao lado de si ou fora de si, isto é, fora do Eu. Enquanto os outros investem fora de si mesmos – riquezas, honras, poder, dinheiro, luxo... –, o verdadeiro sábio instala seu acampamento existencial em si mesmo. Donde essa distinção entre *ser, ter* e *parecer* e a concentração de toda sua energia em *ser*, em detrimento de *ter* e de *parecer*.

Como responder à questão: o que somos? Somos nosso temperamento, nosso caráter, nossa inteligência, nossa saúde, nossa força, nossa beleza. Para saber em que tudo isso consiste, examinaremos o que fomos a fim de determinar linhas de força. Daí o exercício espiritual praticado pelos sábios antigos: o exame de consciência; em outras palavras, no sentido etimológico, a reflexão, a meditação sobre si.

Antes da recuperação dessa prática pelo cristianismo, o exame de consciência era a arte de fazer o balanço daquilo que fomos, do que fizemos, dissemos, do que não fizemos, não dissemos, do que fizemos de errado, dissemos de errado, do que fizemos bem-feito ou do que falamos bem ao longo do dia; e, depois, de tirar conclusões na perspectiva de novas ações. Momento de balanço útil para preparar o futuro, esse tempo torna-se aquele da culpabilidade cristã ao passo que os filósofos pagãos faziam disso uma propedêutica para uma prática mais adequada do ideal.

Nessa perspectiva, Schopenhauer elogia os méritos da escrita cotidiana de um diário. O século XIX adora essa prática. Schopenhauer escreverá apenas um, seu *Diário de viagem* quando era adolescente. O diário faz parte das práticas existenciais, dos exercícios espirituais úteis para contabilizar o exame de consciência: registrar os progressos, as estagnações, os esforços, analisar os recuos, pensar as relações entre uma decisão e uma realização, medir a grandeza dos hiatos, dispor-se a reduzir suas amplitudes, detalhar a evolução do canteiro de construção de si. Todas essas operações funcionam admiravelmente em *Meditações* de Marco Aurélio, que fornece o plano de um método para conseguir construir uma "fortaleza interior".

A exortação de Sócrates "conhece-te a ti mesmo" permanece atual na perspectiva desse tipo de projeto. Pois nossa capacidade para a felicidade é relativa àquilo que somos, de que decorre o que podemos: o gênio e o cretino não serão afetados da mesma maneira por realidades semelhantes; o primeiro é mais suscetível de grandes dores e grandes prazeres que o segundo. Nosso intelecto deve permitir-nos que nos libertemos, na medida do possível, da Vontade e de seus determinismos.

Pode-se ainda apontar a aparição de um pensamento feminista nesse grande misógino que era Schopenhauer ao considerar um pouco mais de perto sua teoria do intelecto: pois o pai dá o caráter, contra o qual não se pode nada; e a mãe, o intelecto, que torna possível, no entanto, no campo da pragmática, uma libertação. A mulher reproduz a espécie pela Vontade que poderosamente a habita, mas também torna possível o antídoto, o contraveneno, ao fornecer a inteligência, ou seja, o instrumento de uma libertação da alienação da qual é a transmissora... Paradoxo e ardil da razão: a mulher é o futuro do homem! Ela oferece a esperança eudemônica!

59

Receitas eudemonistas. Tanto em *A arte de ser feliz* quanto nos *Aforismos para a sabedoria de vida*, Schopenhauer fornece receitas para ser feliz – isto é, para não sofrer. Daí, talvez, o sucesso de público, pois as receitas austeras do metafísico encontram-se dissimuladas nas mil e quinhentas páginas de *O mundo como vontade e representação*, enquanto os dois livrinhos parecem um vade-mécum de sabedoria prática aplicável. A severidade ascética dos três remédios ontológicos – piedade, contemplação, negação da vontade – possibilita a simplicidade do bom-senso popular da pragmática do filósofo.

Que cada um julgue por si mesmo: Schopenhauer começa dizendo que o mais importante, o essencial, o elemento cardinal, o que importa antes de tudo, é... *a saúde*, à qual devemos nove décimos de nossa felicidade. Ele explica que nunca desfrutamos da saúde até sofrermos com sua falta. Em outras palavras: não se sente prazer em ter dentes em bom estado, mas sofre-se por causa de uma cárie. Não esperemos ter perdido um bem para usufruir dele: não esperemos a velhice, a doença, o sofrimento, as misérias, que nos privam de saúde, para nos rejubilarmos de dispor dela quando está presente. Tirar proveito de não sofrer, portanto: lição de bom-senso, mas muito eficaz.

Donde, consequentemente, um elogio de toda *dietética* capaz de preservar essa saúde, de adquiri-la ou de aumentá-la: exercícios físicos – caminhada, por exemplo; duas horas de ar livre por dia; nada de abusar do trabalho intelectual: não mais de três horas por dia; descanso, relaxamento; banhos frios. Devem-se evitar os excessos, o desregramento em geral; nem demais nem de menos, portanto, mas uma sensata medida em tudo. Nada de emoções violentas e dolorosas; evitar as preocupações e os aborrecimentos; desejar uma vida modesta e tranquila; viver longe dos importunos, abster-se de frequentar pessoas patogênicas; inclinar-se ao máximo de solidão possível: quanto mais um ser suporta a solidão, mais manifesta sua proximidade com a genialidade. O ideal? A soberania total. Não depender de nada nem de ninguém.

Uma vez que a felicidade é uma questão de representação, e que as representações, como foi visto, passam pelo cérebro, devemos manter uma relação preciosa com o *sono*: nem muito nem pouco. O encéfalo, o corpo e os gânglios exigem um profundo repouso. O sono restaura o núcleo de nosso ser. É suave e agradável, pois suspende a tensão consubstancial a todo estado de vigília e mergulha-nos em um estado vegetativo. Livre de toda preocupação vinda do exterior, a vontade trabalha interiormente na reparação das forças do ser. O sono cura.

A quantidade de sono está, portanto, em relação direta com a qualidade do indivíduo: quanto mais dispõe de um cérebro desenvolvido, mais necessita de sono; a criança dorme muito porque fortalece seu ser; o idoso dorme pouco porque seu ser cansado acumula cansaço sobre cansaço, e, no entanto, é preciso um mínimo de força para dormir; o animal dorme pouco; o gênio, muito. Montaigne, Descartes e Kant, escreve Schopenhauer, eram grandes "dorminhocos", para utilizar a expressão do primeiro. Mas sabiam não ir além do razoável na matéria. A justa medida, ainda e sempre.

60

Uma aritmética dos prazeres. Retomando outra velha receita epicurista, Schopenhauer encoraja sacrificar um prazer que deve ser pago com um desprazer. Um uso sensato do tempo mostra que, ao agir de certo modo, será produzido determinado tipo de consequência e que, por às vezes, por um momento de prazer pode-se pagar caro e por muito tempo em diversos e inúmeros desprazeres. O hedonismo dispõe de duas vertentes: a busca de prazeres positivos, mas Schopenhauer não acredita nisso; e a evitação de desprazeres garantidos, aquilo em que reside a ética de nosso filósofo. Porém, tanto uma quanto outra são dois modos de escalar uma mesma montanha, aquela do eudemonismo. Schopenhauer aborda uma face na qual já se encontra Epicuro. Mas Aristipo escalou também essa mesma montanha...

Outra técnica epicurista: habitar plenamente o tempo presente. Em outras palavras, e segundo a célebre expressão de Horácio: *carpe diem*. Não poluir o instante presente com a lembrança de coisas ruins nem com o temor de outras coisas ruins. Não ruminar uma dor passada, pois isso é motivo para produzir uma dor presente; não temer uma dor futura, pois esse é outro modo de produzir outra dor presente. O metafísico insiste em ensinar o eterno retorno das coisas e apenas a existência do presente; o pragmático acrescenta: saiba não perdê-lo, ele não voltará, e cada segundo é uma maravilha ímpar. Uma vez perdido, ele o será definitivamente e nunca mais voltará. Saber, portanto, usufruir do puro presente do ser das coisas e do mundo.

61

Renunciar ao ter... Enfim, o sábio que se concentrar no ser renunciará ao ter e ao parecer. Quem se possui se dispensará de possuir: regra de ouro de toda sabedoria. Reduzamos o ter ao mínimo vital. Desejar um objeto é entrar na espiral da falta dolorosa e do desejo que nunca cumpre suas promessas. Trabalhemos, pois, nosso desejo: quanto menos se deseja, mais se goza, pois menos se sofre. O pobre é aquele cujos desejos ultrapassam suas capacidades de satisfazê-los. Existem, portanto, ricos extremamente pobres: aqueles que desejam sempre mais.

Consequentemente, encontram-se também pobres consideravelmente ricos: aqueles que, à maneira de Diógenes, reduzem seus desejos ao mínimo, não precisam de nada e limitam-se a satisfazer os desejos naturais e necessários, fáceis de contentar. Os infelizes querem sempre mais e vão ao encontro das frustrações. Os felizes desejam sempre menos, sabem que essa via conduz à ataraxia, o outro nome da felicidade negativa segundo Schopenhauer.

Nesse caso, o dinheiro não deve ser desejado por si mesmo, mas pelo ócio que proporciona. Dedicar a vida a ter de ganhar a vida é passar ao largo da vida.

O jovem rentista soube disso muito cedo, o velho rentista dá-se conta disso pouco tempo antes de deixar esse mundo: o capital posto para gerar uma renda regular oferece ao sábio a possibilidade de se dedicar à construção de si, à vida filosófica que exige meditação, reflexão, solidão, leitura, escrita. Nada de muito dinheiro, portanto; nem muito pouco. Querer acumulá-lo assim como fingir não desejá-lo são duas formas de se tornar seu escravo. Mais uma vez, Schopenhauer exorta à moderação: ter dinheiro suficiente para não ter de sofrer por sua falta.

Ao concluir o capítulo sobre "aquilo que se tem", ele incentiva evitar mulheres e filhos. A ontologia sombria coincide uma vez com a ética luminosa: evitar fundar uma família, eis um plano considerável para evitar inúmeras ocasiões de sofrimento, de infelicidades e de misérias, portanto oportunidades de gozar de uma verdadeira, real, pura e perfeita felicidade negativa...

62

... e ao parecer. O sábio pouco se importará com o que poderão pensar dele. Daí análises condenando o duelo, pelo ridículo de ele supor a honra, as dívidas de honra, a reparação da honra etc. As diferentes modalidades da honra – burguesa, mundana, nacional, sexual, cavaleiresca – ou de glória, vaidade ou orgulho são ocasiões de se perder no labirinto das coisas inúteis pelas quais se deixa de estar no centro de si mesmo, perdido nas margens de si, vítima de ilusões custosas em matéria de felicidade. Visemos o maior desapego possível em relação a essas duas ilusões que geram tantas ansiedades, tormentos,

vexações, raiva, inquietações, perturbações, medos e outros sofrimentos que interditam a felicidade simplesmente porque se teme a opinião alheia.

Toda companhia mutila. A solidão oferece a maior garantia de vida filosófica. Um ser é tanto mais sociável quanto é fraco, impotente, limitado, incapaz de viver em sua própria companhia. Ora, frequentar os outros é a causa de inúmeros dissabores. Manter-se afastado do mundo, eis uma sábia resolução. Na falta de isolamento físico e de vida resguardada nos bosques, cria-se a solidão acompanhada. Outra receita prática.

Mas como fazê-lo? Isolando-se espiritualmente quando estiver em grupo, não dizendo o que se pensa enquanto todo o mundo dá uma opinião e critica a opinião dos outros; não prestando nenhuma atenção ao que dizem os convivas ao redor da mesa em que se está. Velhas técnicas de macacos asiáticos: ver, mas não ver nada; ouvir, mas não ouvir; e calar-se. Praticar a sociedade como se se tratasse do fogo da lareira: nem muito perto para não se queimar, nem muito longe para não ficar com frio...

Schopenhauer utiliza outra imagem, mas bastante semelhante, para sintetizar sua moral, que é a arte do outro. Ela é célebre no bestiário da história da filosofia. Um bando de porcos-espinhos agrupa-se no inverno para evitar o rigor do frio; ao se aproximarem, espetam-se; ao se espetarem, afastam-se; ao se afastarem, sofrem novamente com o frio; enregelados, aproximam-se novamente e, então, espetam-se mais uma vez etc. Até que encontram a distância adequada: aquela em que, não muito próximos, evitam os espinhos e, não tão distantes, não sofrem com o frio. Mais uma vez, teoria da justa medida –

aqui, a distância adequada. O mesmo vale para os humanos: muito próximos, sofrem de promiscuidade; muito distantes, de solidão. A distância adequada, Schopenhauer a nomeia: a polidez. Polidez do desespero?

III
STIRNER
e "os que têm fome da vida verdadeira"

1

Um romance solipsista. Na maior parte do tempo, Max Stirner existe na história das ideias como um filósofo anarquista, se não como *o* pensador do individualismo anarquista... Um historiador das ideias especialista da coisa anarquista escreve um livro para situá-lo entre "as fontes do existencialismo". Marx zomba dele violentamente retratando-o como "são Max" em *A ideologia alemã*. Fonte provável, embora oculta, de Friedrich Nietzsche... Ao que seria preciso acrescentar também Marcel Duchamp, que fez de Stirner e Nietzsche seus dois gurus. Picabia convidou-o a descobrir *O único e a sua propriedade*, que foi, com *Assim falou Zaratustra*, o viático que o autor do *ready-made* não parou de ler e pôs em suas malas quando partiu para os Estados Unidos... A tradição também conta que Mussolini adorava citar o autor de *O único e a sua propriedade*... Singular personagem, portanto, esse Max Stirner.

Johann Kaspar Schmidt, seu verdadeiro nome, é chamado de Stirner por seus amigos de colégio por causa de sua testa (*Stirn*) exageradamente grande e alta. Um desenho de Engels salienta, de fato, essa particularidade: os pequenos óculos redondos, o cabelo escovinha, a cabeça quadrada, as costeletas descendo ao longo do maxilar, a boca franzida, o queixo pequeno daquele esboço de perfil, eis tudo o que resta do físico de um personagem cuja vida parece um romance solipsista em harmonia com os ensinamentos de *O único e a sua propriedade*.

Stirner nasceu na Baviera, em Bayreuth, em 26 de outubro de 1806. A cidade não é ainda aquilo que Wagner e os wagnerianos vão fazer dela muitos anos mais tarde. O pai do filósofo esculpe flautas. Com trinta e sete anos de idade, morre de tísica seis meses após o nascimento do filho. Dois anos mais tarde, a mãe contrai segundas núpcias com um ajudante de farmácia quinquagenário em Chelmno, ao norte da Alemanha. Stirner realiza os estudos primários nesse lugar. Em 1818, retorna a Bayreuth, para a casa de seu padrinho, onde viverá por oito anos. Aos doze anos, então, tinha perdido o pai, e a mãe o mantinha a distância. Trajetória de estudante sem problemas até o secundário.

Ele entra na universidade de Berlim em 1826 e lá permanece por dois anos. Frequenta as aulas de teologia de Schleiermacher e as aulas de Hegel, então no ápice de sua glória. Os cursos de história da filosofia que ministra nessa época serão publicados sob o título *Lições sobre a história da filosofia* – eles contribuirão para constituir a historiografia dominante até hoje. Na época em que Stirner frequenta suas aulas em Berlim, Hegel publica *A fenomenologia do espírito* (1806-1807), *Ciência da lógica* (1812-1816) e a *Enciclopédia* (1817).

Seguindo o que dita o costume da época para os estudantes que mudam de universidade a fim de seguir as aulas de professores particulares, Stirner inscreve-se um semestre em Erlangen, depois em Königsberg, a cidade natal de Kant. Com vinte e três anos, planeja dar aulas, mas a doença mental da mãe obriga-o a deixar a universidade, voltar a Chelmno e lá ficar por três anos para cuidar dela. De volta a Berlim, retoma seus estudos em 1832, com vinte e seis anos de idade. Não vai muito bem nas provas e a obtenção de seus certificados não basta para lhe permitir o acesso ao ensino público. Durante oito horas semanais, torna-se estagiário de latim na escola, sem salário. Em 1837, depois de ter sido recusado para o cargo de professor, casa-se com a filha (ou sobrinha) de sua senhoria, uma jovem inculta com a qual, aparentemente, não chegou nem mesmo a ter uma vida sensual – o bastante, no entanto, para que ela carregue um filho dele, com quem morre durante o parto. Stirner tem trinta e dois anos, é órfão de pai, filho de uma mãe louca, recentemente viúvo e pai de um filho morto.

2

O círculo dos jovens hegelianos. Quando tinha a idade de Cristo, ele dá aula para moças em uma escola particular. Durante cinco anos, cumpre suas horas em seu cargo. Ao mesmo tempo, frequenta o Círculo dos jovens hegelianos de esquerda, os "Homens livres". Em 1842, um desenho de Engels apreende o clima de casa de jogos no qual se reúnem seus membros: no teto, uma luminária; no alto do desenho um tipo de esquilo, como uma assinatura surrealista antecipada; na parede, um pequeno painel de madeira que representa uma guilhotina com uma caveira, um punhal e um machado ao lado; pisando em jornais espalhados pelo chão, bigodudos, barbudos e dândis que parecem lançar imprecações uns contra os outros em um ambiente de garrafas vazias, copos vazios e tombados, cadeiras caídas no chão.

Max Stirner faz parte da paisagem, charuto na boca, calça *fuseau* de *muscadin*, testa alta franzida. Com a mão sobre a mesa, embora assista ao espetáculo da discussão acalorada, sem dúvida, seu olhar está distante. O desenho de Engels quase que ilustra a teoria da associação de egoísta que constitui o epicentro de *O único e a sua propriedade*: integrado no grupo de "Homens livres" por interesse, frequentando-o de bom grado, mas sem jamais se entregar, concedendo à reunião o tempo de seu interesse.

Bruno Bauer está lá. Nessa época, ele já era o autor de trabalhos sobre os Evangelhos sinópticos, nos quais afirma a inexistência histórica de Jesus. Originário da direita hegeliana, inicialmente escandalizado pela *Vida de Jesus* de David Friedrich Strauss, Bruno Bauer realiza um trabalho que finalmente o persuade das validades das teses deste último. Na história da filosofia ocidental, esse amigo de Stirner é o primeiro defensor da tese mitista segundo a qual Jesus é uma figura alegórica, um personagem conceitual, mas sem realidade histórica.

A direita hegeliana invoca Hegel, evidentemente, mas, seguindo o modelo da amostragem, ela isola aquilo que lhe permite constituir um *corpus*: sustenta sua teoria teleológica da história como realização da Ideia, da Razão, do Conceito, isto é, de Deus; afirma a verdade da filosofia da religião hegeliana, que apresenta o cristianismo como a Religião Absoluta; subscreve às teses dos *Princípios da filosofia do direito* segundo as quais o Estado é "um ser divino-terrestre"; ela acredita que o papel da religião consiste em "integrar o Estado ao mais profundo das almas individuais"; ela pensa a monarquia prussiana como um modelo...

A esquerda hegeliana, por sua vez, realiza uma leitura que privilegia as potencialidades ateias da filosofia da religião de Hegel, pois o autor das *Lições sobre a filosofia da religião* racionalizou de tal forma o cristianismo que, no final de suas análises, sobram pouco cristianismo e muita Razão; ela recorre ao "trabalho do negativo" na dialética para justificar a destruição como momento necessário ao advento do movimento inevitável, o que justifica as opções revolucionárias – Bakunin se lembrará disso. A esquerda hegeliana apoia-se na teologia e na filosofia dos fins da história dissociando a Razão de seu outro nome, Deus.

3

O filósofo de um único livro. Em oito meses do ano de 1842, Stirner publicou vinte e seis artigos na *Gazeta renana*, uma publicação destinada a garantir a promoção do trabalho dos jovens hegelianos de esquerda. A revista publicava análises úteis para mostrar ao público a vitalidade dos membros desse grupo que se divertia, provocava, declarava alto e bom som o ateísmo, bebia, falava, debatia mais do que produzia trabalhos consequentes. Bruno Bauer, que fora destituído da universidade por suas audácias em matéria de teologia, era objeto de grande solicitude da parte de Stirner que, aliás, publicara uma excelente resenha do livro de seu amigo intitulada "A trombeta do juízo final contra Hegel, o ateu e o anticristo".

No mesmo ano (1842), Stirner assinou na *Gazeta renana* um breve texto intitulado "O falso princípio de nossa educação", no qual já se encontram todas as ideias de *O único*. Em primeiro lugar, critica a *educação humanista* que, centrada em textos antigos e na Bíblia, apoia-se no passado para formar pessoas para as humanidades, sem preocupação com o mundo real; em seguida, critica igualmente a *educação realista*, preocupada demais em fabricar bons cidadãos, submissos, integrados ao sistema e produzidos em vista das necessidades da sociedade; por fim, propõe uma *educação personalista* que visaria não a obediência, a docilidade, a submissão, o macaco erudito ou a cabeça cheia de coisas, mas o criador, o indivíduo capaz de exercer sua liberdade, uma pessoa autônoma e livre, um caráter soberano.

O ideal dessa pedagogia? "A realização de si", que será o *leitmotiv* da única obra desse filósofo único... Pode-se questionar se esse método foi o mesmo aplicado pelo professor que ele foi um dia. Provavelmente não... Stirner quer manter o talento natural da criança para a insubordinação. Na escola, aprendem-se normalmente a docilidade, a submissão, a obediência. Uma pedagogia libertária acabaria com essa velha forma de proceder.

Viva a criança turbulenta, rebelde e desobediente! O educador se absterá de reprimir o brio ou a franqueza das crianças. Não há nenhuma necessidade de utilizar a autoridade, de recorrer ao medo ou ao respeito. No entanto, opor-se-á sua força à dela para fazer com que compreenda que o real é uma luta perpétua de "consciências de si opostas", para usar o vocabulário da *Fenomenologia do espírito*. Stirner deseja uma pedagogia antiautoritária, libertária, que produza vontades livres e unicidades. Em *O único e a sua propriedade*, escreverá: "Ser livre, tal é a verdadeira vida." Sua obra o ensinará, e sua vida mostrará a dureza e a dificuldade de tal projeto.

4

Livro único de um homem único. *O único e a sua propriedade* é publicado em fins de 1844, em Leipzig, com a data de 1845. O próprio Stirner afirma, no meio de uma frase, no livro, que a obra não obedece a nenhuma construção prévia, que não há linha diretriz. O capricho vale como ordem... Stirner redigiu o livro pedaço por pedaço, escreveu ao correr da pena, provavelmente em relação com suas leituras, seus comentários destinados aos jornais, as discussões enfumaçadas com os amigos dos "Homens livres".

O filósofo critica e comenta, polemiza e confronta. As questões que estavam em jogo nem sempre parecem muito claras hoje em dia, pois provavelmente obedeciam a contextos de controvérsias intelectuais das quais nada subsiste. Stirner admite que, relendo-se, acrescenta texto ao texto, comentário ao comentário. Sendo assim, como não obter ao final um manuscrito monstruoso que multiplica as repetições e torna impossível qualquer demonstração consequente? A forma é, portanto, desprovida de qualquer ordem, de qualquer lógica.

Deve-se acrescentar a isso uma fantasia tipográfica: Stirner coloca sistematicamente uma maiúscula nos possessivos Meu, Minha, Meus, e nos pronomes pessoais Eu, Nós, Vocês. De modo que a profusão de maiúsculas no corpo do texto sem composição contribui para tornar a leitura mais vagarosa. De fato, o hábito de sua raridade, convenção de um uso codificado (após um ponto ou com os nomes próprios), fragmenta as frases, por vezes longas, interrompe, cria cadências artificiais, obriga a inteligência a uma inútil ginástica da mente. Esse capricho tipográfico desvia a mente da compreensão de um discurso que, aliás, o próprio autor admite não ter construído...

Por vezes, Stirner chega até a colocar em cena discursos aos quais se opõe, e já não se sabe se ele expõe uma tese pessoal ou se está criticando uma outra. As inúmeras passagens em que parece interpelar adversários invisíveis deixam entrever que *O único e a sua propriedade* é também um teatro de sombras no qual se insinuam grandes autores esquecidos, como Feuerbach, abundantemente citado, criticado, comentado; Bauer, também em uma boa posição; ou obscuros desconhecidos hoje desaparecidos.

As quinhentas páginas desse denso grito de guerra contra tudo aquilo que entrava a expansão do Eu não poupam nada. A negatividade funciona a pleno vapor; a positividade, mais rara, é ainda mais preciosa. Nos moldes de um inventário, *O único e a sua propriedade* declara guerra à *religião*: Deus, o Espírito Santo, o cristianismo, os dogmas, o sagrado, o pecado, a fé, o Cristo, o ideal ascético, a renúncia; ataca a *política*: o imperador, a pátria, o Estado, o rei, a lei, a legalidade, a Revolução Francesa, os direitos humanos, a igualdade, a censura, o socialismo, o comunismo, a burguesia, a polícia, os soldados, os funcionários, os juízes, os pedagogos, os professores, o trabalho, a escravidão, o povo, a justiça, as constituições, a propriedade, o Partido, a livre concorrência, a hierarquia, o liberalismo; critica a *sociedade*: a humanidade, os pais, a família, a educação, o dinheiro, os impostos, a autoridade, a herança, a comunidade; destrói a *moral burguesa*: a proibição do incesto, a monogamia, o amor, o juramento, a palavra dada, a amizade, o casamento, a virgindade, a castidade, a renúncia, o respeito ao outro, o senso de honra; pulveriza a *ética*: o bem, o mal, a virtude, a verdade, a razão, a moralidade. Salva apenas uma coisa nessa paisagem devastada: seu Eu, Ele como Único autoproclamado centro do mundo... O essencial aparece ao longo do livro na mais absoluta desordem...

O livro na estante das livrarias não permite a Stirner abandonar sua vida fracassada: nenhuma reputação, nem mesmo devida a uma hipotética censura (o governo considerara o livro tão exagerado que concluiu por sua insignificância) que lhe teria assegurado algum sucesso; nenhuma polêmica, nada de vendas surpreendentes, nada de dinheiro, nada de direitos autorais, nada de luzes da ribalta filosófica, apenas dois ou três comentários críticos nas revistas... E mais nada.

5

O romance de um fracassado. Stirner está, assim, sem um tostão, sem carreira em vista, sem profissão, sem futuro, sem projetos, sem diplomas, sem perspectivas. No círculo dos "Homens livres", convive com uma jovem que fuma charutos e tem boas maneiras à mesa em que as canecas de cerveja não lhe causam medo. Além disso, ela apresenta a imensa vantagem de dispor de uma considerável quantidade de dinheiro herdada de sua família, o que fornece um argumento de peso ao filósofo sem dinheiro, que a desposa em 21 de outubro de 1847. Ele tem trinta e sete anos, ela tem doze anos a menos.

No dia do casamento, o pastor chega ao domicílio dos protagonistas. À espera do oficial cristão, todos jogam cartas em mangas de camisa. Sem véu de noiva, sem coroa de flores ou buquê, sem Bíblia sobre a qual jurar fidelidade e assistência por toda a vida, nada de alianças. Não tem importância. Bruno Bauer, que é testemunha, tira um porta-moedas do bolso, retira dois anéis de cobre e os faz benzer por quem de direito. Os esposos colocam os anéis um no dedo do outro...

Rapidamente, Bruno Bauer, especialista em Evangelhos, exegeta das Escrituras neotestamentárias, proclamador da inexistência histórica de Jesus, amigo e testemunha de Stirner, ignora a moral e pede emprestado à noiva dinheiro para financiar a manufatura de porcelana que seu pai e seu irmão acabam de montar. O recém-casado, por sua vez, abandona o cargo de professor no colégio para moças e põe na cabeça que deve criar uma leiteria com o dinheiro da mulher. Lança sua pequena empresa e rapidamente vai à falência. A antiga mocinha do círculo de hegelianos de esquerda, que se tornara senhora Stirner, vê-se assim arruinada...

No verão de 1846, abatido pela falta de sucesso, deprimido pela ausência da notoriedade com a qual contava com a publicação de *O único e a sua propriedade*, arruinado, Stirner publica uma solicitação de empréstimo nos classificados de um jornal. Ninguém, evidentemente, lhe responde. Para ganhar um pouco de dinheiro, Stirner traduz o *Dictionnaire d'économie politique* [Dicionário de economia política] de Jean-Baptiste Say, o que não é suficiente. Promete uma tradução de Adam Smith que não será feita. Em 1852, assina, em dois volumes de compilações confusas, uma *História da reação* acochambrada. Ela não terá nenhum leitor...

Cansada dos disparates do marido, a senhora Stirner pede o divórcio. Em 1847, parte para Londres; depois, para a Austrália, onde se torna lavadeira. Lá, casa-se com um operário. Em 25 de junho de 1856, Stirner morre de uma "picada de mosca envenenada", escreve seu biógrafo... O filósofo do Único tinha quarenta e nove anos e oito meses. Naquele mesmo ano, um garoto de doze anos que atende pelo nome de Friedrich Nietzsche inicia uma das incontáveis versões de sua autobiografia. Os dois homens têm um encontro marcado.

Nos últimos anos de sua vida, os credores não paravam de encurralar o filósofo. Stirner passara duas vezes pela prisão por causa de dívidas; a seus carcereiros, ele declarava sempre uma nova profissão: professor, escritor, doutor em letras, rentista, algumas das profissões sonhadas... Em seu enterro, esteve presente mais uma vez Bruno Bauer, o fiel amigo dos bons e maus momentos. E dois ou três anônimos.

Graças a uma pequena herança, a ex-senhora Stirner retornou à Inglaterra em 1870. Em 1896, John Henry Mackay realiza pesquisas para uma biografia do filósofo. O livro dará a Stirner, enfim, seu lugar na história das ideias, entre a descoberta de Nietzsche, a retomada individual e os atentados anarquistas. A antiga hegeliana de esquerda, que se tornou beata, recusa-se a encontrar o biógrafo. Octogenária, comunica que jamais amou Stirner, que, de todo modo, não era amável, egoísta demais para isso, incapaz até de ter um amigo – o que é desmentido pela presença constante de Bruno Bauer ao lado do pensador de testa grande. A velha senhora acrescentava ainda que Stirner sempre foi dissimulado...

6

Uma máquina de guerra anti-hegeliana. Na desordem da composição e na confusão das temáticas de *O único e a sua propriedade*, podem-se extrair linhas de força possíveis capazes de ilustrar mais uma tese do que outra, por meio da qual Stirner aparece ora como: pai do anarquismo individualista, precursor do existencialismo, mentor daqueles que recusam os mentores, inspirador inconfessado do autor de *Além do bem e do mal*, leitor dos futuristas italianos, a alma danada do *Duce*, ancestral do individualismo revolucionário, cicerone de Marcel Duchamp...

No entanto, se quisermos ampliar as perspectivas e evitar a amostragem interessada, também é possível inscrever o pensamento, a obra e a figura de Stirner na lógica do combate anti-hegeliano. O hegelianismo de direita ou o hegelianismo de esquerda mantém com Hegel um parentesco distante: o que há em comum entre Hegel e Bakunin, por exemplo, senão um período de fascinação durante a formação intelectual, antes da superação da influência e da proposição de uma visão de mundo radicalmente antinômica daquela do professor de Berlim?

O hegelianismo produz no século XIX um efeito magnético sobre a totalidade dos pensadores, dos filósofos ou, mais amplamente, do mundo das ideias. Até mesmo seus biógrafos apontam seu pouco talento para a pedagogia, sua falta de carisma, a obscuridade de seu discurso. Naquela época, como em outras, a confusão conceitual praticada por tal ou tal filósofo impressiona, paralisa e aterroriza: uns passam à devoção, tornam-se discípulos, colecionam escrupulosamente os menores fragmentos do mestre e tornam-se serviçais de um homem e de um pensamento. Para distingui-los entre muitos, basta observar o mimetismo linguageiro: são papagaios dos conceitos, repetidores do guru e elevam o psitacismo à condição de religião.

Os outros sorriem, riem abertamente ou, como Schopenhauer, se irritam, pois não se deixam enganar pelo projeto de servidão voluntária visível naquilo que eu chamaria de o *disciplinado*. Heine, o extralúcido Heine (em *De l'Allemagne* [Sobre a Alemanha, escrito originalmente em francês], põe em perspectiva o idealismo alemão, a filosofia de Kant, de Fichte e de Hegel, com uma barbárie que ele anuncia europeia...), também faz parte dos ouvintes de Hegel. Em sua *Contribuição à história da religião e filosofia na Alemanha*, ele descreve "seu rosto cômico de tanto ser *sério*" e conclui que a obscuridade do pensador era deliberada, com o objetivo de fascinar uma geração para conduzi-la politicamente a suas ideias.

Seguir o curso de Berlim não basta para fazer um hegeliano. Também é preciso aderir às teses do professor, sustentá-las e defendê-las, o que jamais foi o caso de Stirner, que assistiu às aulas de Hegel, mas nunca foi um discípulo *stricto sensu*. A biografia de Stirner carece de informações sobre sua recepção dos ensinamentos de Hegel, e as referências feitas ao filósofo em *O único e a sua propriedade* – doze, ao todo – são pouco consistentes. Stirner constatou, e é o essencial, que o pensamento de Hegel é luterano e apenas isso – revestido de conceitos e palavras do idealismo transcendental.

7

***O anti*-Princípios da filosofia do direito**. *O único e a sua propriedade* pode ser lido como um anti-*Princípios da filosofia do direito* de Hegel. Não porque seu autor tenha sistematicamente empreendido uma crítica em regra das teses de Hegel, nem porque tenha desejado fazer de seu livro uma máquina de guerra lançada contra essa única obra, mas pelo fato de os temas abordados por Hegel o serem igualmente por Stirner, seria esperado como um antídoto contra o hegelianismo. Agindo desse modo, evita-se transformar em modalidade de hegelianismo – o hegelianismo de esquerda professado pelos "Homens livres" – essa crítica radical do hegelianismo.

O idealismo hegeliano é uma grande máquina de produzir à saciedade tríades, trios, trilogias, trindades e trípticos. A desordem do mundo, o caos do real, termina por entrar artificialmente, graças a conceitos e demonstrações, taxonomias e recortes, em caixas sistemáticas de três gavetas. Coloquemos a hipótese que a angústia e a ansiedade confessadas por Hegel em sua correspondência e seu longo período de depressão nervosa encontraram nesse artifício de triangulações uma esconjuração da negatividade psíquica do filósofo: dois pontos fazem uma linha, três fazem um plano e instauram um equilíbrio restaurador (ou instaurador) de serenidade em quem ela falta. Hegel é um maníaco da ordem apolínea; Stirner um aficionado da desordem dionisíaca...

Stirner não sai em guerra aberta contra as obras de Hegel. Mas critica um dos pensamentos exemplares do hegelianismo segundo o qual "o que é racional é real e o que é real é racional", Prefácio aos *Princípios da filosofia do direito*. Esclareçamos que o racional define o que é conforme à Ideia e que esta identifica-se ao Conceito, à Razão, ao Espírito e a Deus. Tautologia, portanto, afirmar que o real é racional, pois Real, Razão, Ideia, Espírito, Deus, Conceito (maiúsculas obrigatórias...) são múltiplos termos para exprimir uma única e mesma coisa. Essa série de identidades permite falar de Idealismo Absoluto para caracterizar a filosofia de Hegel, que se contenta com essas tautologias habilmente salmodiadas.

Para Stirner, o real não é racional e o racional não é real. Sem se sobrecarregar com análises detalhadas ou raciocínios para definir o real de maneira alambicada, ele o pensa simplesmente como *o conjunto daquilo que é*, sem nenhuma especulação idealista ou consideração metafísica. E aquilo que é apresenta-se sob a forma de um imenso campo de batalha partilhado por predadores e presas, aqueles que comem e os que são comidos, matadores e os que são mortos... Hegel, metafísico do éter, do nebuloso, do vento; Stirner, cruel revelador de uma ontologia sombria.

Stirner esvazia os além-mundos, pensa de forma imanente, recusa toda transcendência, não procura o sentido do mundo fora do mundo e reivindica um nominalismo radical: as palavras só existem por uma questão de praticidade, para as trocas, a linguagem e a comunicação, mas todo significante deve corresponder a um significado real, devidamente constatável. Os ídolos com maiúsculas são "ideias fixas", isto é, pequenas divindades ridículas para filósofos carentes de deuses... Hegel é religioso o tempo todo, mesmo em filosofia – sobretudo em filosofia; Stirner, um completo ateu.

8

Cortar as asas da coruja. Outra referência cola na pele filosófica de Hegel, aquela da "coruja de Minerva (que) alça voo apenas ao cair da noite" (sempre o Prefácio dos *Princípios*), isto é, o filósofo chega sempre tarde demais, é *o homem atrasado* e não tem talento para anunciar o futuro a não ser quando este já se realizou... Stirner não pode concordar com essa visão das coisas, pois, para ele, o filósofo é o *homem adiantado,* aquele que, fora do movimento dialético apolíneo no qual não acredita, se mede em combates dionisíacos titânicos e, sozinho contra todos, opõe seu Eu à totalidade das forças que impedem sua expansão.

O filósofo, segundo Stirner, contenta-se em ver o mundo no mundo, os objetos em objetos; ele simplesmente vê as coisas como são e não procura nelas o divino, o sagrado ou a transcendência. Não é possível manifestar profissão de fé mais radicalmente ateia, imanente, horizontal. O pensamento luterano de Hegel alegra as pessoas bem colocadas, os conservadores, os padres, os burgueses, os professores; ele vende a visão cristã do mundo. O pensamento de Stirner desagrada a essas mesmas pessoas bem colocadas, pois propõe uma visão de mundo radicalmente imanente na qual o filósofo professa menos para amanhã do que ensina para sempre, logo, para hoje, a arte de construir uma subjetividade autônoma, rebelde.

O pássaro predileto de Stirner não é a coruja, ainda que fosse a de Minerva, mas a águia à qual Nietzsche dará um lugar no bestiário filosófico: o sobrevoo, o olho infalível, as garras e o bico de ave de rapina, a companheira de Zaratustra... Hegel, profeta do espírito absoluto vindouro; Stirner, mensageiro do intempestivo, do inatual, do eterno presente da potência do Único.

Os dois homens separam-se enfim quanto à concepção do papel da filosofia. Hegel a quer "principalmente ou exclusivamente a serviço do Estado" (sempre no Prefácio dos *Princípios*). Deplora a existência de um pensamento a serviço de ideais em contradição com aqueles do Estado. Como bom platônico, chama de "sofistas" aqueles que não agem como ele como correias de transmissão do poder do Estado, como retransmissor do pensamento dominante e burguês da época.

Ao se colocar à disposição, ao se tornar servil, essa filosofia de Estado valerá a seu mestre gratificações sob forma de prebendas, honras, *status* na universidade, melhores caminhos para a carreira. A biografia de Hegel testemunha – cargos, condecorações, honras, influência, franco-maçonaria, cátedras prestigiosas, direção de jornal, relações com poderosos... –, é interessante prostituir a disciplina colocando-a a serviço dos poderosos; a biografia de Stirner atesta igualmente: nenhum cargo universitário, nenhuma condecoração, nenhuma relação majestosa, nenhum amigo poderoso, nada de direção de jornal, nenhuma honra. Portanto, nenhuma cátedra para defender ideias que o Estado aprovaria, nem discípulos banhados em devoção, acreditando adorar outro Deus, quando na verdade contentaram-se em repintá-lo com cores enganadoras, nada de editores bem estabelecidos...

9

A maquinaria hegeliana. Stirner não é tão enciclopédico quanto Hegel. O sistema de Hegel abrange, de fato, várias entradas que não interessam ao Único: a *Ciência da lógica*, a *Filosofia da natureza*, isto é, a metafísica e as ciências, não o interessam de forma alguma. A *Filosofia do espírito* não lhe diz respeito na qualidade de *Espírito subjetivo* (antropologia, fenomenologia do espírito e psicologia, o segundo momento desse terceiro momento do sistema hegeliano), mas como *Espírito objetivo*, isto é, como *Direito, Moralidade* e *Moral social*. A ponto de *O único e a sua propriedade* parecer um comentário desordenado e crítico dessa parte do sistema que se encontra desenvolvida em *Linhas fundamentais da filosofia do direito ou direito natural e ciência do Estado em compêndio*, publicado em 1821.

O plano da obra nos servirá de esquema para examinar o tratamento que Stirner dá a essas questões. Ei-lo*. Primeira parte: o *Direito*. Seção I: a *Propriedade*; seção II: o *Contrato*; seção III: a negação do direito, a *Injustiça*. Segunda parte: a *Moralidade*. Seção I: o *Projeto* e a *Culpa*; seção II: a *Intenção* e a *Felicidade moral*; seção III: o *Bem* e o *Mal*. Terceira parte: a *Moral social*. Seção I: a *Família*; seção II: a *Sociedade civil* – o Trabalho, a Riqueza, o Direito, a Lei, o Tribunal, a Polícia; seção III: o *Estado*. A ordem hegeliana e

---

* Cf. Hegel, *Princípios da filosofia do direito*, Martins Fontes, 1997. (N. do T.)

seu sistematismo dão calafrios. Não pode haver algo mais apolíneo, geométrico, matemático, cifrado, arquiteturado, ao passo que Stirner, por sua vez, encarna o dionisíaco, o inebriante, o canto, a dança, o vegetal das vinhas. A Esfera parmenidiana de Hegel contra o Rio heraclitiano de Stirner...

10

Stirner, o antídoto a Hegel. Hegel pensa o Indivíduo como uma categoria a ser submetida: ao geral, ao universal, à sociedade, à família, ao Estado, a Deus. Todo seu pensamento visa elevar e depois convergir a totalidade do real para o Absoluto que escapa ao tempo, e ao espaço, que realiza a História, a Arte, a Religião, a Filosofia e, ao fazer isso, os abole. Desse modo, Hegel anuncia o fim da Filosofia pela realização da Filosofia. E a Filosofia, por quem é realizada? Por Hegel... Como? Pela descoberta da verdade proposta por seu sistema. O Real, o Racional e Hegel enfim confundidos...

Enquanto isso, Stirner experimenta o movimento ao caminhar. Hegel morre de cólera em 1831. A vida continua, e com ela a Filosofia – e a Arte, e a Religião e o resto daquilo que deveria ser abolido por sua realização... A prova de que a filosofia continua após o anúncio da morte da filosofia, Stirner fornece-a com *O único e a sua propriedade* – e em sua vida filosófica que se desenrola a distância daquilo que Hegel apresenta como a verdade na existência, a verdade de uma existência: a Fé, o Trabalho, a Propriedade, o Casamento, a Família, a Educação dos filhos, a submissão à Pátria, ao Estado. Stirner não se sujeitava nem teórica nem praticamente à trilogia Trabalho, Família, Pátria, cuja exacerbação produziu a catástrofe nacional-socialista na qual Hegel funcionou como uma referência filosófica.

Em páginas assustadoras por sua premonição, Heinrich Heine foi o primeiro a anunciar, ao observar atentamente Hegel, suas obras e o hegelianismo, mas também Kant, Fichte e a filosofia alemã, a vinda inelutável da catástrofe: "Será executado, na Alemanha, um drama perto do qual a Revolução Francesa será apenas um idílio inocente." E mais adiante: "E a hora chegará. Os povos se reunirão como nas arquibancadas de um anfiteatro, ao redor da Alemanha, para assistir a grandes e terríveis jogos"... Escrito em 1835 e publicado em *De l'Allemagne*. Nessa configuração, *O único e a sua propriedade* poderia muito bem aparecer como um manual de anti-hegelianismo. Um manual útil e inatual, porque tem razão de ser.

11

O proprietário e o filósofo. Hegel celebra a *propriedade* como todo bom filósofo burguês que coloca seu pensamento a serviço da coroação liberal e capitalista da Revolução Francesa. Com 1793, o vento da bala comunista não passou longe, mas a burguesia, ajudada por Robespierre, finalmente confiscou para si esse momento da História. Os *sans-culottes*, os padres vermelhos, Jacques Roux e Pierre Dolivier, por exemplo, Babeuf e os babouvistas, são más lembranças. Os bens da Igreja confiscados foram comprados por aproveitadores e agiotas da Revolução Francesa, e Napoleão e o Império os tranquilizaram ao confirmarem seus bens. A feudalidade aristocrática dá lugar à feudalidade burguesa. A abolição dos privilégios desemboca em novos privilégios.

É verdade que não há muito mais o que temer da ameaça comunista de 1793, mas, para impedir o retorno dessa eventualidade, a filosofia deve se colocar a serviço dos novos mestres: os burgueses. Hegel fornece o Conceito para esse empreendimento ideológico e os *Princípios da filosofia do direito* (um texto que incomoda até mesmo os hegelianos por seu cinismo radical, a ponto de fazerem dele uma obra de concessões visíveis ao poder, enquanto o filósofo se manteria firme em invisíveis posições opostas...), um tratado destinado ao Proprietário, ao Pai de Família, ao Marido, ao Cristão, ao Monarquista... Em outras palavras, um tratado diametralmente oposto aos valores stirnerianos...

A propriedade de *O único e a sua propriedade* não tem muito a ver com a Propriedade como momento da vida do direito nos *Princípios* de Hegel. Stirner diz tudo em seu título: ele formula seus dois conceitos mais importantes, o *Único* e sua *Propriedade*. Ao mesmo tempo, o título afirma o projeto: examinar a natureza da propriedade do Único. O que é o Único? Sob a pena de Stirner, não se encontrará uma definição precisa, detalhada, nenhum exercício de filosofia técnica, muito menos uma dissertação redigida segundo o modelo do idealismo transcendental. O Único é o outro nome do Eu [*Je*] de um Eu [*Moi*] que se exprime. Não há, portanto, um conceito de Único como existe, por exemplo, em Kierkegaard com o Indivíduo, em Fichte com o Eu, em Hegel com a Subjetividade. Stirner vira as costas à filosofia que procede por conceitos e contenta-se em avançar sobre o terreno da realidade concreta: um Único confunde-se com a realidade de seu corpo de carne e osso. É possível ser mais radicalmente materialista? E mais definitivamente nominalista?

12

A força é o direito. O único de Stirner é, portanto, Stirner quando diz Eu. Generoso, nosso filósofo afirma a validade dessa verdade para todos; isto é, quando um indivíduo diz Eu, manifesta a unicidade de seu ser e, desse modo, afirma-se como único. A humanidade constitui-se, pois, de um único que é o Único – a saber, aquele que fala –, e de uma multiplicidade de únicos – um termo, no entanto, difícil de colocar no plural...

Nessa configuração particular, qual é a propriedade desse Único? Resposta: tudo. Em outras palavras, o Único tem por propriedade tudo aquilo de que é capaz de se apossar, a saber, a totalidade daquilo que está em seu poder de se apropriar. *O único e a sua propriedade* propõe-se assim oferecer quinhentas páginas de variações sobre este único tema: existe apenas um único e ele dispõe de uma propriedade sem nenhum outro limite a não ser aquele de outro único que tenha manifestado uma força superior e se apropriado do objeto cobiçado ou da propriedade em disputa.

Stirner tem uma visão de mundo que se resume a um campo de forças no qual batalham únicos. O mais forte ganha, o mais fraco perde; o mais forte torna-se proprietário e amplia suas propriedades tanto quanto lhe permitem suas forças, enquanto o fraco pode compensar seu poder inferior por um dispositivo de "associação de egoístas" capaz de permitir-lhe apropriar-se daquilo que, apenas com suas próprias forças, lhe seria impedido. Stirner constata as coisas como são. Ele instala-se para além do bem e do mal, não ri nem chora, mas afirma a verdade desse estado de coisas. Cada único visa a expansão de sua propriedade, de sorte que o real reduz-se a um conjunto de fluxo de energias em luta pela objetivação.

O outro é minha propriedade. Não há nenhuma consideração moral em Stirner, que não pensa o outro a não ser na perspectiva da utilidade para aumentar suas forças: se o outro me permite, durante um contrato utilitário, alcançar meus objetivos, então ele é minha propriedade. Todos agem assim, todos são configurados da mesma maneira. Os moralistas franceses já o disseram, La Rochefoucauld entre outros; Helvétius o repetiu; e Stirner – que não cita nem um nem outro – partilha das mesmas posições: cada um vive-se, pensa-se e experimenta-se como o centro do mundo.

A propriedade, assim, não se torna possível por meio do direito, como em Hegel, mas exatamente por seu contrário: pela força. Aquilo de que o único tem a força é sua propriedade. Se o único tem a inteligência da associação, então aumentará sua força e, por meio dela, se apoderará da propriedade de que outro usufrui. Aquilo de que cada um tem a força é seu direito. Portanto: eis *o* direito. Stirner radicaliza o solipsismo e propõe uma modalidade intersubjetiva. O único dispõe do mundo, portanto dos outros, como sua propriedade enquanto outra força não a conteste. A força, eis, portanto, o direito.

13

A propriedade não é um roubo. Todo o mundo conhece a célebre frase de Proudhon: "a propriedade é um roubo". Ela fez muito por sua reputação. Stirner apropria-se dessa frase e recusa que ela possa fazer sentido. Pois, para haver roubo, é preciso uma propriedade suscetível de ser roubada. E, como a propriedade não existe de maneira fixa, definitiva, garantida pelo direito, chancelada pela lei, não existe aquilo que tornaria possível um roubo. Na lógica stirneriana, nunca nada é roubado, pois nada pertence a ninguém de modo duradouro: o próprio de uma propriedade é ser adquirida pela força. Portanto, existem apenas propriedades momentâneas, estabelecidas enquanto uma força o permite antes que outra a transfira...

Quando Proudhon distingue o proprietário (garantido pelo direito) do possuidor (usufrutuário que trabalha com esse bem e produz riquezas que lhe pertencem), ele se engana, afirma Stirner. A inexistência do direito implica a inexistência da propriedade, portanto a inexistência do roubo. A afirmação dos plenos poderes da força instala o hipotético proprietário em uma posição precária, pois não pode reivindicar esse estatuto se não tiver sido impedido de fazê-lo ao provar-lhe que sua força seria insuficiente perante uma força mais forte que a sua.

Stirner incentiva assim a expropriação permanente, um tipo de revolução sem fim. O único está despojado porque não se precaveu; será fraco enquanto não mostrar sua força; não possuirá nada enquanto não se apropriar de nada; será submisso enquanto não agir; será escravo enquanto não decidir ser mestre; será pobre enquanto não quiser ser rico; o único não será nada enquanto não desejar sua propriedade. Em uma fórmula que não dá margem a dúvidas: "Quem tem a força tem o direito." À questão proudhoniana que dá título à sua obra maior *O que é a propriedade?*, Stirner responde: aquilo que Eu quero.

14

A associação de egoístas. Após a *propriedade*, Hegel continua sua reflexão sobre o direito com o *contrato*. O contrato supõe o livre-arbítrio das duas partes contratantes em vista de um projeto comum. Para o autor dos *Princípios*, com esse mecanismo contratual encontra-se a possibilidade do direito, da lei, da sociedade civil, do casamento, do Estado; em Stirner, o contrato representa um dos raros momentos de positividade em uma obra devastada pela negatividade. *O único e a sua propriedade* destrói muito e (re)constrói pouco, mas, entre os momentos cardeais da positividade stirneriana, encontra-se essa famosa "associação de egoístas".

A força pode não ser forte o bastante para permitir ao único sua propriedade. O único se associará então a um, dois, três ou vários únicos, e sem limites, a fim de buscar a realização de seu objetivo. A lógica é francamente utilitarista, verdadeiramente utilitária e declarada abertamente como tal: a união não procede de nada além do desejo de aumentar suas forças. Aquilo que, como único, não posso tomar para mim porque não tenho a força para isso posso tomá-lo quando associado a outros únicos. Não se trata de reduzir a unicidade, não a alienamos; não se corta uma parte de si, mas aumenta-se a força por adição contratual.

Stirner sabe que os únicos associam-se por interesse – assim a Família, a Igreja, o Partido, a Universidade e outras "ideias fixas". A associação constitui sua força e cria, portanto, seu direito. Para se opor a essas cristalizações institucionais, a associação de egoístas promove uma máquina de guerra capaz de aumentar o poder dos únicos. A negligência dessa parte relevante do pensamento stirneriano confina Stirner no autismo, no solipsismo, no egocentrismo obcecado. Levar tal parte relevante em consideração permite atingir o núcleo político de sua filosofia.

Essa figura moderna da microrresistência dinâmica, plástica, móvel, fluida age como cavalo de Troia no mundo burguês europeu. A associação de egoístas propõe um contrato multiplicador de forças lançadas contra outras forças em direção das quais o único parte em guerra porque limitam sua propriedade e se alimentam de sua vitalidade. As grandes cidadelas estatais, as fortalezas religiosas inexpugnáveis da civilização ocidental podem estremecer se a força de um estiver associada àquela de um grande número.

15

Pobres canalhas... A insurreição, a greve, por exemplo, mostram no campo político o que podem ser associações de egoístas. Stirner critica tanto o socialismo e o comunismo quanto o liberalismo e o capitalismo. Ele execra o Estado paternalista e todas as formas que incentivam o único a se colocar sob a bandeira dos abdicantes de suas propriedades. A esquerda deplora a existência dos miseráveis e torna os ricos responsáveis pela pobreza dos pobres? Stirner torna os necessitados culpados de sua indigência. Se são pobres, é porque assim o desejam; pelo menos, é porque não desejam enriquecer: bastaria-lhes decidi-lo e querê-lo para realizar imediatamente a revolução em suas existências.

O único recusa a esmola que lhe concede o burguês; ele não reivindica nada (nem direito, nem aumento de salário, nem melhoria de suas condições de trabalho, nem redução da jornada de trabalho...), ele conquista. Um direito concedido nunca equivale a uma força atuante e à obtenção daquilo que foi almejado por ela. Receber direitos concedidos, eis uma mentalidade de escravo; aceitá-los, postura de lacaio; não os haver conquistado pela força, uma fraqueza que justifica a condição de doméstico...

Nessa perspectiva de uma lógica insurrecional de cada instante, Stirner não faz rodeios, e *O único* incita à "guerra de todos contra todos", o que define o estado de natureza no *Leviatã* de Hobbes... Nesse estado de guerra permanente, os ricos só não continuarão a sê-lo se os pobres não estiverem bastante associados, se seu número não for muito pequeno ou se sua determinação for insuficiente. A riqueza do rico é uma criação do pobre que não lha confisca.

16

Um La Boétie alemão... Stirner não cita o *Discurso da servidão voluntária* de La Boétie, mas inscreve no cerne de seu dispositivo livresco um pensamento bastante suscetível de produzir efeitos consideráveis. O amigo de Montaigne escreve no centro de seu texto magnífico: "Decidi não mais servir e sereis livres." E Stirner: "Se a submissão cessasse, seria também o fim da dominação." Essa ideia sublime vai na contramão da ideia compassiva socialista ou comunista em virtude da qual se incriminam a maldade do tirano, o terror do ditador, mas jamais a fraqueza dos tiranizados, a apatia ou covardia dos subjugados.

Ora, o dominado só existe por sua própria culpa, em razão de seu consentimento à dominação: bastaria rebelar-se, insurgir-se, não querer ajoelhar-se, manifestar sua soberania e, no caso de força insuficiente, associar seu egoísmo àquele de outros egoístas também dominados para recusar o poder ao ditador que, repentinamente demitido do poder que lhe fora outorgado, se tornaria, por sua vez, súdito. A força do mestre não está em causa, mas a fraqueza do escravo, ou dos escravos conjurados, sim.

Essa incitação à força generalizada, à guerra de todos contra todos, à oposição dinamométrica de forças (egoístas) a outras forças (destruidoras de egoísmos) constitui a paisagem stirneriana na qual o contrato, sob forma de associação de egoístas, fornece o combustível do incêndio daquilo que impede o único de alcançar sua propriedade. Esse contrato é uma máquina de guerra destinada a vencer as linhas inimigas que querem a subsunção do particular ao universal – o desejo hegeliano por excelência...

17

Um rebelde na padaria. Stirner convida à negatividade, à destruição, mas sua mecânica não é apenas belicosa. Assim, quando a questão do pão torna-se central, pois a miséria dos trabalhadores não lhes permite matar a fome e eles protestam em razão disso, Stirner dá sua solução: em vez de incriminar o monopólio da padaria, a forma capitalista de produzir pão, de criar margens de lucro excessivas, de vender pão a um preço inacessível, Stirner propõe que os necessitados tomem seu destino em suas mãos e criem uma padaria pública...

A carestia do pão deve-se ao liberalismo. Para resolver o problema, o comunismo propõe a revolução, o socialismo uma economia *ad hoc*. Stirner, por seu turno, incentiva que o faminto responsabilize-se por si mesmo. Um chato lhe retorquiria que um mendigo que não tem dinheiro para comprar um pedaço de pão não dispõe *a fortiori* da soma que lhe permitiria comprar a padaria! Stirner provavelmente responderia que tudo o que ele precisa fazer é associar-se a outro, depois a mais outros e apropriar-se pela força assim construída dos meios necessários à abertura da padaria. Porém, se a força permite reunir a soma necessária para comprar uma padaria, por que renunciariam a usá-la para se apoderar de uma soma grande o bastante para nem mesmo precisar trabalhar na feitura do pão?

À padaria privada, liberal, Stirner opõe, portanto, a padaria associativa; poderíamos chamá-la de cooperativa. A máxima poderia passar despercebida na barafunda das páginas de *O único e a sua propriedade*, mas merece ser isolada: "Cada um também deveria participar da confecção e da produção daquilo de que necessita." Guardemos a lição: contra as lógicas compassivas desresponsabilizantes do assistencialismo comunista ou socialista, contra as mesmas lógicas, mas cristãs, da esmola, Stirner quer o contrato associativo multiplicador de força e a potência de uma vontade de único somada a tantas potências quantas necessárias para alcançar os fins almejados – da padaria à insurreição geral...

18

O heroísmo da mentira. Após a *propriedade* e o *contrato*, examinemos o direito e o não direito, ou seja, a *injustiça*. Stirner não se sujeita a nenhum grande ídolo. Ele investe contra o que chama de "ideias fixas" e classifica sob essa categoria o que constitui a religião do Ocidente: Direito, Lei, Igualdade, Fraternidade, Liberdade, Deus, Propriedade, Bem, Mal, Povo, Partido, Igreja, Religião, Fé, Cristo, Humanidade, Dinheiro etc. E, entre outros alvos, a Justiça com j maiúsculo.

Visto que a força cria o direito, a justiça não existe em abstrato, como um valor, um ideal. É justo o que é verdadeiro, é verdadeiro o que é obtido pela força. A injustiça não pode existir, assim como a propriedade, pois a justiça que permite a injustiça ou o direito que torna possível a propriedade pertencem à ficção conceitual. O único apodera-se daquilo que cobiça, eis o justo. Assim, todos os meios são bons aos olhos do único para alcançar seus fins, a saber, a plena expressão de seu eu, sem entraves, sem constrangimentos. Stirner é para a filosofia o que Maquiavel é para a política: um pragmático utilitarista que pensa que o fim (para um, a realização de seu Eu; para o outro, a educação do Príncipe) justifica os meios. Inclusive os mais imorais segundo as categorias da moral dominante. Daí a justificação da mentira, do perjúrio, da traição, do crime...

Comecemos pela mentira. É conhecida a teoria kantiana; ela domina o idealismo alemão que se contenta de reformular o ideal judaico-cristão com o material conceitual da tribo. A mentira desqualifica a fonte do direito, não se pode dissimular a verdade conscientemente sem colocar em risco a totalidade do edifício ético. A possibilidade de uma comunidade moral exige a proibição da mentira.

Stirner pensa nos termos chamados hoje em dia de consequencialistas: mentir não é um absoluto, mas um ato relativo a uma situação. Por exemplo, diz nosso filósofo, se a polícia surge em uma reunião de revolucionários que correm o risco de ser detidos, condenados e mandados à prisão, por que deveriam eles declinar suas identidades? Ou dizem a verdade e serão jogados numa cela; ou mentem e conservarão sua liberdade. Ora, para um único de nada serve ter sido heroico se o preço pago por esse ato é a privação de liberdade.

Ninguém é obrigado à verdade sistematicamente, por princípio, porque seria sempre boa, mas apenas quando se decide dá-la a quem se pensa poder ou dever revelá-la. Somente meu interesse deve ser meu guia em semelhante aventura: se tenho interesse em dizer a verdade, então a direi; se não tenho nenhum interesse, então a escondo, deformo-a, dissimulo-a e minto. Há, portanto, um "heroísmo da mentira" que supõe que se tenha coragem de não ser escravo da verdade.

No mesmo espírito, Stirner legitima o perjúrio, a falta à palavra dada, aquilo que outros chamam de traição. Por que, de fato, alguém deveria tornar-se prisioneiro de uma promessa realizada um dia em uma configuração temporal particular ou de uma opinião manifestada em um momento preciso, mas passado, ou ainda de uma palavra dada outrora no calor de uma ação hoje extinta? Todo compromisso obriga e toda obrigação entrava a liberdade do único. "Não quero ser escravo de minhas máximas", enuncia alto e bom som o único stirneriano. Ou, dito de outra forma: "É inadmissível ser servil a si mesmo."

19

Justificação do crime. No elogio da força veiculada com arrogância por *O único e a sua propriedade*, há algum limite? Não, nenhum, exceto outra força mais forte que a minha. A guerra de todos contra todos à qual Stirner nos convida supõe, portanto, o crime, o assassinato, a morte. É necessário impedir esses danos? Se possível, sim. Por meio do que se convencionou chamar de legítima defesa. Todos têm o direito de pôr minha existência em perigo, já que também disponho desse mesmo direito. Assim, a tentativa de crime contra a minha pessoa justifica a resposta, mesmo preventiva, sob forma de crime. Posso matar aquele que quisesse me matar, pois esse é meu poder, portanto essa é minha força, portanto esse é meu direito.

O que se esperaria? Que em face de um único que põe minha vida em perigo eu apelasse ao caráter sagrado do direito? Que eu desse queixa? Que eu colocasse meu destino e minha vida nas mãos da polícia, de juízes, de tribunais? O único não deve delegar sua vida ou sobrevivência a terceiros, muito menos a instituições que funcionam segundo o princípio da negação do indivíduo em benefício da maquinaria social. O Particular hegeliano deve se submeter ao Universal, é a lei das instituições; ora, a lei do Único é que o universal deve se submeter à força do particular que faz a lei e expressa o direito ao manifestar sua força.

Outrem não tem um valor absoluto, pois seria Outrem. "Sua vida me importa desde que tenha algum valor para mim." Se a alternativa é Ele ou Eu, a solução é imediatamente encontrada, não serei Eu... E a coisa é dita sem constrangimento: "Quanto a Mim, sou Eu mesmo que Me autorizo a matar." Para Stirner, a proibição não vem do exterior, mas do Eu que decide que não se autoriza a fazer isso ou aquilo. Se quero matar, posso matar.

O êxito justifica o ato. Se fracassar, o único terá o que mereceu, não terá sido forte o bastante; por conseguinte, que seja punido. Se for bem-sucedido, isto é, se sua força foi superior a outra força – aquela da vítima, a da polícia –, então ele merece a impunidade, pois a força faz o direito, a quantidade de força dita a lei. Se se corre o risco e perde-se, morte ao fraco; se se correu o risco e triunfou, viva o forte! Stirner só conhece a justiça do fato consumado. Isso é diametralmente oposto a um Hegel para quem o direito supõe "não causar mal à personalidade nem ao que dela decorre"...

20

Uma ontologia sombria. Depois de abordar o *direito abstrato*, que constitui o primeiro momento dos *Princípios da filosofia do direito* vistos por Stirner (propriedade, contrato, injustiça), consideremos o segundo momento, aquele da *moralidade* (o projeto e a culpa, a intenção e a felicidade moral, o Bem e a consciência), antes de terminarmos com a *vida ética*, terceiro momento dos *Princípios* (a família, a sociedade civil e o Estado). O tema é: como se pode ser moral? A resposta de Stirner a essa questão é: tudo o que ocorre acontece para além do bem e do mal... Nietzsche se lembrará disso – aliás, disso e de muitas outras coisas.

Primeiro momento: *o projeto e a culpa*. Stirner não é metafísico, ele pensa o mundo em termos de imanência pura. Esse mundo é o único que existe. Ele não se preocupa em fazer a demonstração disso. Se fala do Único, define-o em duas palavras como o ser de carne e osso que todos são. Mas, se a metafísica (como a etimologia o atesta) é a física segundo a física – isto é, a disciplina dos além-mundos –, concluamos inequivocamente pela inexistência de uma metafísica no pensamento de Stirner, que não considera o real senão nos termos de física, a saber, da física de forças. O dinamômetro parece ser o instrumento de sua visão de mundo...

Na falta de metafísica transcendente, Stirner propõe uma ontologia imanente, e o mínimo que se pode dizer é que se trata de uma ontologia sombria. Sombria porque expressa o real tal como ele é, anunciando as descrições trágicas de um Nietzsche que narra as metamorfoses da vontade de potência. Sem floreios, sem ornatos, sem complacência, Stirner sabe que "cada um sempre se prefere aos outros", uma verdade cruel, mas justa, que se encontra já expressa nas *Máximas* de La Rochefoucauld, sem que o moralista jamais tenha imaginado fazer de suas descobertas de psicologia radical os princípios de uma visão de mundo...

Leiamos Stirner: "Um cão que vê um osso com outro cão apenas se mantém afastado se se sente fraco demais." Primeira verdade dessa ontologia sombria. Segunda verdade: "Vencer ou ser vencido – não há outra alternativa." Terceira verdade: à questão "quem sou eu?", Stirner responde: "Um abismo de instintos sem regras nem leis, de cobiças, desejos e paixões, um caos sem luz nem estrela para guiá-lo." Em outras palavras, a humanidade separa-se entre fortes e fracos; a vida é uma selva; o ser, um caos de forças cegas...

Como, nessa configuração de forças para além do bem e do mal, imaginar a possibilidade de um projeto e de uma culpa? Não há projeto, apenas interesses de forças cegas, brutais, sem consciência para guiá-las, sem inteligência para conduzi-las, uma geografia percorrida por aquilo que Nietzsche chamará mais tarde de "vontade de potência". Como então poderia haver culpa? Os instintos guiam o homem assim como o cão – Schopenhauer também o dizia, assim como Darwin...

Stirner descreve o mundo e oferece uma receita existencial para que se possa, apesar de tudo, habitá-lo: é preciso aceitá-lo – o que, em termos nietzschianos, definirá o homem trágico, também chamado de super-homem, e suporá o *amor fati*. Sabendo o que sabemos, podemos jogar o jogo: "o tigre que me ataca tem o direito de fazê-lo, e eu, que o abato, também". Forte ou fraco, senhor ou escravo, dono ou empregado, soberano ou lacaio, príncipe ou criado, único ou nada, cada um tem a escolha e é aquilo que é apenas por efeito de seu próprio consentimento. Querer a força, a autoridade, a senhoria de si, a soberania, eis o projeto. Contentar-se em servir, seguir, obedecer, eis a culpa...

21

Presença de uma palavra ausente. Segundo momento da dialética hegeliana dos *Princípios da filosofia do direito*: *a intenção e a felicidade*. Procurar-se-á em vão a palavra "felicidade" ou então "prazer" em Stirner. Provavelmente porque as teorias de *O único e a sua propriedade* visam todas um júbilo não dito, uma satisfação subentendida, um gozo inevitável. Pois a força do único é uma modalidade da vontade de gozo contida na afirmação de sua potência: unicidade, singularidade, liberdade, força, autonomia, satisfação de não ser um escravo, prazer em se sentir mestre são variações sobre o tema hedonista. Encontra-se, pois, por toda a obra a presença desta palavra ausente: prazer. Prazer do cão diante de seu osso, prazer do tigre na presença de sua presa, prazer do único perante sua força vitoriosa...

Sua teoria da força que legitima o direito encontra seu imperativo hedonista nestas fórmulas: "Goze e você terá direito ao gozo." Algumas linhas adiante: "Se você conquistar o gozo, ele é direito seu." O gozo não deve ser dado por um Estado (comunista), um regime econômico (liberal), ou em virtude de uma caridade (cristã), ele deve ser conquistado. Na lógica stirneriana, o que é dado não vale nada; apenas importa o que é conquistado. Ler-se-á assim sob o título *O único e a sua propriedade* uma modalidade possível de: o único e seu gozo. A felicidade não é um assunto de políticos, de religiosos, mas de egoístas. O que o único quer, eis a felicidade, ainda que custe a infelicidade alheia. Ao infeliz caberia apenas fazer o necessário para não sê-lo ou de ter feito algo que o impedisse de sê-lo.

Em sua vontade de identificar a felicidade, o prazer, a alegria e o hedonismo ao gozo da expansão de uma força, ao júbilo na afirmação da unicidade do único, Stirner vira as costas às lógicas comunitárias e comunitaristas: o cristianismo de Lutero, o comunismo de Weitling, o anarquismo de Proudhon, mas também ao antropoteísmo de Feuerbach. Sendo que o essencial decorre de uma mesma lógica compassiva que associa os discípulos de Cristo aos de Babeuf.

Pois, quando desconstrói a religião e o cristianismo, Feuerbach revela os processos de alienação e de hipóstase que levam à fabricação de Deus, desmonta a ficção cristã, expõe seus mitos, mas para convocar a uma nova religião... Assim, em suas *Teses provisórias para a reforma da filosofia*, Feuerbach propõe o antropoteísmo, que supõe que o Homem, com letra maiúscula, substitua Deus em uma nova religião que seria pura imanência – sensualismo, materialismo, hedonismo...

Ora, Stirner não crê mais no Homem que em Deus. Tanto um quanto outro são "ideias fixas", conceitos ocos e vazios... Daí o perpétuo combate contra Feuerbach e suas teses em *O único e a sua propriedade*. A felicidade não é uma questão de uma nova religião; o prazer, por sua vez, é obtido pela negação de tudo aquilo que entrava a unicidade do único e pela afirmação de tudo aquilo que permite sua realização. Na perspectiva negadora, o Homem feuerbachiano equivale ao Deus cristão e à religião de Cristo, aquela do autor de *Preleções sobre a essência da religião*. O problema não é substituir uma religião hipoteticamente falsa por outra pretensamente verdadeira, e sim acabar com todas as religiões: aquelas que honram os deuses, ou Deus, bem como aquelas que veneram o homem ou os homens.

22

Gozar é gozar de si. O gozo stirneriano não é um presente que se deva esperar de alguém ou do que quer que seja. Ele é presa de guerra. Cada um pertence a si mesmo e não deve nada a ninguém. Daí as páginas a favor do suicídio ou do duelo, que ilustram dois modos de mostrar como o único é sua propriedade e que tipo de gozo ele tem ao fazer de si aquilo que quiser. Não percamos de vista que o imperativo categórico anti-hegeliano do único é: "Eu faço o que Eu quero"...

Stirner conta uma história que serve de alegoria para o seu pensamento. Ele conta que a viúva de um oficial, fugindo dos combates com o filho, é atingida por estilhaços de artilharia do exército inimigo. Impedidos de fugir, ela estrangula seu filho e deixa-se morrer ao lado do cadáver da criança. Gozar é gozar de si, escapar à vontade do outro, interditar-lhe qualquer parcela de império sobre meu destino, meu corpo, minha vida, meu gozo, minha força, sobre Mim.

Portanto, o indivíduo que se suicida afirma que seu corpo é seu e não de sua família, da sociedade, do Estado, da pátria, da nação. Nos *Princípios da filosofia do direito*, Hegel proíbe esse ato sob o pretexto de que "não sou o proprietário de minha vida". A mesma lógica proíbe o duelo: ninguém, em Hegel, dispõe do direito de se suprimir, pois esse direito pertence ao Estado, que pode exigir o sacrifício dos súditos. Stirner, ao contrário, nega ao Estado qualquer direito sobre o único, ao qual concede a possibilidade de se suprimir se essa for sua vontade.

Stirner fornece o modo de utilização da vida: "Como aproveitar a vida? Usando-a, como se utiliza a luz ao fazê-la queimar. Utiliza-se a vida e, consequentemente, a si mesmo – o vivente – *consumindo-a e consumindo-se*. Gozar da vida é usá-la." Gozar ao destruir o Velho Mundo, gozar ao abolir as ideias fixas, gozar ao queimar os ídolos, gozar ao colocar fogo nos deuses e senhores, gozar ao acabar com as religiões e os religiosos, a moral e os moralizadores, gozar para além do bem e do mal, gozar de estar além de qualquer direito, de qualquer lei, da justiça, em suma: gozar de ser único.

23

Em que somos ainda piedosos. Terceiro momento do segundo momento hegeliano: *o Bem e o Mal*. Compreende-se o quanto e como o pensamento de Stirner inaugura, muito antes de Nietzsche, uma inscrição para além do bem e do mal. Stirner propõe um pensamento radicalmente pós-cristão. A oferta soteriológica de Schopenhauer, mesmo misturada com budismo e orientalismo hinduísta, permanece cristã: a piedade de Buda, a extinção do querer-viver, o gozo do não ser nirvânico são soluções que um cristão não recusaria. O próprio Schopenhauer diz quanto o primeiro cristianismo é... schopenhaueriano. Com Stirner, e pela primeira vez na história da filosofia, o pós-cristianismo deixa de ser cristão.

Stirner enuncia uma ideia forte – Nietzsche a reciclará... – ao afirmar que até mesmo os ateus são ainda cristãos. Até mesmo aqueles que se creem livres de Deus, da religião e do cristianismo são ainda piedosos... "Nossos ateus são pessoas piedosas", escreve Stirner. De fato, os moralistas sem Deus que criticam o incesto ou a poligamia, a mentira ou o crime, por exemplo, fazem-no em nome de quais valores senão dos valores judaico-cristãos que ainda conservam? Acredita-se sem Deus porque este foi negado, mas continua-se a acreditar ao subscrever às tolices ensinadas em seu nome e sob sua autoridade.

O que de fato proíbe que dois membros da mesma família tenham relações sexuais? A moral? A ideia que se tem da família? Mas em nome de que proibir o que alegraria o Único? A mesma coisa vale para a possibilidade de ter muitas mulheres: qual princípio intangível o impede a não ser as leis jurídicas que decalcam para o terreno laico aquilo que os cristãos ensinam há mais de mil anos?

A solução? Terminar verdadeiramente com o cristianismo provedor de um Bem absoluto e de um Mal absoluto quando na verdade esses dois valores são subjetivos, relativos e dependentes do projeto do único. Stirner enuncia seu plano pós-cristão em uma frase maravilhosa e eficaz: "Digira a hóstia e será libertado." Em outras palavras, não perca seu tempo (como Feuerbach...) decompondo o cristianismo, desconstruindo a religião, revelando os mitos, debruçado sobre a Bíblia para esmiuçá-la (como o amigo Bauer...) e mostrar sua infinita estupidez, mas afirme, queira, seja, mostre sua força, deixe que sua potência se manifeste.

Em 1844, *O único e a sua propriedade* anuncia uma mudança epistêmica no Ocidente cristão. De fato, escreve Stirner: "Estamos no limiar de uma nova era"; em outras palavras, aquela do gozo do único para além do bem e do mal. Já foi dito: a força dita a lei; o justo e o bem confundem-se com aquilo que me é útil; o bem e o mal não existem de modo absoluto, mas com respeito a meu simples projeto de afirmação; o crime, a mentira, a traição, o assassinato, o incesto e a poligamia não significam nada em si, mas relativamente a meu desejo de gozar do mundo.

24

Um pós-cristianismo descristianizado. Objetivo: digerir a hóstia... Quando Hegel escreve: "O cristianismo é a religião da liberdade", Stirner retorque: o cristianismo é "o regime feudal que tudo abarca, isto é, a miséria perfeita". A religião de Cristo culpabilizou os homens e infectou sua relação com o mundo por causa do pecado original. Impediu o gozo de si, a unicidade e seu júbilo na expressão de sua força; colocou os desejos, os instintos e as pulsões no nível mais baixo, ao passo que são a verdade de cada um. *O único e a sua propriedade* propõe um evangelho da força que ultrapassa, ao destruí-los, os evangelhos cristãos da fraqueza, do amor ao próximo, da compaixão, da outra face oferecida...

Num impulso similar aos pensamentos cátaros, se não dos gnósticos dos primeiros séculos de nossa era e dos Irmãos e Irmãs do Livre Espírito da Idade Média, Stirner afirma: "Somos todos perfeitos e não existe sobre a Terra um único homem que seja pecador." O pecado é uma criação dos homens. Não existindo Deus, a história contada no Gênese é uma fábula, um mito ao qual não se deve dar nenhum crédito. A Bíblia não tem valor algum, não é um texto sagrado ou santo, apenas um livro de ficção como tantos outros. Daí a exortação: "Não trate os homens como pecadores, pois não o são: é apenas você que cria os pecados."

O único e a sua propriedade dirige-se aos "sedentos da verdadeira vida" que todos potencialmente são, contanto que não tenha sido estragado pelo cristianismo. Aqueles se movem em um mundo real, uno, material e imanente. O dualismo cristão, a separação da alma e do corpo, a sobrevida do espírito, a imortalidade da alma, a carne portadora do pecado, o ideal ascético que comanda o ódio de si são perversões que precisam ser deixadas para trás, pois justificam o holocausto das unicidades há séculos. Para afirmar a força do único e realizar essa nova era vislumbrada por Stirner, é preciso pôr fim à moral moralizadora e enfim instalar-se para além do bem e do mal, no campo aberto do combate titânico das forças únicas.

25

O único, a mulher. Recapitulemos os momentos da dialética hegeliana do direito. Primeiro momento: o *direito abstrato* – a propriedade, o contrato, a injustiça. Segundo momento: a *moralidade* – o projeto e a culpa, a intenção e a felicidade moral, o Bem e a consciência. Terceiro momento: a *vida ética* ou a *moral social* – a família, a sociedade civil e o Estado. E continuemos a mensurar quanto Stirner destrói o edifício hegeliano e propõe uma saída dessa filosofia. Em um sentido, o fim da filosofia anunciado por Hegel não é falso, pois essa filosofia, suporte do ideal judaico-cristão, deu o que tinha de dar, acabou-se.

Por isso, a abolição *dessa* filosofia não é a abolição *da* filosofia. *O único e a sua propriedade* mostra-o: a morte da filosofia cristã coincide com o nascimento da filosofia pós-cristã; no caso, de uma *filosofia da força*. O *querer-viver* schopenhaueriano, a *vontade de potência* nietzschiana, a *força da matéria* büchneriana, o *inconsciente psíquico* de Hartmann, a *libido* freudiana, assim como o *elã vital* bergsoniano, decorrem diretamente desse pensamento pós-cristão.

Retorno a Stirner. Hegel faz da *família* e do *casamento* os primeiros momentos da moral social. *Os princípios da filosofia do direito* ensinam: o casamento é "o amor ético conforme ao direito, um amor no qual desaparecem todos os elementos passageiros, todos os caprichos, tudo aquilo que é puramente subjetivo". Pela renúncia a si mesmo, o casamento cria a liberdade. Paradoxalmente, do mesmo modo que em Hegel o trabalho liberta, o casamento liberta...

Hegel, que escondeu durante toda sua vida seu filho natural e sua pensão alimentar – em razão de sua carreira e de sua esposa oficial –, escreve que o casamento deve ser indissolúvel; a paixão não deve perturbá-lo, a legislação deve tornar o divórcio difícil. Ao que o professor de Berlim acrescenta considerações sobre a passividade natural da mulher e o natural ativo do homem. Uma é subjetividade, uma falta para Hegel, o outro, objetividade; a mulher tem por vocação natural a família, enquanto o homem encontra seu destino no trabalho e no Estado. Compreende-se que, aqui como alhures, o nacional-socialismo tenha sabido tirar proveito dos *Princípios da filosofia do direito*...

Jamais em toda sua obra Stirner fala de homens ou de mulheres, que ele nunca distingue nem especifica. Nada permite sexualizar o único. Em momento algum o único pode ser entendido como o apanágio do homem, no sentido hormonal do termo. Portanto, o único designa tanto a mulher (que Stirner não destina nem à cozinha, nem a lavar louças, nem a cuidar da casa, nem a parir, nem à maternidade, mas à... unicidade!) quanto o homem... Procurar-se-ia em vão uma única afirmação misógina, falocrática ou despropositada em relação às mulheres na totalidade das linhas escritas e assinadas por ele.

Recordemos a pouca seriedade com que Stirner tratou seu casamento. O homem está à altura do pensador, que escreve: "A santidade do casamento é uma ideia fixa", ou seja, no vocabulário stirneriano, uma obsessão prejudicial com a qual se entrava a expansão da unicidade do único. Como, de fato, sabendo o que sabemos, o único poderia utilizar sua força e apropriar-se do mundo se porventura fosse casado na igreja e chefe de família? O que seria um único, esposo ou esposa, pai ou mãe, senão um fragmento de si mesmo, um pedaço de subjetividade, um ser mutilado?

26

Incesto, poligamia, adultério. O filósofo que justifica o incesto e a poligamia – ou ao menos que não vê em nome de que deveriam ser proibidos – faz, como se pode imaginar, a crítica daqueles que estigmatizam o adultério. A fidelidade? A monogamia? Por que razão fazer disso virtudes absolutas? Stirner quer a liberdade, aqui como alhures; ele não pretende uma vez mais se tornar prisioneiro de palavras ditas um dia, de declarações feitas em circunstâncias que já não existem. O pensador que recusa dar importância à palavra dada, à promessa, ao compromisso pode apenas rir dos moralizadores que condenam o livre uso de seu corpo.

Mesmo que, na barafunda de seu livro, Stirner não aproxime a associação de egoístas da questão da intersubjetividade amorosa e/ou sexual, coloquemos as duas coisas em perspectiva: o amor ou a relação sexual não devem obedecer a um compromisso diante de Deus ou do Estado, e por toda a vida, mas a um contrato utilitarista no qual ambos associam e conjugam suas vontades de gozo, sem nenhuma outra preocupação além de obter prazer de maneira interessada.

Esse amor livre, no sentido etimológico, dura enquanto os dois parceiros se beneficiam dele. Os juristas falam nesse caso de contrato sinalagmático. Um dos dois não quer mais? Então o contrato desaparece de fato. E os dois recuperam sua liberdade. Na lógica amorosa ou sexual segundo Max Stirner, uma pessoa empresta-se sem jamais se dar. Dar-se significaria correr o risco de perder-se, e de forma duradoura, se não definitivamente. O que nenhum único pode decentemente arriscar. Recordemos do *leitmotiv* do filósofo: "Eu faço o que Eu quero"...

27

A arbitrariedade do bel-prazer. Segundo momento hegeliano do terceiro momento dos *Princípios da filosofia do direito*, a *sociedade civil*. Trata-se, para Hegel, de realizar nessa etapa dialética "o difícil trabalho contra a subjetividade do comportamento, contra o imediatismo do desejo, assim como contra a vaidade subjetiva do sentimento e a arbitrariedade do bel-prazer". Em outras palavras: de declarar guerra ao desejo, ao prazer, ao indivíduo, tal como a *Fenomenologia do espírito* já o fizera. Stirner inverte a perspectiva hegeliana e luta *pela* subjetividade do comportamento, *pelo* imediatismo do desejo, *pela* vaidade subjetiva do sentimento e *pela* arbitrariedade do bel-prazer...

Em Hegel, a sociedade civil engloba três momentos: o sistema das necessidades e a exigência do trabalho; a administração da justiça e a proteção da propriedade; a polícia e a corporação para proteger os interesses particulares quando constituem um interesse comum. Para Stirner, o trabalho, a justiça, a propriedade, a polícia e a corporação são entraves à livre expansão da unicidade do único e, como tais, merecem ser postos a pique...

Por exemplo, o trabalho. Fica-se petrificado diante da afirmação hegeliana de que "o trabalho liberta" quando se sabe que esse *slogan* estava na entrada do campo de Auschwitz... É verdade que seria um equívoco fazer de Hegel um pensador nazista *a posteriori*, o que não faria muito sentido, mas os *Princípios da filosofia do direito* fornecem várias ideias úteis para constituir a ideologia nacional-socialista – pois, se Nietzsche odiava o Estado, Kant e Hegel fornecem armas muito mais perigosas ao Reich alemão...

A subsunção do particular ao universal; o destino do indivíduo realizado pelo coletivo; a celebração da família como primeiro momento da vida ética, culminando na religião do Estado; a necessidade de confinar cada um em sua classe social; o direito dado ao Estado de dispor da vida de seus súditos em caso de necessidade; a defesa da guerra, o elogio do soldado; a designação da mulher a seu destino de esposa e de mãe; a dialética do grande homem e seu correlato, o ardil da razão; a ligação entre religião cristã, Espírito Absoluto e Estado alemão; e mais essa ideia de que o trabalho liberta, eis um passivo pesado...

28

O trabalho liberta. No parágrafo 194 dos *Princípios da filosofia do direito*, no qual explica que o trabalho liberta, Hegel legitima a existência de classes separadas, distintas, em virtude da desigualdade dos talentos: como existem pessoas dotadas e outras que não o são, Hegel considera normal que talentos desiguais sejam desigualmente recompensados. Os caminhos do Senhor, Deus do amor e da fraternidade, são inescrutáveis! Ainda mais quando ruem sob o arsenal hegeliano da dialética do Espírito em sua autorrevelação... A divisão do trabalho, excelente do ponto de vista da produtividade econômica, procede da necessária distribuição dos trabalhadores em função de suas capacidades.

Cada um deve estar em uma classe e nela permanecer. A "classe substancial ou imediata", que trabalha nos campos, a "classe industrial, reflexiva ou formal", que transforma os produtos da natureza, e a "classe universal", encarregada dos interesses gerais da sociedade e, por essa razão, dispensada de um trabalho direto, definem uma trifuncionalidade na qual cada um toma seu lugar e nele permanece para o bem do Estado. O trabalho atribui a cada qual um papel necessário na sociedade civil.

Stirner zomba dessa concepção das coisas que celebra o Trabalhador como uma figura da Liberdade hegeliana quando ele vê a atividade laboriosa como um empecilho à manifestação do poder e da liberdade do único. Assim como a família, o casamento, a paternidade ou a maternidade são entraves à propriedade do único, à sua apropriação do mundo, à expansão e à realização de sua força, o trabalho é objeto de uma condenação radical.

Trabalhar é deixar de pertencer a si mesmo e vender-se por um salário miserável que mal permite sobreviver. A alienação do trabalhador supõe a renúncia à sua força. Não é preciso ir à fábrica, à manufatura, à oficina, para sacrificar seu tempo, sua força, sua energia, sua liberdade, sua autonomia, sua independência, tudo isso pago com um punhado ridículo de notas sem valor. O único recusa o assalariamento e remete, de preferência, à apropriação do que é necessário para viver. O que os burgueses chamam de "roubo", e não a destruição do Eu na prostituição de sua Unicidade, eis a solução: o trabalho não liberta, mas aliena; o roubo, em contrapartida, liberta, já que prova a liberdade por seu próprio exercício...

29

Criar liberdade para si. O que liberta nunca vem do exterior, mas da vontade própria. Isso é o que tornou possível a leitura de *O único e a sua propriedade* como um livro na origem do existencialismo. Lembremos a ontologia sombria de Stirner: não há sentido dado *a priori*; uma base trágica: instintos, caos, insensatez, a lei da selva, a divisão entre predadores e vítimas; uma liberdade metafísica total; uma força disposta a tudo; e esta frase que poderia ser escrita por um filósofo existencialista: "Tal como é a cada instante, você é sua criação."

Portanto, Stirner declara guerra contra tudo o que entrava essa livre afirmação de si, que é livre criação de si. Daí seu combate contra os "vigários", termo que abrange mais do que o simples padre. Leiamo-lo: "os vigários – isto é, os teólogos, os filósofos, os estadistas, os filisteus, os liberais, os professores, os lacaios, os pais, os filhos, os esposos", o que, convenhamos, acaba por incluir muita gente!

Somos responsáveis por aquilo que somos: miserável ou rico, escravo ou senhor, empregado ou dono, súdito ou soberano, necessitado ou proprietário, desempregado ou padeiro, esfaimado ou empanzinado, ajoelhado ou levantado, substituível ou único... A temática existencialista encontra-se inteira aí, exceto suas fórmulas fenomenológicas.

O elogio da potência e da força do único equivale ao postulado da liberdade radical; a ontologia sombria equivale à facticidade e ao absurdo em que se encontra o ser; a incitação para que o único queira sua propriedade assemelha-se à proposição da escolha; a teoria sartriana do *"canalha"* remete à condenação stirneriana da vítima que não fez o necessário para que não se tornasse uma e reivindica a compaixão etc.

30

"Eu faço o que Eu quero." Hegel defende *o Estado* que culmina seu sistema: terceiro momento do terceiro momento, chega-se ao topo do edifício do idealismo. São abundantes as passagens nos *Princípios* em que seu autor faz o elogio da pena de morte,

celebra o belo ofício de soldado e legitima seu trabalho de morte, exalta os méritos do guerreiro, explica as boas razões de ser da polícia, que é a força protetora do universal. A ordem social deve reinar. O Estado permite a realização da Ideia, da Razão, do Conceito. Hegel escreve: "O indivíduo só pode ser verdadeiro, ter uma existência objetiva e uma vida ética se é membro do Estado." Stirner acredita, ao contrário, que o Estado é o inimigo do Único, que o indivíduo não é verdadeiro quando se submete aos princípios do universal, mas quando obedece à sua unicidade, à verdade de sua força, à legitimidade de seu poder.

A Hegel, que escreve: "Se o Estado exige o sacrifício da vida, o indivíduo deve assentir", Stirner responde: "Eu faço o que Eu quero." A Hegel, que proíbe o suicídio, afirmando: "Não sou proprietário de minha vida", Stirner replica: "Eu faço o que Eu quero." A Hegel, que ensina que é preciso "agir em conformidade com o direito", Stirner escreve: "Eu faço o que Eu quero." A Hegel, que decide que: "Devo conformar meu comportamento àquele dos outros", Stirner persiste: "Eu faço o que Eu quero." A Hegel, perorando que é preciso "venerar o Estado como um Ser-Divino-Terrestre", Stirner, gargalhando, insiste: "Eu faço o que Eu quero." Como uma criança teimosa, agarrada à sua ideia, não escutando nada além da força de seu Eu solipsista.

Pois, continuação e fim existencialista, *O único e a sua propriedade* coloca no frontão de sua arquitetura barroca esta frase definitiva para todo Eu: "Eu devo ser minha própria obra." Stirner recusa o "Estado paternalista", o outro nome do Estado "Ser-Divino-Terrestre"... Esse Estado que se ocuparia da vida de cada um, da felicidade, da liberdade, da fraternidade; o Estado decidiria quanto ao bem e ao mal, o justo e o injusto, o legal e o ilegal, o bom e o mau, o belo e o feio; o Estado que ditaria a lei, expressaria o direito; o Estado que diz a norma familiar, sexual, ética, moral, religiosa; o Estado cristão, o Estado prussiano, o Estado monárquico ansiado por Hegel, eis o que o único mais deve temer, ameaçado de todos os lados por essa máquina de triturar os ossos do indivíduo e se alimenta de seu tutano, de sua carne, de seu sangue, de sua vida, de sua energia, de sua unicidade...

A teoria hegeliana do Estado não é apenas uma construção pura assentada sobre uma produção de conceitos destinados a aperfeiçoar um sistema acabado. Ela encarna-se. No caso, em um homem. O despotismo, segundo Hegel, é a lei de um só; para Stirner, o despotismo seria sobretudo a tirania de todos. Os *Princípios* ensinam que a vontade geral deve ditar a lei; *O único* diz o inverso: apenas a vontade particular decide aquilo que deve ser. Portanto, segundo o pai do Espírito Absoluto, um homem deve concentrar em si o universal a fim de conferir--lhe um corpo, um discurso, um verbo. Para o teórico do Eu, em contrapartida, nenhum indivíduo concentra em si nada além de si mesmo – já é muita coisa ser si mesmo e saber sê-lo...

Stirner vomita o Estado sob todas as suas formas. Enxovalha tanto o Estado dos socialistas quanto o dos liberais, tanto o dos comunistas quanto o dos capitalistas, tanto o dos cristãos quanto o dos ateus, tanto o dos republicanos quanto o dos monarquistas; ele desgosta tanto daquele de Luís XIV quanto daquele de Robespierre. São esses os motivos pelos quais sua obra é uma longa crítica da Revolução Francesa, dos Direitos do homem, da divisa da República que constitui uma nova religião, portanto uma ameaça, com novas "ideias fixas" que também se alimentam da substância do Eu, da matéria do Eu. A revolução? Uma ameaça para o único...

31

A revolta contra a revolução. Essas são as razões pelas quais *O único e a sua propriedade* continua a ser um breviário exclusivamente para a revolta: um grito contra tudo aquilo que entrava, acorrenta, constrange, limita, restringe, submete, subjuga, escraviza, oprime, sufoca... Eis por que, depois de todas as revoluções, Stirner estaria na prisão, sob grilhões, encarcerado em uma prisão com todos os irrecuperáveis que impedem os predadores de circunscrever a energia e a força dos indivíduos. Robespierre o teria mandado para o cadafalso; os bolcheviques não gostavam dele; os nazistas não podiam recuperá-lo; tampouco os fascistas; os Estados ditos democráticos não interferem, mas sabem que ele diz a verdade. Stirner pensa, com razão, que os revolucionários de hoje são os conservadores, e depois os reacionários de amanhã.

Em contrapartida, o revoltado de hoje continuará a sê-lo amanhã e depois de amanhã: ele é a permanência da pulsão de vida, da força, da energia, do movimento, da dinâmica, ao passo que o revolucionário, criador de novos ídolos para novas religiões, apoia-se na pulsão de morte, na violência militar e policial, na brutalidade institucional, na sociedade fechada. A revolta do único não exclui a soma das revoltas. Stirner, o solipsista, ultrapassa seu solipsismo quando escreve: "Se atrás de Você houver alguns milhões de outros para protegê-Lo, Vocês terão uma força imponente e obterão facilmente a vitória."

Assim, o egoísmo não exclui a ação coletiva. A revolta não está destinada a permanecer ministério do Verbo ou do Discurso. A ação, contanto que seja multiplicada pela associação, pode levar à vitória dos Únicos e à destruição de todas as máquinas de guerra comunitárias, coletivas, coletivistas, estatais. Stirner oferece com essa máquina de guerra que é a "associação de egoístas" uma verdadeira ocasião antifascista, uma alternativa à política marxista da apropriação do aparelho do Estado pela vanguarda esclarecida do proletariado. Essa fórmula móvel, dinâmica, reconstruível, fluida, esse aparelho de guerrilha, representa incontestavelmente a contribuição mais importante de *O único e a sua propriedade*. As resistências moleculares de Foucault, Deleuze e Guattari encontram aqui sua genealogia.

CONCLUSÃO
Rumo a Nietzsche

1

Da cristalização. Na época em que teoriza o "egotismo", Stendhal formula igualmente uma ideia interessante, também muito conhecida, a "cristalização". Em 1822, esse filho dos Ideólogos – entre os quais Destutt de Tracy, autor de um livro intitulado *De l'amour* [Do amor] – escreve uma obra com o mesmo título que conta como um ramo desfolhado pelo inverno e que caiu nas minas de sal de Salzburgo, alguns meses mais tarde está recoberto de cristais brilhantes: "Os menores ramos, aqueles que não são maiores que um chapim, estão envoltos por uma infinidade de diamantes móveis e deslumbrantes; já não é possível reconhecer o ramo original."

Nessa breve passagem, trata-se para Stendhal, evidentemente, de propor uma teoria do estado amoroso, mas extrapolemos a cristalização para o campo da historiografia da filosofia e vejamos como ela por vezes torna possível explicar os processos de formação de pensamentos, reflexões, criação de conceitos, quando não de "personagens conceituais", em um filósofo que também às vezes propõe uma "infinidade de diamantes móveis e deslumbrantes" nos quais já não se reconhece o ramo original.

Nas mesmas águas do século, o físico Auguste Bravais (1811-1863) contribui para a criação de uma nova ciência, a cristalografia. Ela se ocupa das leis que constatam a recorrência da formação dos cristais, a permanência de sua estrutura, a constância de sua organização atômica, seu surpreendente tropismo angular. As redes e leis de Bravais formulam as descobertas científicas no campo da mineralogia. O próprio Schopenhauer aparece como um dos raros filósofos que concedem lugar às pedras em sua visão de mundo e coloca-as em relação com sua ontologia sombria da tirania da Vontade cega.

2

Os ramos originais. O século XIX encontra-se, portanto, percorrido por duas linhas de força constitutivas daquilo que chamei, por um lado, de *eudemonismo social* e, por outro, de *radicalidades existenciais*. Cada uma dessas linhas produz mais à frente novos brotos: a primeira nas formas políticas comunitárias assumidas pelo século XX, para o melhor e para o pior; a segunda, na construção de subjetividades pós-cristãs. Uma ilustra o famoso adágio: "mudar a ordem do mundo"; a outra, "mudar a si mesmo".

As três radicalidades existenciais, que são Thoreau, o transcendentalista epicurista, Schopenhauer, o inventor de uma ontologia sombria trágica, e Stirner, o pensador da unidade incandescente, convergem para uma força que atende pelo nome de Friedrich Nietzsche: seu nascimento em 15 de outubro de 1844 não lhe permite ter tido relações diretas com esses grandes precursores. Thoreau, filósofo americano, não é citado em parte alguma por Nietzsche; *Walden* é publicado quando ele tem dez anos, e seu autor morre oito anos mais tarde. Emerson, que ele cita e de quem gosta, viverá até 1882; os dois homens poderiam ter se correspondido ou até mesmo se encontrado. Nietzsche deplora não ter descoberto Schopenhauer mais cedo, pois a morte desse precursor aconteceu somente cinco anos antes de sua leitura da obra maior... Stirner, por sua vez, escreve *O único e a sua propriedade* no ano de nascimento do autor de *A gaia ciência*. Esses encontros foram, pois, apenas por meio de papéis, mas o transcendentalismo, o pensamento de Schopenhauer e o de Stirner agem como ramos constitutivos da ramagem de "diamantes móveis e deslumbrantes" de Nietzsche.

Certamente também haverá encontros de Nietzsche em vida, que contribuirão para a construção de seu pensamento: por exemplo, com Jean-Marie Guyau (1854-1888), um cometa no céu filosófico francês, morto aos trinta e três anos, autor de *Esquisse d'une morale sans obligation ni sanction* [*Ensaio de uma moral sem obrigação nem sanção*], de 1885, e de *L'Irréligion de l'avenir* [A irreligião do futuro], de 1886, duas obras lidas e escrupulosamente anotadas pelo filósofo alemão. Os dois homens viverão em Nice e em Menton na mesma época, mas nunca se encontrarão. E ainda Lou Salomé (1861-1894) e Paul Rée (1849-1901), com os quais Nietzsche desejava criar um "claustro para espíritos livres", são alguns dos encontros genealógicos de seu pensamento.

3

O rizoma transcendentalista. Nietzsche parece não ter lido Thoreau, pois nunca o cita. Por outro lado, ele conhece bem o transcendentalismo, e o pensamento de Emerson alimenta sua reflexão desde a mais tenra idade até os últimos textos. Em 1862, portanto no colégio de Pforta, ele tem dezoito anos e descobre os *Ensaios* traduzidos em 1858. Nesse conjunto de textos está *A conduta para a vida*, de Emerson, e as páginas vêm a calhar para o jovem que tem períodos de melancolia, de dúvida, de desespero, de ódio a si mesmo e aos outros, de cinismo e de euforia mística. As primeiras enxaquecas violentas que o acompanharão por toda a vida começam a prejudicar a saúde. Seu exemplar desaparece com uma maleta de objetos pessoais na plataforma de uma estação de trem. Ele compra outro e anota seus comentários regularmente durante anos. Em 1876, adquire o segundo volume dos *Ensaios*. Seu interesse será menor.

No entanto, na primeira edição da *Gaia ciência*, de 1882, uma epígrafe de Emerson abrirá esse livro maior: "Para o poeta e para o sábio, todas as coisas são objeto de alegria e são abençoadas, todas as experiências, úteis; todo dia é santo, todo homem, divino." Elogio da vida, da saúde, da alegria, do poeta e do sábio, da experiência, da santidade de cada dia, da divindade de todo ser humano: o programa transcendentalista, ao menos quanto a esse tema, coincide absolutamente com o projeto nietzschiano da época.

CONCLUSÃO

Em Nice, Nietzsche lê *Self Reliance*, que celebra a subjetividade; a atitude individual convocada a tornar-se uma lição universal – Emerson e Nietzsche partilham a mesma paixão por Montaigne...; a espontaneidade é sempre boa conselheira; o júbilo em ser; o consentimento àquilo que a natureza faz de nós; a adesão alegre ao mundo que não pode ser mau; o desprezo militante por toda e qualquer forma de conformismo; a recusa de qualquer sagrado fora de si mesmo; a definição do bem como aquilo que permite a realização de nossa natureza e do mal como aquilo que a entrava; o desprezo pela filantropia e pela caridade; a preferência do amor de si àquele de outrem; a indiferença proclamada em relação ao julgamento dos outros; o gosto declarado pela solidão, mesmo no meio da multidão; o sarcasmo em relação às instituições; a preocupação com a elite, com o melhor e com a aristocracia do espírito; a postura romântica daquele que, porque dirá a verdade, será incompreendido, difamado, jogado na lama; o papel arquitetônico do grande homem para um povo, uma nação, um país, uma civilização; o convite a desprezar a tradição; frases tais como: "não desejo expiar, mas viver"; e outros bons tragos de bebida alcoólica para um homem sujeito a frequentes depressões...

No outono de 1881, ele escreve algumas notas que se tornarão os *Fragmentos póstumos*: "Emerson. Nunca um livro me deu o sentimento de estar tão à vontade, de estar em minha própria casa. Não posso fazer o elogio, ele me é próximo demais." Em 1883, ele redige *Assim falou Zaratustra*, no qual são inúmeras as imagens emprestadas do autor de *Nature*. No ano seguinte, 1884, faz traduzir a *Autobiografia* do filósofo americano. Mais tarde, em 1888, no *Crepús-*

culo dos ídolos, ele homenageia-o e faz de Emerson um intempestivo, isto é, um homem que se tornará jovem no futuro.

4

A amizade, os grandes homens. Nietzsche adora também as passagens que Emerson dedica à amizade. O filósofo alemão faz dela uma virtude eminente, um valor romano, viril, uma ascese filosófica, um sinal de caracteres fortes. Também o pensador americano coloca esse sentimento acima do amor, entre as coisas mais sólidas; a amizade permite a sinceridade cordial, no sentido etimológico: aquela dos corações; ela não tolera a dissimulação, as segundas intenções; ela eleva ao mais alto grau a possibilidade da consolação nos momentos mais dolorosos de uma existência; exige naturezas raras e preciosas, e até mesmo ressalta essas virtudes; ela não sobrevive para além de duas pessoas e exige exclusividade. Ao longo de sua vida, Nietzsche, o errante, o solitário e o doente, não cessará de aspirar a uma amizade vivida como uma obra de arte. Mas frequentemente a verá quando ela não existir (Richard Wagner) e não a verá quando existir (Peter Gast)...

A amizade pensada nesse registro de exigência supõe grandes homens, individualidades excepcionais. Nietzsche apreciará particularmente a teoria da amizade de Emerson. Um livro do filósofo de Boston aparecerá em 1895 em uma tradução francesa de Izoulet e Roz intitulada *Les Hommes représentatifs* [*Homens representativos*], com o subtítulo de *Les Surhumains* [Os sobre-humanos]. Leem-se nesse livro descrições de Platão, Swedenborg, Montaigne, Shakespeare, Na-

CONCLUSÃO

poleão e Goethe como aceleradores do progresso na História e como modelos a serem seguidos para se tornar uma figura que se superará – genealogia do sobre-humano...

O que define o grande homem? Seu magnetismo; sua capacidade de ver mais alto e mais além que o homem comum; seu pensamento mais vivo, mais rápido; seu talento para tornar inteligível aquilo que, caso contrário, permanece confuso; sua arte de responder a questões que ninguém se fazia e o fato de ser convincente quando a interrogação merecia ser feita; seu gênio para inventar; sua destinação à excelência em uma competência particular do mundo – em uma ciência em particular, em uma das belas-artes, em um momento na história política de uma época. Ainda no espírito da cristalização, escreve Emerson: "É preciso que um ímã seja feito homem."

À questão: "Para que servem os grandes homens?", o filósofo americano responde: para indicar o caminho, para mostrar a via, para permitir a imitação, segundo o antigo princípio praticado pelos filósofos antigos, depois pelos cristãos que o recuperam, da conduta regrada segundo o modelo – Epicuro para os epicuristas, Jesus Cristo para os cristãos. A Natureza produz figuras excepcionais que, por seu ofício, glorificam a natureza mais capaz de criar novas individualidades: ela secreta a força que ativa o progresso permitindo-lhe parir realizações ainda melhores. O grande homem exprime a Natureza que o construiu e, em seguida, a emprenha novamente com fermentos destinados a maiores e mais belos partos vindouros. O grande homem serve para preparar a vinda de outros grandes homens que têm a missão de realizar os progressos na Natureza.

5

Filósofos e funcionários da filosofia. Além do mais, Nietzsche não podia deixar de amar a definição de filósofo e a concepção de filosofia de Emerson. Os transcendentalistas pensam não pelo puro e simples prazer de produzir conceitos, escrever livros ou fabricar lendas sistemáticas, mas com o objetivo de propor novas possibilidades de existência a seus leitores. No grupo de Concord, o pensamento é praticado entre pessoas de boa vontade, com um público de não especialistas, distante das cátedras universitárias e com independência total dos professores de filosofia, que se contentam em retalhar o pensamento dos outros, em viver como abutres sobre a obra de outrem e embolsar todos os meses um salário pago pelo Estado por seus bons e leais serviços. Um transcendentalista ensina a vida filosófica, propõe uma existência construída segundo os princípios de uma reflexão prévia.

Enquanto na Universidade Hegel e Victor Cousin, sua pálida versão francesa, praticam – no caso de um – e fazem praticar – no caso do outro – a história da filosofia idealista e espiritualista, depois travestem os dados do bom-senso religioso (cristão) e político (conservador) sob o manto de conceitos obscuros, de retóricas abstrusas e de dialéticas herméticas, Emerson e seus amigos, entre eles Thoreau, elaboram uma sabedoria de vida, um pensamento existencial, uma teoria para a prática, uma reflexão para ser encarnada, uma filosofia para ser materializada. Nietzsche escreverá mais tarde, em sua terceira Consideração intempestiva consagrada a Schopenhauer: "Estimo um filósofo desde que ele possa dar um exemplo."

CONCLUSÃO

Emerson jamais foi titular de uma cátedra de professor de filosofia na universidade de Boston ou de Nova York; sempre viveu na cidadezinha de Concord; estimulou ao seu redor um cenáculo filosófico transcendentalista com uma revista, cúmplices e discípulos mais ou menos ortodoxos. Thoreau, por outro lado, é um exemplo de que era possível associar-se à aventura sem ter pés e mãos atados; ele ensinou, ao modo antigo, a possibilidade de uma vida filosófica. Para o jovem Nietzsche, perdido, sem pontos de referência fixos, à procura de si mesmo e de um sentido para sua existência, os livros de Emerson funcionam como uma bússola intelectual e existencial.

6

Uma segunda cristalização. Se as referências a Emerson estão espalhadas pela obra completa de Nietzsche, dos primeiros tempos até os últimos textos, o mesmo não se pode dizer de Max Stirner, mesmo considerando a abundante correspondência de Nietzsche. E, no entanto, é possível que um livro como *O único e a sua propriedade,* escrito no ano de nascimento do autor de *Assim falou Zaratustra,* tenha sido ignorado por ele, quando suas temáticas parecem por vezes tão próximas? Quais são os pontos de contato entre o Único e o Super-homem? Que relações secretas, discretas, há entre o desejo de um de fabricar um mundo pós-cristão e aquele do outro, que planeja uma "transvaloração dos valores cristãos"?

A historiografia habitual ensina que Nietzsche adorou a *História do materialismo,* de Lange; ora, esse livro tem uma dezena de linhas sobre Stirner, portanto Nietzsche conhecia *O único e a sua propriedade...*

Além de essa demonstração não ser realmente uma, quando se procura ver com seus próprios olhos aquilo que Lange escreve sobre Stirner nesse volumoso trabalho, que a despeito de suas inegáveis qualidades, tem um formato que não raro obriga à superficialidade, descobre-se uma síntese que expõe mal o trabalho do arauto do Único.

Dezessete linhas ao todo; uma única frase para resumir o livro; lamenta que a obra não tenha sido completada por outra que tivesse sido positiva; nada sobre a positividade contida nas quinhentas páginas – por exemplo a ideia essencial de "associação de egoístas"; uma tentativa totalmente equivocada de colocar em perspectiva a "vontade" como força em Stirner e a "vontade" como essência ontológica do real em Schopenhauer; um reconhecimento de que Stirner não tem nada a ver com o materialismo, o que invalida a presença desse punhado de linhas ruins em uma história dessa corrente filosófica; e, mais ainda, a constatação de que ele não teve nenhuma influência sobre os pensadores materialistas; por fim, uma conclusão sibilina absolutamente despropositada. Em suma, o que Nietzsche leu nesse texto não permitiu que soubesse muito mais sobre Stirner do que se jamais tivesse lido alguma coisa sobre ele!

As histórias da filosofia e as enciclopédias contentam-se em repisar a falsa ideia de que, a despeito de seu silêncio sobre o nome do autor de *O único*, Nietzsche provavelmente conhecia Stirner por meio do livro de Lange: aquilo que uma leitura de menos de dez minutos permite considerar definitivamente uma hipótese nula e sem valor. Outros se perguntam se a menção de Stirner feita por Hartmann em

CONCLUSÃO

A filosofia do inconsciente, um livro lido por Nietzsche, pode ter sido outra ocasião de encontro. Ou uma discussão com Wagner, que teria tido conhecimento de *O único* por seu amigo Bakunin. Porém, tudo isso são apenas suposições.

Por outro lado, uma leitura de *Lembranças sobre Nietzsche* de seu amigo Franz Overbeck permite resolver o problema: em 1874, Nietzsche estimulou seu aluno predileto, Baumgartner, a emprestar o livro da biblioteca; o que ele acabou fazendo. A irmã de Nietzsche garante que seu irmão ignorava tudo de *O único e a sua propriedade* e de seu autor: ela trabalhava para esculpir a estátua de seu irmão para torná-lo um gênio incompreendido, antissemita, pré-nazista e cuja excelência decorria apenas de si mesmo, sem jamais dever o que quer que fosse a quem quer que fosse. Ora, o livro de Stirner causou um grande impacto em Nietzsche e, como sempre acontecia quando ficava siderado, ele guardava suas emoções, suas sensações, suas opiniões para si mesmo antes de valer-se delas em um aforismo, em uma página de escrita, em uma ideia, sublimados por seu talento.

Overbeck não se lembra de um dia em que Nietzsche tenha recomendado a leitura de Stirner, mas sua esposa recordava-se da "visível timidez" com que o filósofo deu sua opinião sobre o autor de *O único*. De forma que Overbeck conclui a partir dessa informação que a impressão causada por Stirner em Nietzsche foi "forte e bastante singular". O que prova sua inibição em tal caso – inibição já constatada por seu amigo em relação a outros temas bastante sensíveis na economia do pensamento de Nietzsche.

Que Elisabeth Förster fique tranquila, Nietzsche não tem nada de plagiário ou de ladrão. Se ele guardou algo de Stirner e de sua possível leitura de *O único e a sua propriedade*, não foram ideias travestidas, dissimuladas, escondidas, transfiguradas habilmente como o faria um receptador que esconde objetos furtados, mas um espírito, um sopro, uma força em ação, um temperamento, um caráter, assim como o espírito de uma época – pós-hegeliano, ateu, desconstrucionista, radical, individualista, amoral, subjetivo, isto é, *o estilo e o tom das radicalidades existenciais* daquele século. Quando se colocam em perspectiva as ideias de um e de outro, não se conclui nada de muito sério. Por vezes a influência não se dá pelo fundo das ideias, mas quanto à forma de uma expressão, ao sopro radical de um livro e ao anseio de um mundo pós-cristão, de uma nova época à qual claramente aspirava Stirner. Rizoma ativo por impulso de energia...

7

A sideração pelo Pai. Terceira cristalização: Schopenhauer. A mais visível: Emerson aparece em pontas finas, regularmente dispersas ao longo trajeto do filósofo desde a origem de seu pensamento até seus últimos momentos; Stirner age como sombra chinesa evaporada assim que aproximamos a mão; Schopenhauer, por sua vez, abre o baile do filósofo com uma tonitruante fanfarra, wagneriana, se eu ousasse o insulto, mas na época não o era... O autor de *O mundo como vontade e representação* funciona, de fato, como o ponto forte *moderno* de uma análise apoiada nos trágicos gregos para transformar Wagner em salvador da Alemanha vindoura, por meio de uma criação anunciada de uma civilização exemplar para a

CONCLUSÃO

Europa, portanto para a humanidade – ver *O nascimento da tragédia* (1872) e a terceira Consideração intempestiva (1874), intitulada "Schopenhauer como educador".

Nietzsche descobre a obra maior do filósofo na vitrine de uma livraria, no fim de outubro de 1865. Ele entra, folheia, fica encantado, compra o livro, retorna ao seu quarto e lê sem parar numa fúria extática, concedendo a si mesmo quatro horas de sono por noite durante onze dias. Para evitar explodir mentalmente sob o golpe da violência intelectual infligida por essa aparição, ele compõe... um quírie! A seus interlocutores, Nietzsche fala da descoberta... de um pai. Enfim, ele encontra com esse livro um chão para assentar seu ser. Eis, enfim, uma visão do mundo sem Deus, coerente, que reserva à arte um lugar maior nos dispositivos de salvação possíveis.

Numa passagem autobiográfica, Nietzsche escreve que estava então em um estado de desespero, que "então [ele flutuava] à deriva, depois de algumas experiências infelizes, algumas decepções dolorosas, sozinho, sem princípios, sem esperança, sem uma única lembrança amistosa. Eu tinha apenas um único objetivo, da manhã até a noite: talhar para mim uma existência à minha altura". O eletrochoque levou-o a uma resolução socrática, ele sentiu então em sua vida uma impressão poderosa: "invadiu-me uma imperiosa necessidade de me conhecer, de dissecar a mim mesmo".

O que Nietzsche ama em Schopenhauer é menos o ideal ascético da renúncia budista, tão próxima da fórmula cristã, do que a construção romântica de si em um universo caótico no qual a vontade, uma potência cega, dita a lei. A despeito do caos, ou, mais exatamente, contra ele, querer ser uma força, um poder, uma energia construída como um fragmento da natureza consciente de si mesmo e gozando desse estado de beatitude, eis o projeto nietzschiano.

O filósofo, de modo totalmente oposto ao professor de filosofia – e de Hegel, seu modelo na época –, propõe uma fórmula que resulta em Nietzsche no "filósofo artista" e na "invenção de novas possibilidades de existência". Contra "aqueles que só são filósofos pela metade ou em três quartos" – isto é, os universitários –, Nietzsche descobre um filósofo que convida a levar "uma vida filosófica". E não cessará de explicitar as modalidades dessa *vida filosófica*.

8

Radículas, raízes, rizomas. "Schopenhauer como educador" começa com tons stirnerianos: "cada homem é um milagre que acontece uma única vez"; ou ainda "ao homem que não deseja fazer parte da massa, basta deixar de não ligar para si mesmo; que ele siga sua consciência que lhe grita 'Seja você mesmo!' Você não é nada do que faz agora, nada do que pensa ou deseja"; mais à frente, ele nos convida a "assumir para conosco a responsabilidade de nossa existência". O mesmo texto continua com tons schopenhauerianos contra os professores de filosofia e a favor dos filósofos que propõem fórmulas existenciais; e termina com uma citação explícita de Emerson que celebra a chegada do filósofo digno desse nome como epifania da força, boa-nova da natureza, perigo anunciado para a cultura, a civilização e a época.

Contra os professores de filosofia das Universidades – que nunca incomodaram nada nem ninguém por razões óbvias, assalariados, agem de modo que seus empregadores façam um bom negócio –, Nietzsche escreve: "Eles não provocam medo, não tiram nada dos eixos, e, de todos os seus atos, poder-se-ia repetir o que dizia Diógenes ao escutar os elogios a um filósofo (no caso, Platão...): 'O que tem ele para mostrar de tão importante? Há muito tempo ele se dedica à filosofia e ainda *não incomodou* ninguém.' Sim, é exatamente isso que deveria ser escrito na lápide da filosofia universitária: 'Ela não incomodou ninguém.'" Nietzsche, por sua vez, prepara *algo importante para mostrar*, e que se chamará o *Super-homem*...

BIBLIOGRAFIA

Thoreau, o homem dos bosques. Comecemos pelas lacunas: dezessete volumes do *Journal* nunca traduzidos... Nenhuma biografia digna desse nome. Nenhuma tradução recente de *Walden* [em francês; em português temos tradução de Denise Bottman, Porto Alegre, L&PM, 2012], o que significa traduções imprecisas, obsoletas e que precisam de revisão... Em vez desse trabalho que falta, há uma mesma reedição das mesmas passagens escolhidas do *Journal 1837-1861* intitulada *Un philosophe dans les bois*, com um prefácio de Roger Asselineau, Vent d'Ouest, 1967, e um prefácio de Kenneth White para Denoël em 2001; idem para uma edição com uma citação que parece um título: "*C'est dans les bois que j'aimerais trouver l'homme*" [É nos bosques que eu gostaria de encontrar o homem], Terrail, 2005, sem prefácio, mas com o luxo de uma diagramação contemporânea – um pouco pretensioso, mas inútil para um livro que já existe em outros lugares...

Na falta de biografia, um tipo de vida romanceada escrita de forma hiperlírica pelo biógrafo tradutor de Walt Whitman, Léon Bazalgette, *Henry Thoreau sauvage*, Rieder, 1924. Um texto sintético sobre a vida e a obra escrito por Micheline Flak, *Thoreau ou la sagesse au service de l'action*, Seghers, 1973. Esgotado... Pequeno livro útil de Michel Granger: *Henry David Tho-*

reau. *Paradoxes d'excentrique*, Belin, 1999. Livro grande e inútil, Gilles Farcet, *Henry Thoreau. L'éveillé du Nouveau Monde*, Sang de la Terre, 1986, com um prefácio do inevitável Kenneth White.

Os textos: *Walden ou la vie dans le bois*, tradução e introdução substancial de G. Landré-Augier [*Walden*, trad. Denise Bottman, apres. Eduardo Bueno, Porto Alegre, L&PM, 2012]. Uma reunião de textos publicada sob o título *Désobéir* composta de: *Résistance au gouvernement civil, Marcher, La vie sans principes, Histoire naturelle du Massachusetts*, alguns poemas e cartas, 10/18, 1994. *Les Forêts du Maine*, Rue d'Ulm, uma edição de François Specq, 2004. *Cap Cod*, apresentação, tradução francesa e notas, Pierre-Yves Pétillon, Imprimerie Nationale, 2000. Para o Thoreau crítico da sociedade de consumo: *Le Paradis à (re)conquérir*, Mille et Une Nuits, tradução francesa, notas e posfácio de Thierry Gillyboeuf, 2005, e um texto de juventude, *L'Esprit commercial des temps modernes*, Le Grand Souffle, 2007, tradução francesa de Didier Bazy com Sophie Fueyo – a infância de um libertário...

Os textos políticos são encontrados em *De l'esclavage en Amérique*, de Frederick Douglass e Henry David Thoreau, principalmente *L'Esclavage dans le Massachusetts*, Rue d'Ulm, tradução francesa e notas de François Specq, 2006. Para conhecer mais detalhadamente os textos políticos de Thoreau, ler as páginas soberbas consagradas ao caso John Brown: *Plaidoyer en faveur du capitaine John Brown, Le martyre de John Brown* e *Les derniers jours de John Brown*, na excelente obra que reúne o essencial de Thoreau em um volume intitulado *Essais*, com uma introdução de Michel Granger e uma tradução francesa de Nicole Mallet para a editora Le Mot et le Reste, 2007. Indispensável.

Sem entrar nos detalhes da obra e do pensamento de Emerson, pode-se ler *La Confiance en soi*, um pequeno volume no qual também se encontra *La Nature*, tradução francesa de Monique Bégot, posfácio de Stéphane Michaud, Rivages Poche, Payot, 2000. *Autobiographie* a partir do diário pessoal, Armand Colin, 1914 e 1918, tradução francesa, introdução e notas de Régis Michaud. E *L'Intellectuel américain dans Essais*, Michel Houdiard, 2000. Em uma antiga biografia do filósofo encontraremos informações sobre Thoreau, *Ralph Waldo Emerson. Sa vie et son œuvre*, Armand Colin, 1929. Mesma coisa na tese de

BIBLIOGRAFIA

Maurice Gonnaud, *Individu et Société dans l'œuvre de Ralph Waldo Emerson. Essai de biographie spirituelle*, Didier, 1964. Mais especificamente sobre a relação entre os dois homens: *Emerson et Thoreau*, d'Andrée Bruel, Les Belles Lettres, 1929. Para saber mais sobre Margaret Fuller, "Une romantique d'outre-mer: Margaret Fuller Ossoli", assim como sobre "Henry David Thoreau", ver *Autour d'Emerson*, Régis Michaud, Bossard, 1924.

Um número do Cahiers de L'Herne foi consagrado a Thoreau. Foi coordenado por Michel Granger, que se tornou conhecido por sua tese *Henry D. Thoreau. Narcisse à Walden*, Presses Universitaires de Lyon, 1991, que mostra exatamente a extensão da catástrofe de toda psicanálise selvagem... Nesse número encontram-se textos de Thoreau que já haviam sido publicados... Um belo texto muito curto de Pierre Hadot, que usa uma frase de Thoreau como título: "*Il y a de nos jours des professeurs de philosophie, mais pas de philosophes...*" [Existem, hoje em dia, professores de filosofia, mas não filósofos] e inscreve o solitário na linhagem dos pensadores existenciais da filosofia antiga assim como seu trabalho, sua escrita e sua atitude na tradição dos "exercícios espirituais".

* * *

Schopenhauer entre dois nadas. Biografia útil, ainda que factual e sem proposta analítica, de Rüdiger Safranski, *Schopenhauer et les années folles de la philosophie*, traduzido do alemão para o francês por Hans Hildenbrand com a colaboração de Pierre Héber-Suffrin, PUF, 1987 [*Schopenhauer e os anos mais selvagens da filosofia*, trad. William Lagos, São Paulo, Geração Editorial, 2011]. Boa síntese sobre a vida e a obra com uma boa iconografia em Didier Raymond, *Schopenhauer*, Seuil, 1979. Deve-se a esse mesmo autor um prefácio a uma coletânea de textos publicados com o título de *Insultes* para mostrar quanto, de *amor* à *vivissecção*, passando por *judaísmo* e *hegeliarias*, Schopenhauer é um pensador briguento, reclamão, maldoso, vingativo. Anedótico. Mesmas observações para um livro composto com base no mesmo princípio por Franco Volpi para a editora Seuil, com o título *L'Art de l'insulte*, 2002 [*A arte de insultar*, trad. Eduardo Brandão e Karina Jannini, São Paulo, Martins Fontes, 2003].

AS RADICALIDADES EXISTENCIAIS

Devem-se evitar as glosas universitárias (de Clément Rosset, que muda de opinião a cada livro e isso em apenas três anos, a Alexis Philonenko, que ilustra a tradição do leitor calejado do idealismo alemão, passando por aquelas do jornalista Roger-Pol Droit, "autor" de obras coletivas publicadas sob seu nome) em benefício do contato direto com a obra.

Em matéria de textos técnicos, pode-se deixar de lado *Textes sur la vue et les couleurs*, tradução francesa de Maurice Elie para a editora Vrin, 1986 [*Sobre a visão e as cores: um tratado*, trad. Erlon José Paschoal, São Paulo, Nova Alexandria, 2003], e ler a tese *De la quadruple racine du principe de raison suffisante*, traduzida para o francês por J. Gibelin, 1983, Vrin, ou *Le Fondement de la morale*, traduzido para o francês por Auguste Bourdeau, Aubier Montaigne, 1978 [*Sobre o fundamento da moral*, trad. Maria Lucia Cacciola, São Paulo, Martins Fontes, 1995]. Também se deve ler atentamente *De la volonté dans la nature*, PUF, 1969, traduzido para o francês por Edouard Sans, um grande livro de ontologia vitalista e de metafísica imanente que não envelheceu filosoficamente.

O *Journal de voyage* de Schopenhauer é um texto fundador, contrariamente ao que se poderia imaginar: acham-se nele as raízes das consolações vividas na época, teorizadas em seguida e praticadas pelo resto de sua existência. Tradução francesa e prefácio de Didier Raymond, Mercure de France, 1989. É interessante colocá-lo em perspectiva com o *Journal d'une solitaire*, escrito por sua irmã, Adèle Schopenhauer, PUF, 1989, tradução francesa de Denis Mesnard. Alguns capítulos dos *Parerga e Paralipomena* foram editados separadamente: sobre as mulheres, sobre o nada da existência, ou ainda os *Aphorismes sur la sagesse dans la vie*, PUF, 1964 [*Aforismos para a sabedoria de vida*, trad. Jair Barbosa, São Paulo, Martins Fontes, 2002]. É preferível a edição integral traduzida para o francês por Jean-Pierre Jackson para a editora Coda, 2005.

A principal obra é, obviamente, *Le Monde comme volonté et comme représentation*, PUF, 1978 [*O mundo como vontade e representação*, há várias edições brasileiras, de diferentes editoras]. Essa tradução, de Auguste Burdeau, data de 1966. A nova edição de 1978 é de Richard Roos, que revisou e corrigiu a anterior. Nada de notas, aparato crítico ou comentário... Uma vergonha na edição de filosofia, mas esse livro permanece indispensável. Uma excelente escolha de textos foi realizada outrora por André Dez, com o título *Le Vouloir-vivre et la Sagesse* para a editora PUF em 1956. Reeditada sem modificações em 1983, com uma capa moderna escondendo a antiguidade do trabalho.

Por fim, a obra surpreendente que mostra o otimismo do filósofo e nos apresenta uma visão do pensador de Frankfurt diferente daquela do solitário desesperado e desesperante: *L'Art d'être heureux*, um texto editado em língua francesa pela primeira vez em 2001 para a editora Seuil. Organização de Franco Volpi (mais bem inspirado do que em sua coleção de insultos...), traduzida para o francês por Jean-Louis Schlegel [*A arte de ser feliz*, trad. Eduardo Brandão, São Paulo, Martins Fontes, 2001]. Um breviário epicurista que prova que a teoria conduz ao abismo, mas que, se o suicídio não é uma alternativa, resta a sabedoria do Jardim de Epicuro, atualizada para o século da Revolução Industrial e do impulso das insurreições socialistas.

* * *

Stirner o solipsista. *L'Unique et sa propriété* está disponível em duas traduções francesas: aquela de Robert L. Reclaire, Stock, 1899, que, de acordo com o segundo tradutor, Pierre Gallissaire, mas legitimamente, é menos precisa, menos exata que a sua, editada nas *Oeuvres complètes*. *L'Unique et sa propriété et autres écrits*, L'Âge d'Homme, 1972 [*O único e a sua propriedade*, trad. João Barrento, São Paulo, Martins, 2009]. Um excelente e muito útil *Stirner ou l'expérience du néant*, de Henri Arvon, Seghers, 1973, que será complementado com *Aux sources de l'existentialisme: Max Stirner*, PUF, 1954. Também será lida a introdução feita por esse historiador do anarquismo em: Max Stirner, *Le Faux Príncipe de notre éducation*, suivi de *L'Anticritique*, Aubier Montaigne, 1974.

Victor Basch publicou pela editora Alcan, em 1928, uma obra bem-feita: *L'Individualisme anarchiste*. Trabalho universitário, Basch ensinava na Sorbonne e apresenta toda a informação então disponível sobre o autor. Mais recente, *Max Stirner ou la première confrontation entre Karl Marx et la pensée antiautoritaire*, que reúne estudos, documentos, textos, sob a responsabilidade de Diederik Dettmeijer, L'Âge d'Homme, 1979. Uma interessante contribuição de Daniel Guérin, "Stirner, père de l'anarchisme? Son apport et ses lacunes". Enfim, e isso será tudo para essa bibliografia stirneriana realmente muito ínfima, Pierre Vandrepote, *Max Stirner chez les Indiens*, Le Rocher, 1994.

CRONOLOGIA

A CONSTELAÇÃO HEDONISTA	A CONSTELAÇÃO IDEALISTA
	1778: nascimento de George Brummell.
22 de fevereiro de 1788: nascimento de Arthur Schopenhauer.	
	1799: golpe de Estado de Bonaparte.
	1802: Hegel, Fé e saber.
25 de maio de 1803: nascimento de Emerson	
	1804: Napoleão imperador.
	1804: morte de Kant.
1804: nascimento de Feuerbach.	
	1804: Schelling, Filosofia e religião.
	1806: batalha de Iena.

AS RADICALIDADES EXISTENCIAIS

A CONSTELAÇÃO HEDONISTA	*A CONSTELAÇÃO IDEALISTA*
25 de outubro de 1806: nascimento de Stirner (cujo verdadeiro nome é Johann Kaspar Schmidt).	
	1806: Fichte, Prescrição para a vida feliz.
	1807: Hegel, Fenomenologia do espírito.
	1807-1809: Fichte, Discurso à nação alemã.
12 de fevereiro de 1809: nascimento de Darwin.	
	1809: Schelling, A essência da liberdade humana.
1809: batalha de Wagram.	
	1812: Hegel, A ciência da lógica.
1812: Napoleão, campanha da Rússia.	
	1813: nascimento de Kierkegaard.
1813: Goya, Os desastres da guerra.	
	1814: morte de Fichte.
Por volta de 1814: Schopenhauer começa a redação de *A arte de ser feliz*. Trabalhará nesse livro até sua morte...	
	1815: Batalha de Waterloo. Os Cem Dias.
12 de julho de 1817: nascimento de Thoreau.	

CRONOLOGIA

A CONSTELAÇÃO HEDONISTA	*A CONSTELAÇÃO IDEALISTA*
	1817: Hegel, Enciclopédia.
1818: nascimento de Marx.	
1819: Schopenhauer, *O mundo como vontade e representação* (1ª edição).	
	1821: nascimento de Baudelaire.
	1821: Hegel, Princípios da filosofia do direito.
	1831: morte de Hegel.
	1832: Hegel, Lições sobre a história da filosofia.
1836: Schopenhauer, *Da vontade na natureza.* 1836: Emerson, *Nature.*	
1837: Thoreau começa seu diário. 1837: Emerson, *The American Scholar.*	
1840: Schopenhauer, *Sobre o fundamento da moral.*	
	1840: morte de Brummell.
1841: Emerson, *Ensaios* (1ª série) e The Transcendentalist.	
	1843: Kierkegaard, Ou-ou, um fragmento de vida.
	1844: Kierkegaard, O conceito de angústia.
15 de outubro de 1844: nascimento de Nietzsche.	

AS RADICALIDADES EXISTENCIAIS

A CONSTELAÇÃO HEDONISTA	*A CONSTELAÇÃO IDEALISTA*

1842: Stirner, *O falso princípio da nossa educação.*

1844: Stirner, *O único e a sua propriedade.*
1844: Emerson, *Ensaios* (2ª série).

4 de julho de 1845: Thoreau instala-se em Walden.

1845: Feuerbach, *Preleções sobre a essência da religião.*
1845: Stirner, *O anticrítico.*

  1845: Barbey d'Aurevilly, O dandismo e George Brummell.

1846: Feuerbach, *Contra o dualismo de corpo e alma.*

         1846: Kierkegaard, Post-Scriptum.

1846: prisão de Thoreau em razão do não pagamento de seus impostos.

Setembro de 1847: fim da experiência de Walden para Thoreau.

1847: Schopenhauer, *Sobre a quádrupla raiz do princípio de razão suficiente.*

    1848: Marx, Manifesto do partido comunista.

         1848: Kierkegaard, Discursos cristãos.
         1849: Kierkegaard, O desespero humano.

A CONSTELAÇÃO HEDONISTA	*A CONSTELAÇÃO IDEALISTA*

1849: Thoreau, *A desobediência civil* e *A Week on the Concord and Merrimack Rivers*.

1850: Feuerbach, *A revolução e as ciências naturais*.

1850: Emerson, *Homens representativos*.

1851: Schopenhauer, *Parerga e Paralipomena*, que contém *Aforismos para a sabedoria de vida*.

1854: Thoreau, *Walden*.

        6 de maio de 1856: nascimento de Freud.

25 de junho de 1856: morte de Stirner.

1857: Feuerbach, *Teogonia*.
1858: Nietzsche (14 anos) redige seus primeiros ensaios de *Autobiografia*.

1859: Schopenhauer, *O mundo como vontade e representação* (última edição).

1859: Discursos de Thoreau em favor de John Brown.

        1859: Darwin, A origem das espécies.

1860: Emerson, *A conduta para a vida*.

21 de setembro de 1860: morte de Schopenhauer.

AS RADICALIDADES EXISTENCIAIS

A CONSTELAÇÃO HEDONISTA *A CONSTELAÇÃO IDEALISTA*

6 de maio de 1862: morte de Thoreau.

1863: Baudelaire, O pintor da vida moderna.

1871: Comuna de Paris.

1872: Nietzsche, *O nascimento da tragédia.*

ÍNDICE REMISSIVO

ALMA
  imaterial, 33, 37, 241
  imortal, 223, 322
  monismo, 191, 210, 241
  pós-cristã, 34
  saúde, 95
  Sobrealma (*Oversoul*), 76, 80, 81
  verdade, 97, 151

AMOR
  ao próximo, 95, 138, 242, 321
  concepção do amor, 239-43
  da vida, 137-40
  desamor de si, 156, 157

BESTIÁRIO
  águia, 297
  cão, 101
  cavalo, 101, 147, 224-6, 271
  coruja, 51, 296, 297
  formiga, 36, 51, 82, 92, 96, 107, 148, 163
  poodle, 198, 202, 203, 256, 261
  porco-espinho, 279
  rolinha, 101
  vaca, 232

CINISMO, 114, 116, 132, 134, 157, 267, 268, 301, 338

CORPO
  castidade, 51, 133, 151, 194, 241, 242, 249, 263-5, 289
  cinco sentidos, 74, 104, 104, 211
  dietética, 91-2, 94, 142, 143, 197-8, 275
  doença, 70, 71, 94-5, 95, 114-5, 125, 160, 198, 202-3
  Feuerbach, 28, 33
  incesto, 289, 320, 321, 324
  morte, 72, 125, 126, 133, 203, 204, 243-7, 253-7, 291, 299
  Onã, 51, 152
  saúde, 53, 71, 115, 120, 209, 245, 272-5, 338
  sexualidade, 50, 51, 152, 239, 241, 263-5, 270
  sofrimento, 94-5, 216, 217, 243, 257, 270, 274
  suicídio, 170, 179, 201, 244-7, 249, 267, 318, 330
  Thoreau, 50, 51, 52, 151-3

AS RADICALIDADES EXISTENCIAIS

trabalho, 144, 145, 177-8, 180, 181, 326-8

ECONOMIA
capitalismo, 13, 14, 24, 109, 201, 300, 306-7, 309, 331
comunidades, 13, 86, 87, 109
liberalismo, 13, 14, 16, 109, 181, 289, 300, 306, 309, 309, 316
pauperização e pobreza, 14, 84, 98, 151, 157, 177, 277, 304-8
Revolução Industrial, 13, 73, 87, 111, 134, 267

EPICURISMO
ataraxia, 133, 254, 270, 277
desejo, 133, 269, 270, 277
Tetraphármakon, 255

ESTÉTICA
música
Beethoven, 65
Chopin, 66
Mozart, 197
A flauta mágica, 174
Rossini, 174, 197
Schopenhauer e a música, 197, 252, 258, 259
Wagner, 258, 282, 340, 345-6
O anel dos nibelungos, 170, 204
pintura
Duchamp, 281, 292
Friedrich, 259
O viajante sobre o mar de névoa, 232
Leonardo da Vinci, 96
Michelangelo, 96
Picabia, 281
Rafael, 174
Sublime, 44, 46, 61, 132, 175-7, 257-60

EUDEMONISMO
antigo, 145, 269, 272

Darwin, 39
eupepsia, 119
Feuerbach, 28
Owen, 14
Schopenhauer, 39, 171, 185, 192-3, 205, 206, 214, 221-2, 247-51, 253-4, 255, 257-8, 266, 267-8, 274, 276
sensualista, 28, 33
social, 13, 15, 16, 110, 336
Thoreau, 41
utópico, 110

FILOSOFIA
ensino da filosofia, 221-4, 231-2, 252-3
história da filosofia, 20, 28, 63, 73, 81, 160, 191, 193, 248, 279, 284, 319, 342
papel da filosofia, 297

FILÓSOFOS
definição, 9, 296, 297, 342
I) Antiguidade
Aristipo, 117, 276
Aristóteles, 75
Crates de Tebas, 117
Diógenes, 57, 92, 114, 117, 125, 132, 134, 143, 277, 349
Epicuro, 117, 133, 184, 185, 221, 251, 254, 255, 270, 276, 341
Heráclito, 45
Hipárquia, 117
Jâmblico, 86
Longino, 259
Marco Aurélio, 273
Pitágoras, 117
Platão, 16, 82, 86, 96, 104, 106, 149, 184, 205, 233, 340, 349
Plotino, 79, 86, 88, 89
Santo Agostinho, 20
Sêneca, 158
Sócrates, 16, 57, 128, 135, 273
Tales, 83
II) Idade Média
Tomás de Aquino, 75

ÍNDICE REMISSIVO

III) CRISTÃOS HEDONISTAS
Montaigne, 20, 57, 96, 118, 128, 129, 131, 160, 197, 233, 276, 307, 339, 340

IV) CLÁSSICOS
Amiel, 21
Condillac, 104
Descartes, 15, 20, 89, 102, 104, 248, 258, 276
Diderot, 17, 232
Fichte, 65, 185, 187, 219, 222, 261, 293, 300, 301
Gracián, 177, 242, 268
Hegel
  e a lei, 230, 298, 305, 310, 331
  e o sublime, 176
  e Schopenhauer, 225-8
  escrita de si, 21, 294-5
  hegelianismo, 30, 105, 146, 186, 192-3, 226-7, 235, 242, 292
  idealismo, 219, 239, 294, 295
  jornais, 149
  livre-arbítrio, 224-5
  morte, 299
  propriedade, 299-303
  Stirner, 282, 292-300
  universidade, 171
  vocabulário, 26-7, 187, 227-30
Hobbes, 307
Kant
  anedotas, 117
  coisa em si, 209
  e o fenômeno, 211, 250
  pessimista, 205
  Schopenhauer, 185, 209, 210-2
  Thoreau, 89
  transcendental, 75, 89
  vocabulário, 223
Leibniz, 104, 218, 258
Leopardi, 21
Locke, 104
Maine de Biran, 21

Novalis, 65
Pascal, 17, 128, 175
Rousseau, 20, 65, 66, 172, 233
Schelling, 219, 261
Swedenborg, 96, 340

V) LIBERTINOS BARROCOS
Espinosa, 31

VI) ULTRAS
D'Holbach, 211
Helvétius, 65, 177, 242, 303

VII) EUDEMONISMO SOCIAL
Bakunin, 14, 164, 285, 292, 345
Bentham, 13, 14
Fourier, 14, 86, 109
Godwin, 14
Owen, 14
Stuart Mill, 14

VIII) RADICALIDADES EXISTENCIAIS
Emerson
  comunidade, 83-5
  Deus, 65
  ensino, 343
  escrita de si, 20
  grande homem, 341
  natureza, 82, 83
  Thoreau, 44-6, 53-4, 60-2, 67, 68, 70
  transcendentalismo, 75-8, 81
  vida filosófica, 83
Schopenhauer
  amizade, 197
  animais, 197, 198, 261-3
  ascetismo, 190, 196-7, 242
  ateu, 191
  budismo, 56
  casamento, 238
  concepção de amor, 239-43
  condição humana, 174, 175
  corpo, 275, 276
  desejo, 207, 208, 209, 215, 216, 243, 263, 269, 270, 277, 278
  Deus, 179, 218, 241, 255
  dietética, 197-8, 275

dinheiro, 184, 192, 277, 278
doença, 198-9, 202-3
e a natureza, 174-7
e o caráter, 213-5
e o idealismo alemão, 186
e o sublime, 175-7, 258-60
empirismo, 264-6
ensino da filosofia, 221-4, 231-2, 252-3
Epicuro, 185, 251, 269, 270
escrita de si, 20, 21
espiritismo, 199
Estado, 191, 200
estudos, 172, 173, 181-4, 186
eudemonista, 39, 171, 185, 193, 205, 206, 215, 221, 248-51, 253-4, 255, 257-8, 267, 274
existencial, 219, 221
família, 169-71, 177-81, 278
fatalista, 213, 214, 260
Fichte, 185-6, 261
formação intelectual, 173, 174, 176, 177, 232, 251-2
Goethe, 192, 193, 198
Gracián, 268
Hegel, 186, 225-30, 264
imanência, 191
intelecto, 214
Kant, 184-5, 209, 210, 211
Leibniz, 218
leituras, 184-5
livre-arbítrio, 213-5, 225, 253, 260
má reputação, 189
mal, 227
monismo, 191, 210, 241
morte, 203, 204, 243-6, 253-7
motivo, 213, 225, 226
mulheres, 188-9, 190, 194-7, 202-3, 233-8, 266, 273, 273-4
música, 197, 252, 258, 259
Nada, 15, 196, 239
nascimento, 171, 172
otimista, 206, 207
pessimista, 171, 185, 205, 206, 218, 219

piedade, 260-1
prazer, 270, 276
religião, 179, 242
representação, 210, 211
revolução, 200
ruído, 199
sabedoria, 195-6
sexualidade, 240-1, 263, 265, 270
sofrimento, 216, 217, 243, 257, 270, 274
solidão, 196, 275, 278-80
sua escrita, 173, 228, 273
sua mãe, 181-4, 187-9, 233
sua posteridade, 203, 204
sucesso, 202-5
suicídio, 244-7
trabalho, 178, 180, 181
viagens, 172-4
vida filosófica, 192, 193, 195, 196, 197, 267-9, 272, 273, 279-80
visão de mundo, 211, 212, 218-21
vitalista, 210-1
vontade, 208, 209, 210, 220-1, 225, 227, 245, 246, 255, 256, 257, 258
Wagner, 204

Stirner
anarquismo, 281
ateísmo, 296, 319-21
casamento, 290, 324, 325
contrato associativo, 305, 306, 308, 309
crime, 312, 313
desejo, 315, 321, 326
e a educação, 286
e a lei, 288, 310, 315, 319, 321, 331
e Feuerbach, 27-8, 317
ensino, 283
estudos, 282
força, 312-6, 323
gozo, 315, 316, 317, 318, 319
Hegel, 282, 292-300
imanência, 295, 314

ÍNDICE REMISSIVO

justiça, 310
liberdade, 286, 287, 327-9
materialismo, 302, 303
mentira, 310, 311
morte, 291, 299
mulheres, 289, 320, 324
nascimento, 282
nome, 282
o Eu, 15
o Único, 302, 316
ontologia, 39
pobreza, 307-9
política, 288, 318-9, 329-33
pós-cristianismo, 319-23
prazer, 326
prisão, 291
propriedade, 301, 302-5
religião, 288, 321
retrato, 281, 282
revolução, 331, 332, 333
sexualidade, 320-1, 324
sua escrita, 287, 288, 292
sua mãe, 283
trabalho, 326-8

Thoreau
água, 41-6, 57, 58
amizade, 67, 68
ascetismo, 56, 60, 68, 114, 139-43, 146
cabana, 44, 51, 56, 57, 59, 60, 83, 113, 123, 130, 132, 134, 140, 148-9, 157, 159, 166
caminhada, 146, 147
cinismo, 132
comunidade ideal, 165, 166, 167
conhecimento de si/ autoconhecimento, 128, 134, 135
construção de si, 127-8
corpo, 50, 151
demissionário, 49
Descartes, 89
desejos, 55, 133, 136, 154
dietética, 91-2, 142, 143
dinheiro, 44, 48, 108-9
doença, 70, 71, 114-5, 125, 160

e a cidade, 54-5
e a escrita, 128, 129, 130
e a imprensa, 149, 150
e a lei, 162, 164
e a natureza, 39, 41, 42, 45-51, 55, 57, 58, 64, 67, 72, 81-4, 90, 96-7, 104, 108, 110-5, 132, 137, 143, 145-8
e a religião, 137, 138, 139
e Deus, 81, 127, 137, 138
e o ensino, 49, 128
e o obscuro, 105, 106, 107
e o progresso, 110-3
e os índios, 90-5
e os sentidos, 104
elogio fúnebre, 45
Emerson, 45, 46, 52, 53, 54, 60, 61, 62, 67, 68, 71
epicurismo, 133
escravagismo, 69, 70, 71, 159
escrita de si, 20
estoicismo, 133
estudos, 47, 48
expedições, 49-50
família, 46, 47, 55
filosofia antiga, 56
gozo, 119, 126-7
hedonismo, 121, 122
Heráclito, 45
hospitalidade, 47
imanência, 81
infância, 41, 42
júbilo, 125, 126
Kant, 89
liberdade, 44, 63, 68, 69, 88, 122, 153, 154, 165
libertário, 63, 153, 160, 164, 165
meditação, 70, 132, 145, 147-9, 151
militante, 162
misantropia, 64, 154, 155, 156, 157
morte, 72, 125, 126, 133
mulheres, 50-2, 151-2
nascimento, 41
nome, 48

AS RADICALIDADES EXISTENCIAIS

otium, 145-50
panteísmo, 39, 79, 133
parábolas, 101-2
pensamento encarnado, 131
pobreza voluntária, 157
política, 69, 115, 161, 161-2, 163, 164
prisão, 62, 63, 69, 71, 72, 122-4, 127, 142, 153, 161, 162, 164, 165
propriedade, 140, 141
Proust, 43
relação com o mundo, 41-2, 43, 158
roupa, 141, 142
sabedoria, 145
sexualidade, 50, 51, 152, 153
socratismo, 132
solidão, 44, 48, 64, 97, 100, 129, 133, 153, 154
sua escrita, 107, 118, 119, 134
trabalho, 144, 145
transcendentalismo, 73-8, 80, 88, 89, 90
vedismo, 56, 57, 98, 99, 100, 101
viagem, 49, 135
vida filosófica, 57, 61, 62, 69, 70, 83, 131-2
visão do homem, 45
vitalismo, 105

IX) MODERNOS

Adorno, 22

Althusser, 26

Bachelard, 43

Bauer, 27, 284, 285, 288, 290-2, 320

Benjamin, 24

Cioran, 248

Deleuze, 117, 333

Engels, 282, 283, 284

Feuerbach, 26-33, 36, 39, 288, 317, 320

Foucault, 333

Freud, 157, 189, 204, 215, 233, 323

Guattari, 333

Guyau, 337

Hartmann, 323, 344

Heidegger, 176

Kierkegaard, 21, 121, 131, 156, 181, 264, 301

Lange, 343, 344

Marx, 21, 26, 27, 30, 161, 281

Nietzsche
amizade, 340
autobiografia, 169, 291
e os filósofos, 9
e Schopenhauer, 204, 337, 346-8
egotismo, 19-20
Emerson, 337-43, 348
família, 345
grande homem, 341
hedonismo, 270
liberdade, 68
moralina, 20, 158
mulheres, 189
nascimento, 337
pensamento existencial, 131
pós-cristão, 314, 319
resistência, 88
romantismo, 232
Stirner, 281, 337, 343-6
Super-homem, 349
Thoreau, 338
trágico, 214-5
vontade, 258

Proudhon, 164, 304, 317

Sartre, 20, 22

Tocqueville, 21, 108

X) BIOGRAFIA
anedotas, 21, 117, 143, 155, 240
autobiografia, 21, 128-30, 169, 233, 251, 252, 291, 347

XI) OBRAS CITADAS
A água e os sonhos, Bachelard, 43

ÍNDICE REMISSIVO

A arte de ser feliz, Schopenhauer, 171, 185, 196, 207, 248, 268, 274
A cartuxa de Parma, Stendhal, 19
A ciência da lógica, Hegel, 105, 229, 283, 298
A conduta para a vida, Emerson, 338
A democracia na América, Tocqueville, 108
A desobediência civil, Thoreau, 49, 63, 160, 161, 164
A divina comédia, Dante, 105
A doutrina da ciência, Fichte, 186
A essência do cristianismo em relação ao único e sua propriedade, Stirner, 28
A essência do cristianismo, Feuerbach, 26, 28, 30, 35
A filosofia da natureza, Hegel, 105, 298
A filosofia da religião, Hegel, 227
A filosofia do espírito, Hegel, 298
A filosofia do inconsciente, Hartmann, 345
A gaia ciência, Nietzsche, 88, 131, 169, 337, 338
A ideologia alemã, Marx, 281
A monadologia, Leibniz, 105
A obra de arte na época de sua reprodutibilidade técnica, Walter Benjamin, 24
A origem das espécies, Darwin, 26, 34, 35
A origem do homem, Darwin, 26, 38
A origem do homem e a seleção sexual, Darwin, 36
A razão na história, Hegel, 227
A república, Platão, 16, 104
A terra e os devaneios do repouso, Bachelard, 43
A volta ao mundo em oitenta dias, Verne, 110

A Week on the Concord and Merrimack Rivers, Thoreau, 50
Aforismos para a sabedoria de vida, Schopenhauer, 171, 185, 196, 202, 207, 238, 249, 250, 265, 266, 268, 274
Além do bem e do mal, Nietzsche, 9, 292
As flores do mal, Baudelaire, 88
As palavras, Sartre, 20
Assim falou Zaratustra, Nietzsche, 68, 88, 281, 339, 343
Atala, Chateaubriand, 106
Augus Persius Flaccus, Thoreau, 53
Autobiografia, Emerson, 339
Autumnal Tints, Thoreau, 82
Aventuras do último Abencerrage, Chateaubriand, 106
Bhagavad-Gita, 55, 99, 138
Bíblia, 35, 36, 138
Caminhando, Thoreau, 91-2, 146
Caminho do campo, Heidegger, 176
Cândido, Voltaire, 218
Ciências naturais e revolução, Feuerbach, 28
Código de Manu, 56
Confissões, Rousseau, 20
Confissões, Santo Agostinho, 20
Considerações intempestivas, Nietzsche, 204
Contribuição à crítica da filosofia de Hegel, Feuerbach, 28, 30
Contribuição à história da religião e filosofia na Alemanha, Heine, 293
Crepúsculo dos ídolos, Nietzsche, 339-40
Crítica da faculdade do juízo, Kant, 89

AS RADICALIDADES EXISTENCIAIS

Crítica da razão prática, Kant, 172
Crítica da razão pura, Kant, 75, 211, 223
Da vontade na natureza, Schopenhauer, 200, 210, 220
De l'Allemagne, Heine, 293, 300
De l'amour, Destutt de Tracy, 335
Defesa de John Brown, Thoreau, 45, 71, 91, 138, 159, 161, 163
Diário de uma viagem nos Alpes berneses, Hegel, 21, 176
Diário de viagem, Schopenhauer, 21, 173, 177, 178, 252, 273
Dictionnaire d'économie politique, Say, 290-1
Discurso do método, Descartes, 15, 20, 89, 102
Discurso sobre a servidão voluntária, La Boétie, 63, 160, 161, 307
Discursos à nação alemã, Fichte, 222
Do amor, Stendhal, 19
Doutrina das cores, Goethe, 192
Ecce Homo, Nietzsche, 20
Em busca do tempo perdido, Proust, 43
Enciclopédia, Diderot, 17
Enciclopédia, Hegel, 146, 226, 283
Enéadas, Plotino, 89
Ensaio de uma moral sem obrigação nem sanção, Guyau, 337
Ensaio sobre visões de espíritos e temas relacionados, Schopenhauer, 199
Ensaios, Emerson, 338
Ensaios, Montaigne, 20, 57, 128, 131, 160, 233
Fausto, Goethe, 192

Fenomenologia do espírito, Hegel, 226, 282-3, 287, 326
Fragmentos póstumos, Nietzsche, 339
Fusées, Baudelaire, 271
História da reação, Stirner, 291
História do materialismo, Lange, 343
Homens representativos, Emerson, 96, 340
Humano, demasiado humano, Nietzsche, 189
Journal, Thoreau, 43, 47, 48, 51, 55, 57, 61, 67, 80, 83, 90, 107, 113, 127, 134, 138, 145, 148, 153, 156
L'Irréligion de l'avenir, Guyau, 337
Lembranças de 1848, Tocqueville, 21
Lembranças sobre Nietzsche, Overbeck, 345
Leviatã, Hobbes, 307
Lições sobre a filosofia da religião, Hegel, 285
Lições sobre a história da filosofia, Hegel, 282
Life Without Principles, Thoreau, 118, 154
Lucien Leuwen, Stendhal, 19
Manifesto do partido comunista, Marx, 161
Máximas, La Rochefoucauld, 314
Meditações, Marco Aurélio, 273
Mémoires d'outre-tombe, Chateaubriand, 21
Mutualismo: um fator de evolução, Kropotkin, 38
"Natural History of Massachusetts", Thoreau, 103, 115
Nature, Emerson, 53, 76, 81, 88
O conceito de angústia, Kierkegaard, 121, 181
O dandismo e George Brummell, Barbey d'Aurevilly, 25

ÍNDICE REMISSIVO

O desespero humano, Kierkegaard, 121
O eudemonismo, Feuerbach, 28, 33
O livre-arbítrio, Schopenhauer, 200, 225
O livro dos esnobes, Thackeray, 271
O mundo como vontade e representação, Schopenhauer, 171, 174, 185, 190, 192, 193, 195, 201, 203, 204, 206, 207, 208, 209, 211, 220, 228, 230, 246, 247, 249, 250, 252, 253, 257, 262, 264, 274, 346
O nascimento da tragédia, Nietzsche, 347
O novo mundo industrial, Fourier, 109
O oráculo manual, Gracián, 268
O pintor da vida moderna, Baudelaire, 22, 271
O príncipe, Maquiavel, 161
O que é a filosofia?, Deleuze, 117
O que é a propriedade?, Proudhon, 305
O que é o terceiro estado?, abade Sieyès, 18
O único e a sua propriedade, Stirner, 27, 281, 282, 284, 286, 287, 288, 290, 306, 293, 294, 298, 299, 300, 301, 302, 305, 307, 309, 312, 316, 317, 320, 321, 322, 323, 328, 330, 332, 333, 337, 343, 345, 346
O vermelho e o negro, Stendhal, 19
Observações fisiológicas sobre a vida e a morte, Bichat, 211
Odisseia, Homero, 104
Os heróis, Thoreau, 96
Os princípios da filosofia, Descartes, 105
Ou-ou, um fragmento de vida, Kierkegaard, 131
Parerga e Paralipomena, Schopenhauer, 171, 185, 190, 193, 199, 201, 202, 203, 206, 217, 233, 234, 238, 246, 266, 268
Pensamentos, Pascal, 18, 175
Pensamentos sobre a imortalidade, Feuerbach, 27
Perpetual Forces, Emerson, 76-7
Physique de l'amour, Gourmont, 205
Preleções sobre a essência da religião, Feuerbach, 317
Princípios da filosofia do direito, Hegel, 230, 285, 294, 295, 296, 297, 298, 301, 305, 313, 316, 318, 323, 325, 326, 327, 329, 331
Princípios da filosofia do futuro, Feuerbach, 30
Rapport du physique et du moral, Cabanis, 210
Remarks After the Hanging of John Brown, Thoreau, 71, 161
Self Reliance, Emerson, 76, 79, 88, 127, 134, 140, 339
Silogismos da amargura, Cioran, 248
Slavery in Massachusetts, Thoreau, 69, 150
"Sobre a filosofia universitária", Schopenhauer, 193, 226
Sobre a quádrupla raiz do princípio de razão suficiente, Schopenhauer, 187, 188, 225
Sobre as mulheres, Schopenhauer, 233
"Sobre o barulho e o ruído", Schopenhauer, 199
Sobre o suicídio, Schopenhauer, 246
Sonho de uma noite de verão, Shakespeare, 105
Souvenirs d'égotisme, Stendhal, 19, 21
Suma teológica, Tomás de Aquino, 75

Tableau de Paris, Mercier, 174
Temor e tremor, Kierkegaard, 121
Teogonia, Feuerbach, 29
Teses provisórias para a reforma da filosofia, Feuerbach, 30, 317
The American Scholar, Emerson, 76
The Last Days of John Brown, Thoreau, 71, 161
The Method of Nature, Emerson, 77
The Paradise within the Reach of All Men, without Labour, by Powers of Nature and Machinery, Etzler, 109
Torquato Tasso, Goethe, 65
Viagem ao centro da Terra, Verne, 110
Vida de Jesus, David Friedrich Strauss, 284
Vinte mil léguas submarinas, Verne, 110
Voyage en Amérique, Chateaubriand, 106
Walden, Thoreau, 49, 50, 57, 60, 67, 81, 93, 95, 96, 99, 104, 105, 115, 119, 121, 122, 128-9, 131, 133, 134, 135, 136, 139, 140, 145, 148, 156, 160
Zibaldone, Leopardi, 21

HEDONISMO
burguês, 184
desejo
Descartes, 16
Emerson, 65
epicurismo, 133, 269, 270, 277-8
Hegel, 308, 325, 326
Jansênio, 17
Nietzsche, 348
Schopenhauer, 207, 208, 209, 216, 217, 243, 264, 269, 270, 277, 278
Stirner, 315, 320, 321, 326
Thoreau, 55-6, 132-3, 136, 154

Feuerbach, 26-7, 30, 33, 317
filisteu, 270
gozo, 119, 316-9
júbilo, 44, 79, 124-6, 145, 274, 316, 317, 321, 339
prazer, 126, 145, 184, 248, 263, 271, 276, 316-7, 325, 326
prazer de existir, 48, 132
prazer e desprazer, 207, 216, 243, 276
Schopenhauer, 250, 276
Stirner, 316
Thoreau, 121, 122, 138, 167

HISTÓRIA
Alcibíades, 23
Catilina, 23
César, 23
da filosofia, 20, 28, 63, 73, 81, 160, 191, 193, 248, 279, 284, 319, 342
Napoleão, 96, 187, 300

HISTORIOGRAFIA
cristalização, 335, 341, 343, 346
dominante, 33, 73, 80, 206, 282, 343-4
personagem conceitual, 49, 57, 62, 117, 284

HOMEM
condição humana, 174, 175
evolucionismo, 37
grande homem, 78, 85, 327, 339, 341
misantropia, 46, 47-8, 64, 66, 67, 69, 133, 154-60, 171, 198, 200, 241
pós-cristão, 26, 34, 37, 39
Super-homem, 349

IDEALISMO
alemão, 186, 187, 219, 228, 293, 311
Deus, 76, 77, 79

ÍNDICE REMISSIVO

transcendência, 37, 73, 74-5, 76, 81, 96, 191, 295, 296
transcendental, 73, 75, 76, 86, 210, 211, 294, 301
transcendentalismo, 44, 53, 56, 60, 64-6, 68, 71, 73, 75-8, 80-2, 84-90, 92, 110, 130, 155, 158, 160, 163, 337, 338, 342, 343
transcendentismo, 76
visão do homem, 77, 79

LIBERDADE
escravagismo, 69, 70, 71, 159
livre-arbítrio, 200, 206, 213-5, 224, 225, 253, 260, 269, 305
prisão, 62, 63, 69, 71, 72, 122-4, 127, 142, 153, 161, 162, 164, 291
Stirner, 286, 287, 327-9
Thoreau, 44, 45, 62, 63, 68, 69, 88, 122, 153, 154, 160, 164, 165

LITERATURA
Antiguidade
Anacreonte, 56
Ésquilo, 149
Homero, 56, 97, 104, 138, 148-51
Horácio, 276
Plutarco, 196
Idade Média
Dante, 96, 104, 218
Século XVI
La Boétie, 63, 160, 161, 197, 307
Maquiavel, 161, 268, 310
Shakespeare, 64, 96, 104, 138, 177, 340
Século XVII
La Rochefoucauld, 242, 303, 314
Saint-Simon, 14
Século XVIII
Bossuet, 227

Chamfort, 177, 242
Goethe, 65, 96, 187, 192, 198, 203, 341
Mercier, 174
Voltaire, 218, 242
Século XIX
Barbey d'Aurevilly, 25
Baudelaire, 22-5, 88, 158, 271
Brummell, 22-3, 25
Chateaubriand, 21, 23, 106
Gourmont, 205
Heine, 293, 300
Huysmans, 204
Lamennais, 66
Maupassant, 204
Sand, 66
Stendhal, 18, 19, 21, 335
Verne, 110
Zola, 204
Século XX
Proust, 43, 57

MATERIALISMO
D'Holbach, 211
e transcendência, 74-5, 76
Feuerbach, 26-33, 36, 39, 288, 317, 320
imanência, 26-8, 37-9, 74, 81, 89, 90, 96, 104, 191, 241, 295-6, 314, 314, 317, 322
Lange, 343
progresso, 73, 77
Schopenhauer, 211
Stirner, 301
Thoreau, 81, 89, 103

MORAL
amizade, 9, 62, 64, 67, 68, 93, 96, 129, 147, 152, 155, 160, 163, 166, 197, 207, 243, 262, 284, 286, 297, 340
polidez, 280
Thoreau, 56, 61, 62, 64, 66-8, 96-7, 99, 128-9

MORTE
Deus, 26, 27, 33, 34, 39

AS RADICALIDADES EXISTENCIAIS

MULHERES
misoginia, 171, 189, 203, 204, 232-8, 273, 324
poligamia, 238, 320, 321, 324
prostituição, 14, 328
Schopenhauer, 188, 190, 194, 202-3, 232-8, 266-7, 273, 274
Stirner, 289, 320, 324
Thoreau, 50-3, 151

NATUREZA
água, 41-6, 57, 58
animais, 30, 34-7, 38, 48, 91-3, 101, 102, 133, 154, 156, 158, 198, 219, 258, 261-2
caminhada, 146, 147
Darwin, 26, 34-9
e progresso, 110, 111
ecologia, 108, 109, 111
energia, 110
Fabre, 114
Feuerbach, 27-8
Humboldt, 35
Kropotkin, 38
montanha, 152, 175, 176, 208, 259, 262, 276
Schopenhauer, 174-7
Thoreau, 15, 39, 41, 42, 44-52, 55-6, 57, 58, 64, 67, 72, 81-4, 90, 96-7, 103-4, 108, 110-115, 131, 137, 143, 145-8
viagem, 35, 49-50, 135, 173-4
Wallace, 35

POLÍTICA
anarquismo, 13, 15, 16, 17, 163-5, 281, 291, 292, 317
Babeuf, 300, 317
comunismo, 13, 15, 16, 17, 161, 164, 288, 300, 301, 306-9, 317, 331
Estado
Hegel, 285, 297, 305, 318, 326, 329-30, 331
Schopenhauer, 191, 200
Stirner, 306, 316, 331

Thoreau, 69, 139, 162, 164-5
governo, 161-5
lei, 162, 164, 230, 288, 298, 305, 310, 315, 319, 321, 331
marxismo, 14, 21, 26, 27, 30, 161, 281, 333
militância, 162, 163, 164
monarquismo, 16, 200, 222, 285, 301, 331
Mussolini, 281, 292
Revolução Francesa, 20, 23, 34, 288, 300, 332
Robespierre, 300, 331, 332
socialismo, 13, 14-5, 16, 17, 84, 120, 164, 176, 200, 288, 300, 306-9, 323, 326, 332
Stirner, 288, 318-9, 330-3
Thoreau, 69, 115, 161, 162, 163, 164, 164, 165

RELIGIÃO
além-mundo, 75, 145, 241, 242, 295, 314
ateísmo
Feuerbach, 27, 28, 29, 30, 31, 33, 39
Schopenhauer, 191
Stirner, 296, 319-21
Buda, 173, 179, 196, 204, 263, 319
e dandismo, 25
Deus
= Razão, 227, 285, 295
Darwin, 36-9
desmistificação, 31, 32, 33
ficção, 30, 31, 32, 179, 347
morte, 26, 27, 33, 39
o que é, 31, 32, 33, 137-8
Schopenhauer, 179, 218, 241-2, 255
Thoreau, 81, 127, 138
Igreja, 35, 53, 138-9, 224, 242, 246, 300, 306, 310

374

ÍNDICE REMISSIVO

Inferno(s), 72, 204, 207, 218, 241, 252
Jesus, 27, 138, 241, 242, 284, 290, 341
Lutero, 14, 226, 294, 296, 317
Maomé, 96
Odin, 96
panteísmo, 39, 79, 133
pecado original, 37, 137, 144, 225, 321, 322
pós-cristianismo, 26, 33, 34, 37, 39, 319-23, 336, 343, 346
Schopenhauer, 179, 242
Thoreau, 138-40
vedismo, 56, 57, 98, 99, 100, 101

VIDA FILOSÓFICA
ascetismo, 56, 60, 68, 114, 139-43, 146, 190, 196-7, 242
casamento, 230, 235, 238, 289, 299, 305, 323, 324, 328
comunidade, 17, 18, 83-7, 109, 165, 167
conhecimento de si/ autoconhecimento, 19, 128, 134, 347
construção de si, 16, 17, 70, 80, 100, 128, 159, 269, 272, 273, 278
dandismo, 16, 17, 18, 22, 23, 25, 39
dinheiro, 23, 24, 44, 48, 109, 184, 192, 277, 278
egoísmo, 17, 18, 22, 217, 243, 284, 291, 305-8, 316, 325, 333, 344
egotismo, 16-22, 71, 128, 160, 335
escrita de si, 20, 21, 128-9, 169, 233-4, 251, 252, 291, 294, 347
estoicismo, 23, 114, 116, 124, 133, 158, 244, 253, 255, 264, 267, 268
eumetria, 153, 268, 276, 279
individualismo, 16, 17, 18, 22, 131, 164
meditação, 70, 132, 145, 147-9, 151, 194, 196, 232, 278
obra de arte, 24, 42, 72, 154
otium, 23, 24, 145-8, 267
pobreza voluntária, 157
prática do pensamento, 131
sabedoria, 116, 117, 145
Schopenhauer, 192-3, 194, 195, 196-7, 267-9, 272, 273, 279-80
simplicidade, 57
solidão, 44, 48, 64, 97, 100, 129, 133, 153, 154, 196, 275, 278-80, 339
sublime, 44, 46, 61, 74, 106, 132, 148, 173, 175, 176, 177, 252, 257-60
Thoreau, 57, 61, 62, 69, 70, 83, 131-2
uso do mundo, 119, 120
viagem, 35, 49-50, 134, 135, 172-5

Impressão e acabamento:
tel.: 25226368